古典文獻研究輯刊

十三編

潘美月・杜潔祥 主編

第 17 冊

晉系青銅器研究（下）

蔡鴻江 著

國家圖書館出版品預行編目資料

晉系青銅器研究（下）／蔡鴻江 著 — 初版 — 新北市永和區：
花木蘭文化出版社，2011〔民 100〕
目 4+246 面；19×26 公分
（古典文獻研究輯刊 十三編；第 17 冊）
ISBN：978-986-254-638-3（精裝）
1. 青銅器 2. 晉代
011.08   100015561

ISBN-978-986-254-638-3

古典文獻研究輯刊
十三編　第十七冊　　　　　　　ISBN：978-986-254-638-3

晉系青銅器研究（下）

作　　　者　蔡鴻江
主　　　編　潘美月　杜潔祥
總 編 輯　杜潔祥
企劃出版　北京大學文化資源研究中心
出　　　版　花木蘭文化出版社
發 行 所　花木蘭文化出版社
發 行 人　高小娟
聯絡地址　新北市永和區中正路五九五號七樓
　　　　　　電話：02-2923-1455 ／傳眞：02-2923-1452
網　　　址　http://www.huamulan.tw 信箱 sut81518@gmail.com
印　　　刷　普羅文化出版廣告事業
初　　　版　2011 年 9 月
定　　　價　十三編 20 冊（精裝）新台幣 31,000 元

晉系青銅器研究（下）

蔡鴻江　著

目次

第四章　晉系青銅器銘文彙釋

　　研究商周青銅器不僅著重於形制與紋飾，更重要在於銘文之考證；由於銘文有記載當時之史事與作器之緣由，是以形成商周史研究之重要史料。宋、清、民國時期之學者，如薛尚功、阮元、王國維、郭沫若等人皆已詳論器銘之重要性，[註1] 是以銘文成為青銅器斷代之重要標準之一。晉系有銘文之青銅器在宋、清時期著錄不多，近數十年經科學之挖掘，在中原地區不斷有新器物出土，因而晉系青銅器銘文已有相當之份量，是以本章專論晉系青銅器之銘文，首以晉系各國之器銘，依餁食器、酒器、水器、樂器、兵器、車馬器、用具等加以考述，次將晉系各國器銘依其年代予以編序，以建構晉系青銅器在不同時期之標準器。

第一節　晉國青銅器銘文釋義

　　晉系所屬之國有晉、衛、鄭、虢、虞、荀、賈、蘇、東周西周、魏、趙、韓等，而各國青銅器有銘文之狀況不一，為便於全盤明悉此器物之銘文，故依序加以考述。

〔註 1〕宋代所出有銘之器十分之八收錄在《薛氏》，此足證明薛尚功極為重視銘文在
　　　　史料研究之重要性；阮元《積古·序》：「平湖朱氏右甫酷嗜古金文字，且能
　　　　辨識疑文，稽考古籍，國邑大夫之名，有可補經傳所未備者，偏旁篆籀之字，
　　　　有可補《說文》所未及者。」；王國維突破往昔學者「以經證經」之窘境，首
　　　　創「二重證據法」，能以文物史料（如銘文）與文獻史料相結合，會通相證，
　　　　互補缺無；郭沫若《兩周金文辭大系考釋》初序：「傳世兩周彝器，其有銘者
　　　　已在三四千具以上，銘辭之長有幾及五百字者，說者每謂足抵《尚書》一篇，
　　　　然其史料價值殆有過之而無不及。」。

　　有關晉國青銅器銘文，筆者曾於《晉國文獻及銘文研究》（碩士論文）對〈自鼎〉、〈伯䚻父鼎〉、〈晉姜鼎〉、〈長子騥臣簋〉、〈欒書缶〉、〈趙孟介壺〉、〈嗣子壺〉、〈晉公盞〉、〈智君子鑑〉、〈邵鐘〉、〈鳳氏編鐘〉、〈鳳羌鐘〉、〈吉日劍〉、〈欒左軍戈〉、〈晉左軍戈〉、〈晉陽戈〉、〈趙簡子戈〉、〈晉公車器〉、〈呂大叔斧〉、〈呂大叔之子斧〉等加以考釋；由於近年來山西省曲沃縣北趙村陸續有銘文之器物出土，如〈晉侯斷簋〉、〈晉侯執盨〉等，此於西周早期晉國世系添增不少新史料，是以對原考釋過之器銘，僅釋錄其重要及譯文，至於新出土之器銘則詳加考釋。現知晉國銅器有銘文凡 35 器：

　　1. 自鼎——西元 1990 年 7 月 12 日范季融於香港古玩街小肆以 6 萬港幣購得 1 件〈自鼎〉，後轉贈上海博物館。〈自鼎〉（器銘圖 1）在鼎內壁有銘文六行四十三字，其中合文二，重文一，其銘文隸定爲：

> 隹（惟）七月初吉丙申，晉
> 侯令（命）自追于佣，休
> 有禽（擒）。侯釐自□
> 胄、毌、戈、弓、矢束、貝
> 十朋，受茲休。用乍（作）寶
> 簋，其孫子子永用。

　　經考證「晉侯」可能爲武侯或成侯，約當西周中期穆王（西元前 947 年至西元前 928 年）、恭王（西元前 927 年至西元前 908 年）之間。[註2]將此〈自鼎〉銘文翻譯成白話文：唯七月初吉丙申那一天，晉侯派自追擊敵人至佣，有很好收穫；於是晉侯賞賜自，有胄干戈弓矢等兵器及貝十朋，自欣然接受這美好的賜物；同時自也鑄造整套禮器，以簋統稱這些寶器，希望子子孫孫能永遠珍用它們。

　　2. 伯䚻父鼎——〈伯䚻父鼎〉著錄於《博古》三·13、《嘯堂》卷上之上·19、《薛氏》九·98、《兩周》267、《白川通釋》、《銘文選》505。〈伯䚻父鼎〉（器銘圖 2）3 行 18 字，其銘文隸定爲：

> 晉嗣（司）徒白（伯）䚻父
> 作周姬寶尊鼎

〔註 2〕〈自鼎〉曾著錄於馬承源〈自鼎〉及汪中文先生〈流落香江的寶器〉二文之中。有關〈自鼎〉收購及銘文考釋詳見拙作《晉國文獻及銘文研究》頁 305 及頁 397 至 402。馬承源以爲此晉侯可能是成侯服人，其詳見〈晉侯執盨〉。

其萬年永寶用。

「司徒」爲周官職，職掌是管理師旅，晉僖侯（西元前 840 年至西元前 823 年）名司徒，因廢司徒改稱爲中軍，故可知此鼎宜在晉僖侯以前，郭沫若考證爲「周厲王時之物」，即晉靖侯之世（西元前 858 年至西元前 840 年）。〔註3〕此將〈伯盄父鼎〉語譯：晉有位司徒之官，名爲伯盄父，爲他周姬姓夫人作成尊鼎禮器，希望能長年以此尊鼎爲寶而珍用它。

3. 晉姜鼎──〈晉姜鼎〉著於《考古圖》卷一・7、《集古錄》卷一・4（作〈韓城鼎〉）、《博古》卷二・6、《薛氏》卷十・110、《嘯堂》卷上之上・10、《廣川書跋》卷三・1、《金石古文》卷二・6、《商拾》、《陝西金石志》卷二・4（作〈韓城鼎〉）、《古拾》卷二・19、《古文》金一・17、《雙文》上二・18、《通考》頁59、《兩周》229、《白川通釋》201、《銘文選》885。〈晉姜鼎〉（器銘圖3），十二行一百廿一字，其銘文隸定爲：

> 隹王九月乙亥，晉姜曰：「余
> 隹司（嗣）朕先姑君晉邦。余不
> 叚（暇）妄（荒）寧，巠（經）雝（雝）明德。宣邲我
> 猷，用釗（召）匹（弼）辥（乂）辟。每（敏）揚厥・光
> 刺（烈），虔不彖（墜）。魯覃京自（師），酬我
> 萬民。嘉遣我，易鹵賣（積）千兩。
> 勿瀧（廢）文侯覯（顯）令，卑（俾）貫甬（通）弘，
> 征鯀（繁）湯（陽）、鼲，取厥吉金，用乍
> 寶尊鼎。用康醵（擾）妥（綏）褱（懷）遠執（邇）
> 君子。晉姜用蘄釐（綽）縮（綰）眉壽，
> 乍寲（惠）爲亟，萬年無疆，用亯（享）
> 用德，眔保其孫子，三壽是利。」

〈晉姜鼎〉銘文有「文侯」，故可知此鼎與晉文侯（西元前 780 年至西元前 746 年）〔註4〕有關，即晉姜秉承先祖遺澤，輔佐晉文侯爲周平王平定亂事，使周平王能治理萬民，且呼籲子民勿廢文侯之命，能戮力於戰役，取得吉金，

〔註3〕有關〈伯盄父鼎〉著錄狀況及銘文考釋，詳見拙作《晉國文獻及銘文研究》頁 305 及頁 403。
〔註4〕有關〈晉姜鼎〉名稱、出土及銘文考釋，詳見拙作《晉國文獻及銘文研究》，頁 306 及頁 406。

作成寶鼎。此將〈晉姜鼎〉語譯：周平王九月乙亥，晉文侯夫人齊姜說：「我繼承我先姑掌管晉國後宮的內政。我不敢有所閒逸而荒廢職責，常常能協和地表現靈明的德行，宣揚我美好的謀劃，用來輔佐我的國君。勤敏地發揚我國君光明的功業，眞誠希望他的功業永不墜落；同時以他嘉美的德澤，能延及到京城洛邑，使周平王能治理天下百姓。周天子讚美文侯的賢能，以受貢的鹽千兩賞賜給他。希望全國百姓不可廢棄晉文侯昭明的命令，且能貫徹光大此命令，征服繁陽和䣄，取得當地的青銅，用來做成寶貴的尊鼎；同時能安撫懷柔遠近的君子。我齊姜祈求上天保祐我們能緜延長壽，並且希望神明能長遠廣施惠愛。在此獻享，以感恩的心情來祭祀，也希望能長保我們的子孫增益年壽，有如參星永存。

4. 晉侯𩏂鼎——西元 1994 年 5 月至 10 月間北京大學考古系和山西省考古研究所在山西省天馬曲村遺址北趙晉侯墓地作第五次發掘，其中 M92 出土一件〈晉侯𩏂鼎〉（器銘圖 4），其器腹內壁鑄銘文四行廿二字，其銘文隸定爲：

隹九月初吉庚
寅晉侯𩏂乍（作）
鑄尊鼎其萬年
眉壽永寶用。

「」根據出土發掘報告作「對」，晉侯對是晉釐侯司徒。〔註 5〕鄒衡以爲 M1、M2 是晉厲侯福夫妻墓，是以銘文有「晉侯𩏂」宜爲晉厲侯福殉葬之器物。〔註 6〕裘錫圭以爲「丵」無「福」字之音，應釋爲「對」，且「𩏂」是晉侯之字，而可以與晉侯之名相合者有晉厲侯福與晉靖侯宜臼，其中以晉厲侯可能性爲大。〔註 7〕馬承源以爲「丵」有「福」之福音，晉侯𩏂即爲晉厲侯福。〔註 8〕陳佩芬以爲「晉侯𩏂」即《史・晉世家》中之晉厲侯福。〔註 9〕總

〔註 5〕第五次發掘報告以爲晉侯對是 M1 之墓主，而〈晉侯對鼎〉之形態特徵和〈毛公鼎〉相似，應屬西周晚期之典型器，最早不會早過周厲王（西元前 878 年～西元前 842 年）之時。

〔註 6〕鄒衡之說詳見〈論早期晉都〉，其文刊於《文物》1994 年第 1 期。

〔註 7〕有關裘錫圭之說，詳見〈關于晉侯銅器銘文的幾個問題〉，其文刊於《傳統文化與現代化》1994 年第 2 期。

〔註 8〕馬承源以爲「」宜隸定爲「𩏂」，从丵丮，像人以手持丵，从丵得聲，「𩏂」是本體字，此與「對」字因形變而成爲「𩏂」是不能混淆，故「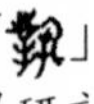」宜隸定爲「𩏂」，其詳見〈晉戾𩏂盨〉，其文刊於《第二屆中國古文字學研討會論文集》1995 年 9 月。

括上述之說與 M1、M2 墓葬及墓主之關係，「翔」宜隸定爲「軌」，晉侯軌應爲晉厲侯。M92 何以有〈晉侯軌鼎〉出土？此不難理解，現知 M92 墓主爲晉靖侯宜臼夫人，晉靖侯爲晉厲侯之子，故其墓葬有先人之鼎，此爲自然之事，且在北趙晉侯墓地已常見後代子孫埋葬祖先之器物。此將〈晉侯軌鼎〉語譯：在九月初吉庚寅那一天，晉侯軌鑄造這鼎器，希望此器物能永存萬年爲我晉國享用。

　　5. 晉侯蘇鼎——西元 1992 年至西元 1993 年元月北京大學考古系與山西省考古研究所在山西省曲沃縣曲村鎮北趙村西南作第二次發掘，其中 M8 出土一件〈晉侯橀鼎〉（器銘圖 5），器內後壁鑄銘文三行十三字，其銘文隸定爲：

　　　　晉医（侯）橀（蘇）乍

　　　　寶障鼎，其

　　　　萬年永寶用

「橀」，第二次發掘報告作「橀」，即「蘇」，是晉獻侯蘇；〔註 10〕鄒衡以爲晉侯蘇是晉穆侯，非晉獻侯；〔註 11〕裘錫圭、張頷、孫華以爲晉侯蘇是晉獻侯。〔註 12〕總括上述之論，此蘇即蘇，依歷史文獻相對照，晉侯蘇宜爲晉獻侯。此將〈晉侯蘇鼎〉語譯：晉侯蘇鑄作珍貴的鼎器，希望此器能永遠珍惜享用它。

　　6. 晉侯邦父鼎——西元 1993 年 9 月至西元 1994 年元月北京大學考古系和山西省考古研究所在山西省曲沃縣曲村鎮北趙村西南作第四次發掘，其中 M64 出土五件〈晉侯邦父鼎〉（器銘圖 6），器內壁有鑄銘三行十五字，其銘文隸定爲：

　　　　晉医邦父乍

〔註 9〕　有關陳佩芬之說見《認識古代青銅器》頁 138。
〔註 10〕第二次發掘報告根據《世本》及譙周《古史考》以蘇爲晉獻侯之名，《史・晉世家》雖有名籍之晉獻侯，蘇、籍二字古音相近，籍可能是蘇字之誤。
〔註 11〕〈晉侯蘇鐘〉銘文「佳王三十又三年」，鄒衡以此「王」是周宣王，周宣王卅三年（西元前 795 年）離晉獻侯卒（西元前 812 年）已有十七年，且此時爲晉穆侯十七年，故以爲晉侯蘇是晉穆侯，其詳見〈論早期晉都〉，其文刊於《文物》1994 年第 1 期。
〔註 12〕裘錫圭認爲斷是斯之異體，而蘇與斯本義相似，是以晉獻侯名蘇字斯，其說詳見〈關于晉侯銅器銘文的幾個問題〉。有關張頷之說，詳見〈晉侯斷簋銘文初識〉，其文刊於《文物》1994 年第 1 期。有關孫華之說，詳見〈晉侯橀／斷組墓的幾個問題〉，其文刊於《文物》1997 年第 8 期。

障鼎，其萬年

孑孫永寶用

其中「子」字下有重文符號。根據第四次發掘報告與鄒衡推斷，以爲「晉侯邦父」是晉穆侯費生。孫華、張長壽均以爲晉穆侯費生。〔註13〕馮時以晉侯邦父與〈鼂盨〉（呂大臨《考古圖》卷 3 所著錄）銘文「叔邦父」爲同一人，即晉穆侯，其本應名舅字邦父。〔註14〕總括上述諸說與 M64 之墓葬器物，〔註15〕「晉侯邦父」宜爲晉穆侯。此將〈晉侯邦父鼎〉語譯：晉侯邦父鑄作鼎器，希望此器後代子子孫孫能永遠保存享用它。

7. 君子之弄鼎——東北人民大學收藏〈君子之弄鼎〉，據儀眞所言，此鼎爲「春秋戰國之際的晉器」，〔註16〕此器銘文記載簡單，既無時間之記錄，且無作器之緣由，僅說明此鼎爲君子賞玩之器。由此可知青銅器至春秋戰國時，其鑄造之意義已由祭祀用之禮器，轉變成供賞玩爲主之弄器，西元 1938 年河南省輝縣出土之〈智君子鑑〉，及傳聞太原出土之〈子之弄鳥尊〉（《美帝國主義劫掠的我國殷商器集錄》674），皆爲弄器之明例。

8. 晉侯斷簋——西元 1992 年十月至西元 1993 年元月北京大學考古系和山西考古研究所在山西省曲沃縣曲村鎮北趙村西南作第二次發掘，其中 M8 出土兩件〈晉侯斷簋〉（器銘圖 7），蓋、器對銘，共四行廿六字，其銘文隸定爲：

隹九月初吉庚

午晉矢**斷**乍**宝**

殷，用享于文祖皇

考，其萬億永寶用

〔註13〕有關孫華之說，詳見〈晉侯櫬／斷組墓的幾個問題〉。有關張長壽之說，詳見〈關於晉侯墓地的幾個問題〉。

〔註14〕晉穆侯，《史·十二諸侯年表》作弗生，《史·晉世家》作費王。馮時以爲「鼂」與「抔」古同字，與「不」同聲，「弗」與「鼂」是雙聲，文獻「不」、「弗」二字通用，故「鼂」、「弗」可通用；又以爲「生」爲男子名號冠于名後，而「生」字形訛作「王」；故可知穆侯本名鼂，或冠號爲鼂生，其詳見〈略論晉侯邦父及其名字問題〉，其文刊於《文物》1998 年第 5 期。

〔註15〕M64 墓葬有五鼎、四簋及甗、簠、兔形尊、壺、爵、盤、匜、八件編鐘、鉦、戈、劍等；M62 墓葬有三鼎、四簋、壺、尊、方彝、盤、匜等；M63 墓葬有三鼎、二簋、壺、爵、觶、方彝、盤、盂等；由三墓之殉葬物，M64 顯明爲晉侯之墓。

〔註16〕有關儀眞之言，詳見〈從考古發現談儒法鬥爭的幾個問題〉，其文刊於《文物》1974 年第 6 期。

「🄰」，第二次發掘報告隸定爲「斷」是從臣從斤，且依據史籍所載晉侯之名，無與斷相符，然依出土器物之特徵，此「晉侯斷」蓋爲晉穆侯，即周宣王十六年至四十三年（西元前 812 年至西元前 785 年）。李朝遠以爲「🄰」是🄱與《之合體形聲字，《是「斤」字，🄱之形與音（上古音屬群紐，幽部）同於甲骨文與〈魯侯尊〉之「囨」，故囨字可隸定爲斷是從斤囨聲；而晉侯中之晉文侯名仇，仇在上古音爲群紐幽部，斷、仇可通假，是以李朝遠以爲「晉侯斷」是晉文侯仇。〔註17〕「🄰」字，張頷以爲應隸定爲「斷」，即匹字，且以《詩·召南》及《詩·秦風·無衣》鄭玄箋「仇、匹也」，以爲匹即爲晉文侯仇之名字；「🄲」，張頷以爲「鑄」字之別構，且以〈欒書缶〉「以作鑄缶」，證明「作🄲」宜連讀爲「作鑄」。〔註18〕「🄰」，裘錫圭隸定爲「斷」，是從斤臣聲，且「斷」應釋作「斯」之異體，「斯」、「蘇」本義相近，是以晉侯斯即晉侯蘇，即以「蘇」爲名，以「斯」爲字。〔註19〕孫華從「斷」與「司徒」意義、及北趙晉侯墓地各組晉侯銅器與文獻記載晉侯世次之對應關係，證明「斷」爲晉釐侯司徒之名。〔註20〕林聖傑以爲「斷」讀爲咎，爲晉靖侯宜臼，非晉文侯仇，且「宜臼」或作「宜咎」；何以文獻稱「宜臼」，而銅器僅稱單名「斷」？林聖傑以齊威王、宋景公爲例，且以楊樹達之論證，來說明先秦已習慣使用「複名單稱」。〔註21〕總括上述諸說，李朝遠、張頷、裘錫圭、林聖傑均從聲韻探討「斷」字，而孫華從司徒官職了解「斷」字，由於眾說紛紜，莫衷一是，然以 M8 同時有晉侯蘇與晉侯斷之器物來看，晉侯蘇與晉侯斷不該同一人，晉侯蘇既確定爲晉獻侯籍，且 M8 墓主爲晉獻侯，則晉侯斷必在晉獻侯之前。M92 有〈晉侯喜父鑑〉，已確定晉侯喜父爲晉靖侯宜臼，若晉侯斷是介於晉靖侯與晉獻侯之間，則必爲晉釐侯司徒。目前在北趙晉侯 17 墓中，雖無晉釐侯之墓，然其墓穴應在同地附近，此尚待發掘。此將〈晉侯斷簋〉

〔註17〕有關李朝遠之說，詳見〈晉侯🄰方座簋銘管見〉，其文刊於《第二屆國際中國古文字學研討會論文集》。孫華以爲李朝遠將「晉侯斷」視爲晉文侯頗有商榷。

〔註18〕有關張頷之說，詳見於〈晉侯斷簋銘文初識〉，其文刊於《文物》1994 年第 1 期。孫華以爲張頷將斷釋「匹」有雙意是有問題。

〔註19〕有關裘錫圭之說，詳見於〈關于晉侯銅器銘文的幾個問題〉。孫華以《禮·曲禮》（上）：「男子二十而字，父前子名，君前臣名」評論裘錫圭以斯爲晉侯蘇之字有迂曲之嫌。

〔註20〕有關張華之說，詳見〈晉侯穌／斷組墓的幾個問題〉。

〔註21〕關於林聖傑之說，詳見〈晉侯🄰小考〉，其文刊於《第三屆國際中國古文字學研討會論文》。

語譯：在九月初吉庚午時，晉侯斷鑄作簋器，在祖先靈位前享用，希望此器能永遠長留於後世。

9. 鬻休簋——西元 1993 年 9 月至西元 1994 年元月北京大學考古系和山西省考古研究所在山西省曲沃縣曲村鎮北趙村西南作第四次發掘，其中 M64 出土 4 件〈鬻休簋〉（器銘圖 8），蓋內面有鑄銘四行廿四字，其銘文隸定爲：

> 隹正月初吉，鬻
> 休乍朕文考叔
> 氏障段，休其萬
> 年孓孫永寶用

其中「子」字有重文符號。「鬻」與〈婦姑鼎〉、〈伯衛父盉〉、〈庚姬簋〉、〈利簋〉、〈舀鼎〉、〈屯鼎〉、〈史頌鼎〉、〈三年師兌簋〉、〈遣小子簋〉之「鬻」相同，故「鬻」隸定爲「鬻」。《玉篇》〈中〉鼎部第二百四十一云：「鬻，煮也，亦作鬻。」，又鬲部第二百四十四云：「鬻，煮也，亦作鬻。鬻，同上。」，《說文》有鬻，無鬻、鬻二文。〔註 22〕若與上述諸器銘而言，「鬻」大多作飪食器用。〔註 23〕「鬻」另作「氏」稱，如〈鬻兌簋〉（《三代》卷 8 頁 46・1）銘文「鬻兌作朕文祖□公皇考季氏尊段」，吳鎮鋒以鬻氏名兌，西周中期或晚期人（《金文人名匯編》頁 344），如以〈鬻休簋〉與〈鬻兌簋〉兩器銘文相對照，則〈鬻休簋〉之「鬻休」宜「氏名」解，即鬻氏名休。「朕」之初文爲「关」，後孳乳爲朕、腾、賸，其義訓爲「我」。「文考」是有德之父，《禮・坊記》：「大誓曰……紂克予，非朕文考有罪。」，此「文考」係指武王之父文王。M64 之墓主爲晉侯邦父（即晉穆侯費生），墓葬中出土〈鬻休簋〉，蓋鬻休宜與晉侯必爲關係極親密之人，若非如此，豈能陪殉於葬中？此將〈鬻休簋〉語譯：在正月初吉時，鬻休爲他有文德的父親叔氏作寶段，鬻休希望後世子孫能永遠寶用它。

10. 晉侯鞥盨——西元 1992 年 4 月至 6 月山西省曲沃縣翼城之天馬——曲村遺址作第一次發掘，M1、M2 兩墓隨葬器物大多被盜掘，後經上海博物館館長馬承源至香港收購一些流失之晉器，其中〈晉侯鞥盨〉發現兩組六器，收歸四器，第一組發現有四器，收歸三器是 M2 之殉葬物，器蓋對銘六行三十

〔註22〕《說文》三篇下：「鬻，鬻」，段玉裁《注》：「鬻亦作鬻，亦作鬻。」。
〔註23〕〈婦姑鼎〉：「作婦姑鬻彝」，〈史頌鼎〉：「用作鬻彝」，〈三年師兌段〉：「用作朕皇考釐公鬻段」。

字（器銘圖9），其銘文隸定爲：

　　　　隹正月初吉

　　　　庚寅，晉医𩵦

　　　　乍寶障彶（及）盨

　　　　其用田獸，甚（湛）

　　　　樂于邍（原）𨻜（隰），其

　　　　萬年永寶用。

　　第二組發現有兩器，收歸一器是 M1 之殉葬物，〔註24〕器銘三行廿四字，（器銘圖 9）其銘文隸定爲：

　　　　隹正月初吉丁亥，晉

　　　　医𩵦乍寶障盨

　　　　其萬年子孫永寶用

　　「晉侯𩵦」在上述〈晉侯𩵦鼎〉已推斷爲晉厲侯福。「𢓨」即「彶」字，與「及」同，當連接詞用，有「與、和」之義，〈格伯簋〉：「殴妊彶（及）佗人從」，與此同義。「甚」即「甚」，讀爲湛，有沈浸之意。「𨱔」即「邍」，亦爲「原」字。〔註25〕「𨻜」即「隰」。「邍隰」一詞見於《周禮・夏官・邍師》：「當四方之地名，辨其丘陵墳衍邍隰之名。」，邍隰爲高平和低濕之地。此將第一組〈晉侯𩵦盨〉語譯：在正月初吉庚寅時，晉侯𩵦鑄作寶障與盨，晉侯𩵦自認有田獵的嗜好，常沈浸於高平與低濕之地的田獵之樂，希望此寶器能永遠保存於後世。第二組器：無記載晉侯𩵦有田獵之樂，僅論及在正月初吉丁亥晉侯𩵦鑄造盨器，希望後世子孫能永遠寶用它。由於時間不同，可知第一組與第二組之〈晉侯𩵦盨〉非同一時鑄成。

　　11. 長子𩵦臣簠──〈長子𩵦臣簠〉著錄於馬承源〈記上海博物館新收集的青銅器〉、白川靜《白川通釋》、馬承源《銘文選》，現藏於上海博物館。其器之底與蓋同銘（器銘圖 10），蓋銘五行卅九字（重文二字），器銘五行卅八字（重文二字），少「嬭」字，蓋銘隸定爲：

〔註24〕原發掘 M1 之容器腹片，即爲〈晉侯𩵦盨〉，其殘餘器銘：「……月初吉……乍寶障……年子孫永寶……」，與自香港收購之〈晉侯𩵦盨〉之器銘相同。

〔註25〕《說文》二篇下：「𨱔高平曰原，人所登，从辵备彔，闕。」，邍，《說文》从彔，陳初生以爲：「从彔，傳寫之譌，丁山謂字从田从久逐聲。」（《金文常用字典》頁 188）。

「隹正月初吉丁亥，長

子翳臣睪其吉金，乍

其子孟嬭之母媵匜，

其眉壽萬年無期，

子子孫孫永寶用之。」

「長子翳臣」爲晉國大夫，以封邑長子爲氏。「嬭」或作「嬭」，同音假借爲「羋」，徐鍇《說文繫傳》：「羋，此古楚姓也。」。「媵」同「媵」。此將〈長子翳臣簠〉語譯：在正月初吉丁亥時，長子翳臣選擇上等的銅，爲他長女之母羋氏鑄作簠器，希望此器能縣延長久，子子孫孫永遠寶用它。〔註26〕

12. 鳥尊——相傳山西省太原市出土〈鳥尊〉（《美帝國主義劫掠的我國殷周器集錄》674），現藏於美國弗利爾美術館，上有錯金銘文「子作弄鳥」4字，儀眞從出土地和字體特徵而推斷爲晉器，〔註27〕此器與上述之〈君子之弄鼎〉均爲賞玩之器。

13. 欒書缶——〈欒書缶〉出土地點與時間均不詳，西元 1942 年容庚自北京估人倪玉書手中得之，由於銘文變體字甚多，孔達生疑爲僞器，今已藏於中國歷史博物館。〈欒書缶〉蓋銘（器銘圖 11）在蓋內，二行八字，爲器銘前二句「正月季春，元日己丑」，器銘（器銘圖 11）在腹外，一行八字，四行四十字，字皆錯金，此將器銘隸定爲：

正月秂（季）春，元日己丑。

余畜孫書已斁（擇）其吉

金，以釹鑄鍂，以祭我皇祖，

鑫（余）以斤（祈）眉壽，欒（欒）

書之子孫，萬朞（葉）是寶。

「正月季春」，晉行夏曆，以建寅（一月）爲歲首，周曆建子，以十一月爲歲首，故夏曆正月即周曆三月，亦即季春。「畜孫」，孝順之子孫。「釹」同

〔註26〕有關〈長子翳臣簠〉著錄狀況及銘文考釋，詳見拙作《晉國文獻及銘文研究》頁 432 至 435。

〔註27〕有關儀眞之說，詳見〈從考古發現談儒法鬥爭的幾個問題〉，其文刊於《文物》1974 年第 6 期。杜迺松〈東周青銅器研究〉亦有論及此事，其文刊於《故宮博物院院刊》1994 年第 3 期。陶正剛以爲「子之弄鳥尊傳出自太原郊區，可視爲趙氏家族的遺物。」（〈趙氏戈銘考釋〉此文刊於《文物》西元 1995 年第 2 期）。

作。「銓」同缶,「欒書」爲晉景公(西元前599年至西元前581年)、晉厲公(西元前580年至西元前573年)之顯赫人物,執政十四年(西元前587年至西元前573年)功業彪炳。「枼」同枼,即「葉」字,「萬枼」猶萬世。此將〈欒書缶〉語譯:正月季春己丑這一吉日,我是孝順的孫子欒書,選取上等的銅,用來鑄造這缶器,用以祭祀我的祖先,同時也祈求長壽,希望我後代子孫能永遠珍愛它。〔註28〕

14. 趙孟介壺——〈趙孟介壺〉相傳出土於河南省輝縣,後爲英國柯爾所藏,其銘文環繞在蓋口外緣,一行十九字(器銘圖12),其銘文隸定爲:

「禺(遇)邗王于黃池,爲趙孟疥(介),邗王

之惕(錫)金,台(以)爲祠器。」

「邗」本爲古國名,在今江蘇省揚州市東北,吳之鄰國,春秋時爲吳所滅,成爲吳邑,經傳假干爲邗,省形存聲。〔註29〕「邗王」即指吳王夫差。「趙孟」係指趙鞅,在晉定公卅年(西元前482年)出席吳晉黃池會盟。「介」,副也。「趙孟介」是指趙鞅之屬官。此將〈趙孟介壺〉語譯:我隨從晉定公、趙鞅與吳王夫差在黃池相會,我是趙鞅的屬官,因與吳王相會,所以吳王以銅賞賜我,我將它製作成祭祀的彝器。

15. 嗣子壺——西元1929年河南省洛陽金村周古墓出土〈嗣子壺〉二件,今藏於中國歷史博物館。器銘在器之上項外緣,有廿三行,每行平均有二字,第9行「朿」「曡」與第十二行各有重文,第十七行多一字,合計五十字。其銘文隸定爲:

「隹十年四月吉日,命(令)瓜(狐)君尋(嗣)子作鑄尊壺,朿朿曡曡,康樂我家。犀犀康𥧌(叔),承受屯(純)惪(德),旂(祈)無疆至於萬𠚕(億)年。子之子,孫之孫,其永用之。」

「十年」係爲周威烈王十年(西元前416年),即晉幽公十八年。「令狐」,邑名,在今山西猗氏西十五里,晉靈公元年(西元前620年)晉秦有令狐之役。《國‧晉語》(七)有魏頡爲令狐文子,蓋其食邑,故此地在春秋時期爲

〔註28〕關於〈欒書缶〉著錄狀況及銘文考釋,詳見拙作《晉國文獻及銘文研究》頁458至465。

〔註29〕《墨‧兼愛》(中):「以利荊楚干越,與南夷之民。」,孫詒讓《墨子閒詁》:「干,邗之借字。」。關於〈趙孟介壺〉之著錄狀況及銘文考釋,詳見拙作《晉國文獻及銘文之研究》頁465至468。

魏地。「嗣子」，嫡嗣也。「柬柬」通「簡簡」，有平易之意。「畾畾」有誠敬謹慎之意。「屖」即遲，「屖屖」有舒徐寬綽從容不迫之威儀。「康叔」，郭沫若以爲令狐君之嗣子名。此將〈嗣子壺〉語譯：「周威烈王十年四月，吉利的日子，我是令狐君嫡傳的後代子孫，鑄作這一對銅壺。我以誠敬謹慎的態度來治家，使我的家族能夠安康快樂。我康叔有寬綽從容的威儀，就是稟承家風有至大至美的品德，祈求能長年百歲到永遠，也希望子子孫孫能永遠珍用它。」〔註30〕

16. 晉侯斷壺——西元 1992 年十月至 1993 年元月北京大學考古系與山西省考古研究所在山西省曲沃縣曲村鎮北趙村西南作第二次發掘，其中 M8 出土二件〈晉侯斷壺〉（器銘圖 14），蓋內鑄銘文四行廿六字，其銘文隸定爲：

> 隹九月初吉庚午
> 晉医斷作障壺
> 用享于文且〔祖〕皇
> 考，萬億永寶用。

上述 M8 有〈晉侯斷簋〉，此晉侯斷已推斷爲晉釐侯司徒，且〈晉侯斷簋〉與〈晉侯斷壺〉銘文幾近相同，故〈晉侯斷壺〉必爲晉釐侯司徒之器物。此將〈晉侯斷壺〉語譯：在九月初吉庚午時，晉侯斷鑄作方壺，在祖先靈位前享用，希望此器能永遠長留於後世。

17. 晉侯僰馬圓壺——西元 1994 年五月至十月北京大學考古系與山西省考古研究所在山西省曲沃縣曲村鎮北趙村西南作第五次發掘，其中 M92 出土二件〈晉侯僰馬圓壺〉（器銘圖 15），蓋頂鑄銘文三行十二字，其銘文隸定爲：

> 晉医僰馬
> 乍寶障壺
> 其永寶用。

器銘有「晉侯僰馬」，不僅見於此圓壺，又見於 M33 與 M91 之〈晉侯僰馬方壺〉，發掘報告、李學勤、林聖傑皆以爲晉厲侯福。〔註31〕若「晉侯僰馬」

〔註30〕關於〈嗣子壺〉著錄狀況及銘文考釋，詳見拙作《晉國文獻及銘文研究》頁 468 至 471。

〔註31〕李學勤以爲「僰」，並母職部，和福同音，僰馬單稱僰，再以音同轉寫成福或輻，其詳見〈史記晉世家與新出金文〉，其文刊於《學術集林》卷四。林聖傑以爲「僰馬」與「福」是複名單詞，其詳見〈晉侯𬤊小考〉，其文刊於《第三

爲晉厲侯福，則與 M1 之「晉侯靭盨」爲晉厲侯之器，是相重複，是以「晉侯
僰馬」不宜爲晉厲侯福。晉厲侯父親是晉成侯服人，服、房六切，上古音爲
並母之部，僰、蒲北切，上古音爲並母之部，「僰」「服」同音假借。M33 之
墓主既爲晉侯僰馬，M91、M92 有出土晉侯僰馬之器，而 M91 之墓主爲晉靖
侯宜臼（晉侯喜父），則 M33 依其墓葬之次序必在 M91 之前，亦即晉侯僰馬
必爲晉侯喜父之祖先。晉侯靭既爲晉厲侯福，是晉靖侯之父，則晉侯僰馬蓋
爲晉靖侯之祖父，亦爲晉成侯服人。此將〈晉侯僰馬圓壺〉語譯：晉侯僰馬
鑄作珍貴的壺器，希望此器能永遠寶用它。

18. 晉侯僰馬方壺──西元 1994 年五月至十月北京大學考古系和山西省
考古研究所在山西省曲沃縣曲村鎮北趙村西南作第五次發掘，其中 M33 與
M91 出土〈晉侯僰馬方壺〉各一件，兩器形制、紋飾相同，原本屬成組之一
對。M33 之〈晉侯僰馬方壺〉蓋與底均有鑄銘，銘文相同，行款略異，蓋頂
內鑄銘七行四十一字（重文二字），器底鑄銘四行四十一字（重文二字）（器
銘圖 16），其銘文隸定爲：

　　　　隹正月初吉晉医僰馬
　　　　既爲寶盂則乍障壺，用尊
　　　　于宗室，用享用考（孝）用祈壽
　　　　考，子孫，其萬年永是寶用。

M91 之〈晉侯僰馬方壺〉蓋頂內壁有鑄銘七行四十一字（重文二字）（器
銘圖 16），其銘文隸定爲：

　　　　隹正月初吉晉
　　　　侯僰馬既爲
　　　　寶盂則作障壺，
　　　　用尊于宗室，用
　　　　享用考（孝）用祈壽
　　　　考，子孫，其萬
　　　　年永是寶用。

「晉侯僰馬」，即上述〈晉侯僰馬圓壺〉所推斷之晉成侯服人，此方壺銘
文之敘述詳於〈晉侯僰馬圓壺〉，多時間與作器緣由之記載，此將〈晉侯僰馬

屆國際中國古文字學研討會論文集》。

方壺〉語譯：在正月初吉時，晉侯樊馬爲了能鑄造珍貴的彝器，因而製造這壺器，此壺能長久爲宗室所享用，希望後世子孫能永遠珍惜它。

19. 晉叔家父方壺——西元 1994 年五月至十月北京大學考古系和山西省考古系研究所在山西省曲沃縣曲村鎮北趙村西南作第五次發掘，其中 M93 出土二件〈晉叔家父方壺〉（器銘圖 17），壺蓋子口內壁一側和底部對銘，蓋內銘文四行十八字，字間有陽線方格，此與〈鬲羌鐘〉相同，其銘文隸定爲：

> 晉叔家父
> 乍尊壺，其
> 萬年子子孫孫
> 永寶用享

M64 有出土〈晉叔家父盤〉，因銘文爲銅銹所掩，未能釋讀。發掘報告以爲 M93 雖有出土〈晉叔家父方壺〉，然其墓主宜爲一代晉侯（或爲晉文侯仇）非晉叔家父；李學勤以爲 M93 墓主是殤叔，即晉叔家父；張長壽以爲晉叔家父，若以兄弟排序，可能是晉穆侯弟殤叔或晉文侯弟桓叔。〔註32〕馮時以爲叔家父蓋即殤叔，亦是叔邦父（晉穆侯）之弟。〔註33〕現今發掘北趙晉侯墓地有八組十七墓，不論從東西或南北交替排列，〔註34〕M93 與 M102 在時間是最晚，已至春秋早期，在 M93、M102 前面之晉侯墓爲 M64、M63、M62，目前已知 M64墓主是晉穆侯費生（晉侯邦父），則 M93 之晉叔家父宜爲殤叔。此將〈晉叔家父方壺〉語譯：晉叔家父鑄作壺器，希望萬世的子孫能永遠寶用它。

20. 晉公盨——〈晉公盨〉著錄於《筠清》、《攈古》、《綴遺》、《古籀》、《周金》、《雙文》、《吉金》、《兩周》、《小校》、《三代》、《通考》、《積微》、《白川通釋》、《銘文選》等書。〈晉公盨〉銘文（器銘圖 18）在腹內，因剝損殘泐極多，字體難以釐分清晰，故諸家所隸定可識之字不一，然綜合比較各家所考釋，可估計全文約略廿四行一百九十一字，可識者一百五十字。將銘文隸定爲：

〔註32〕有關李學勤之說，見〈史記晉世家與新出金文〉；關於張長壽之說，見〈關于晉侯墓地的幾個問題〉。

〔註33〕《筠清》卷三著錄〈叔家父簋〉，馮時以爲「似爲殤叔之器」。有關馮時之說詳見〈略論晉侯邦父及其名、字問題〉。

〔註34〕發掘報告以爲晉侯墓地分爲南北兩排，先從北排開始，由東而西，即 M9M13→M6M7→M33M32→M91M92，再轉至南排，亦是由東而西，即 M1M2→M8M31→M64M62M63→M93M102；馮時以爲晉侯墓地是南北交替排列，即 M9M13→M1M2→M6M7→M8M31→M32M33→M91M92→M64M63M62→M93M102。

隹王正月初吉丁亥

晉公曰：「我皇且（祖）鄘（唐）公，

雁（膺）受大命，左右武王，□

□百繺（蠻），廣嗣（司）四方，至于

大廷，莫不事王。王命鄘公，

冂宅京自（師），□□晉邦，我

　剌（烈）考□，公□□，王□□

疆，武□□□，□□□□

虢虢才（在）上。□□□□，□□

召戁，□□□□，□□晉

邦。」公曰：「余蚩小子敢

帥井（型）先王，秉德㸔㸔，

燮萬邦，□莫不日頔

顛。余咸畜胤士，乍（作）

馮左右，保辥王國，刜

㪍（暴）趌（舒）優（迆），□攻雔者（都）。

否（丕）乍（作）元女，□□□□，

齎（媵）鎣四西，□□□□

虔龏盟祀，以曾（答）□

皇卿，智親百𧮫（職）。蚩今

小子，整辥爾穼，宗

婦楚邦，烏（於）卲（邵）萬

年，晉邦隹韓（翰）

永康寶。」

　　「晉公」宜爲晉平公。「唐公」即唐叔虞，爲周武王之子、周成王之弟。
「大廷」，古國名，在今山東曲阜城東。「冂宅京師」即營建都邑。「烈考」
係指晉平公之父晉頃公。「虢虢」有顯赫意。「召戁」是繼承功業。「蚩」同
唯，唐蘭諸人以「锥」與晉定公名「午」相通，非也。「秉德㸔㸔」即守德
肅敬。「智燮萬邦」即安和萬邦。「頔顛」形容功業盛大。「刜㪍趌優」，郭沫
若以爲「暴者擊之，受迆迫者舒之，猶言弔民伐罪或除暴安良。」「雔者」

指秦國都。「元女」謂長女。「龏」即恭字。「答」有答揚意。「百辥」即百官。「佳輪」有輔佐意。此將〈晉公盞〉語譯：周景王八年（西元前 537 年，晉平公廿一年）初吉丁亥這一天，晉平公說：「我遠祖唐叔虞承受重大的命令，輔佐周武王討伐商紂，治理四方，遠至大廷這樣的方國，沒有不朝貢。周王也命令唐公在鎬京廣建都邑。」，晉平公又說：「我是一位微不足道的小子，敢效法周先王治國的精神，以肅敬的態度秉守品德，使晉國能安和，沒有說功業不盛大的。我收羅傑俊的人才，作為周天子的輔佐，以保衛周王室的地位，而且弔民伐罪，驅除強暴的敵人，能直攻秦的國都。這次長女出嫁到楚國，我辦理得很盛大，準備禮物有盞和酒，虔誠恭敬能遵守盟誓及祭祀天地鬼神，答揚大卿，安親百官。雖是微不足道的小子，要整飾你的容貌裝扮，作楚國宗婦，雖榮耀萬世，但晉國尚需你的輔翼，能永遠安好而保守此器。〔註35〕

21. 智君子鑑——相傳西元 1938 年在河南輝縣出土二件〈智君子鑑〉，今一器藏於華盛頓弗利亞美術館，另一器藏於米里阿波里斯美術館。〈智君子鑑〉銘文（器銘圖 19），在腹內一行六字，其銘文隸定為：

　　　智君子之弄鑑

「智君子」者智君之子，唐蘭〈智君子鑑考〉推測可能為智氏末代智襄子瑤。此將〈智君子鑑〉語譯：智君之子鑄成可供玩賞的鑑有一對。〔註36〕

22. 晉侯喜父盤——西元 1994 年 5 月至十月北京大學考古系與山西省考古研究所在山西省曲沃縣曲村鎮北趙村西南作第五次發掘，其中 M92 出土一件〈晉侯喜父盤〉（器銘圖 20），盤底鑄銘文四行廿七字，其銘文隸定為：

　　　佳五月初吉庚寅
　　　晉侯喜父乍朕文
　　　考剌侯寶盤，子子
　　　孫孫其永寶用。

同時同地之 M91 出土〈晉侯喜父鑑〉（器銘圖 20），由於器體破碎，不易

〔註35〕關於〈晉公盞〉著錄狀況及銘文考釋，詳見拙作《晉國文獻及銘文研究》頁481 至 491。

〔註36〕有關〈智君子鑑〉著錄狀況及銘文考釋，詳見拙作《晉國文獻及銘文研究》頁 491、429。

辨明何種器物，〔註37〕然在底內有鑄銘四行廿七字（重文二字），其銘文隸定
爲：

　　　　佳五月初吉庚寅
　　　　晉侯喜父乍朕
　　　　文考剌侯寶鑑，
　　　　子孫其永寶用。

　　「晉侯喜父」，發掘報告、李學勤、林聖傑以爲晉靖侯宜臼，〔註38〕M91
出土有晉侯檕馬與晉侯喜父之器物，M92 出土有晉侯靮、晉侯檕馬、晉侯喜
父之器物，晉侯檕馬已推斷爲晉成侯服人、晉侯靮已推斷爲晉厲侯福，M91
墓主既爲晉侯喜父，而 M91、M92 是夫妻墓，則晉侯喜父在晉侯世系絕不該
在晉成侯、晉厲侯之前，若依排序是繼晉厲侯之後，故晉侯喜父是晉靖侯該
無庸置疑。「剌侯」是晉靖侯父親晉厲侯。此將〈晉侯喜父盤〉語譯：在五月
初吉庚寅那一天，晉侯喜父爲有文德的父親剌侯鑄造珍貴的寶盤，希望後世
子孫能永遠寶用它。

　　23. 鷹羌鐘、鷹氏編鐘──西元 1928 年河南洛陽城東金村太倉李密城韓
君墓出土〈鷹羌鐘〉五件與〈鷹氏鐘〉九件，共有十四件。〈鷹羌鐘〉有四件
與〈鷹氏鐘〉有八件現藏於日本京都泉屋博物館，〈鷹羌鐘〉有一件與〈鷹氏
鐘〉有一件現藏於加拿大多倫多安大略博物館。〈鷹羌鐘〉銘文（器銘圖 21）
正面鉦間四行卅二字，每行八字，背面鉦間四行廿九字，三行八字，一行五
字，凡六十一字，其銘文隸定爲：

　　　　佳廿又再祀，鷹羌乍
　　　　戎氒（厥）辟韓宗敄（徹），遂征
　　　　秦迺（迮）齊，入堘（長）塦（城）先，會

〔註37〕〈晉侯喜父鑑〉銘文有「𧇽」字，發掘報告隸定爲「鑑」，在字書無「鑑」
　　　　字，此恐爲「鑑」，由於此器銘文與〈晉侯喜父盤〉銘文僅有一字之別，故暫
　　　　列於此。

〔註38〕李學勤以爲晉靖侯名喜父字宜臼，其說見〈史記晉世家與新出金文〉；林聖傑
　　　　以爲「晉侯斷」之「斷」讀爲咎，此晉侯爲晉靖侯宜臼，非晉文侯仇，且「宜
　　　　臼」或作「宜咎」；何以文獻稱「宜臼」而銅器僅稱單名「斷」？林聖傑以爲
　　　　齊威王、宋景公爲例，且以楊樹達論證來說明先秦已習慣使用「複名單稱」，
　　　　故林聖傑以爲晉侯斷、晉侯喜父與晉靖侯宜臼同一人，林聖傑又以爲晉靖侯
　　　　該名宜臼字喜父，此與李學勤所論有異，其詳見〈晉侯斷小考〉。

于平陰（陰），武佢寺力，富（喜）

放楚京。賞于韓宗，令

于晉公，鄆（昭）于天子，用

明則之于銘。武文咸

剌（烈），永（世）毋忘。

〈鳳氏鐘〉銘文（器銘圖 22），正背面鉦間銘文相同，各二行四字，其銘
文隸定爲：

鳳氏之鐘

自劉節、吳其昌、唐蘭、徐中舒、郭沫若、楊樹達等諸家隸定考釋以來，
眾說紛紜，難有定見，此除參酌眾議外，再以歷史文獻爲旁證，提出客觀中
肯之己見。「廿又再祀」是周威烈王廿二年（西元前 404 年），即晉烈公十二
年。「乍戎」即興師佐韓宗。〔註39〕「韓宗」，鳳羌是韓氏家臣，以韓爲宗主，
韓宗徹即韓景侯虔。〔註40〕「遂征秦逿齊」，率領軍隊征服秦地（此非陝西之
秦，乃山東齊魯之交之秦），逼進齊境。「入娘城先」言鳳羌帥師征秦迫齊，
入長城時爲先鋒。〔註41〕「平陰」，齊地，在今山東平陰縣東北三十里。「武
佢寺力」即武勇剛強能獲得戰功。「富放」猶言聲勢奪人。「楚京」齊地，在
平陰縣東南方。「晉公」指晉烈公。「天子」指周威烈王。「則」即載字，記錄
之意。「武文咸烈」是鳳羌自爲懿美之辭。此將〈鳳羌鐘〉語譯：周威烈王廿
二年，鳳羌興師輔佐他的君主韓景侯虔，率領軍隊伐秦地，逼迫齊境，而且
成爲進入長城的開路先鋒，在平陰與其他軍隊相會師，在戰場上表現很勇敢
剛強，又能得功，他的聲勢足以讓楚京城民有所震懾。他的功勞受到韓景侯
的頒賞，晉烈公的錫命，而且公開向周威烈王稟告，於是他就把這件事宣佈
記載在這個鐘器上。他的文治武功全都顯赫，能世世代代被人知道，永不忘

〔註39〕戎，郭沫若假爲鏞，曰：「《爾雅・釋樂》：大鐘謂之鏞」，且引唐蘭《古樂
器小記》以證鏞即大鐘之說，其詳見《兩周》（三）頁 236。朱德熙以「𢓜」
當釋爲「弌」，讀作代，有代替之意，其詳見〈關於鳳羌鐘銘文的斷句問
題〉。

〔註40〕「𢿛」，唐蘭、吳闓生作「讀若擊，樂器名。」；劉節、于省吾作「鐘」：孫
稚雛作「徹」，非人名，徹率即統率，其詳見〈鳳羌鐘銘文彙釋〉。

〔註41〕劉節、吳其昌、唐蘭、吳闓生、于省吾、容庚、高本漢、黃公渚將「先」下
讀，作「先會于平陰」。長字從立作裝，劉翔以爲此是假借之字加注形符之特
殊現象，其詳見〈鳳羌鐘銘〉，其文刊於《考古與文物》1982 年 3 月。

記。〔註42〕

　　24. 邵鐘——清穆宗同治九年（西元 1870 年）在山西省榮河縣（又名萬榮縣）漢后土祠旁河岸出土〈邵鐘〉，由於流傳時之數量眾說紛紜，現今已確知有十三器，有十器收藏於上海博物館，一器收藏於台北國立故宮博物院，一器收藏於英國不列顛博物館，尚有一器不知下落。〈邵鐘〉銘文（器銘圖 23）在鼓之兩旁處，鼓左五行，鼓右四行，共有八十六個字，其銘文隸定爲：

　　　　佳王正月初吉丁亥，邵鸞
　　　　曰：「余畢公之孫，邵伯之子
　　　　余頡皆事君，余詈必武。乍
　　　　爲余鐘，玄鏐鑄鋁，大鐘八
　　　　聿（肆），其竈四堵，喬喬其龍，既旃
　　　　邕虡，大鐘既縣，玉鑎靁鼓。
　　　　余不敢爲喬，我以享孝，樂
　　　　我先且（祖），以蘄眉壽，世世子孫
　　　　永以爲寶。」

　　「邵」，王國維以爲呂甥之呂，非己姓之莒。「畢公」指周初之畢公高。「邵伯」指呂錡（魏悼子），呂錡是晉成公（西元前 606 年至西元前 600 年）、晉景公（西元前 599 年至西元前 581 年）時人。〔註43〕「頡皆」是勤奮謹慎。「詈必武」是狩獵時很勇猛威武。「玄鏐鑄鋁」，鏐爲上等之銅，鑄爲銅之一種，鋁爲銅錠。「八聿」，聿即肆，列也。「竈」，通造，作也。「喬喬」是勇猛狀。「既旃邕虡」，旃同伸，有伸展意；邕，釀黑黍爲酒曰邕，在此轉爲動詞用，有通暢意；虡爲懸鐘磬之木柱。「玉鑎靁鼓」，鑎是樂器，靁鼓是鼓以靁皮所製成之樂器。「余不敢爲喬」，喬通驕。此將〈邵鐘〉語譯：在周王正月初吉那一天，邵鸞說：「我是畢公高後代子孫，邵伯的兒子，我很勤奮謹慎事奉國君，在狩獵時我很勇敢威武。現在用質地好的銅錫合，鑄成此編鐘與編磬，排成八列四堵。這些懸掛鐘磬的筍虡，上雕鏤有龍形，龍飛躍翻騰的形狀非常勇猛，而且各個動作非常

―――――――――――

〔註42〕關於〈驫羌鐘〉之名稱、出土著錄狀況及銘文考釋，詳見拙作《晉國文獻及銘文研究》頁 327 至 334 與 447 至 458。

〔註43〕劉雨以爲「邵伯之子」係呂錡之子魏絳，可稱呂絳或呂黶，亦即銘文「邵鸞」，且推斷此鐘宜鑄造於晉悼公十一年至十五年（西元前 562 年至西元前 558 年），其詳見〈邵鸞編鐘的重新研究〉，其文刊於《古文字研究》第 12 輯。

靈活通暢。既懸掛大鐘，又配上特磬鼉鼓。我不敢驕傲自大，用最誠敬的孝意來獻祭我的祖先，希望他們能永遠快樂，也祈求他們得到長壽。世世代代的子孫能永遠把這些樂器當作寶貝，長留後世。〔註44〕

　　25. 子犯編鐘——近傳山西省聞喜縣附近墓葬出土一些陪殉器物，〔註45〕此器物曾流落在香港。民國八十三年（西元 1994 年）台北國立故宮博物院採購〈子犯編鐘〉〔註46〕十二件，又聞台北陳鴻榮先生收藏三件，香港坊間有一件，故可知〈子犯編鐘〉共有十六件兩套，每一套各八件。此器經公開宣揚後，有張光遠、李學勤、裘錫圭、蔡哲茂等先生陸續爲〈子犯編鐘〉隸定考釋。〔註47〕此將兩套〈子犯編鐘〉之形制、銘文（器銘圖 24）及現藏處作成一表：

表　子犯編鐘（甬鐘，共 16 件，有甲、乙兩套）

編號		形制		銘文字數	銘文內容	現藏處	時代
		通高	重量				
1	甲	71.2 公分	44.5 公斤	22 字	佳王五月初吉丁未，子軛（犯）宕（佑）晉公左右，來復其邦，者（諸）楚荊，	台北故宮博物院	晉文公五年（周襄王廿年，西元前 632 年）
	乙	71.4 公分	41.5 公斤	22 字	同上	台北陳鴻榮	
2	甲	67.6 公分	41.2 公斤	22 字	大（太）上楚荊，喪厥自（師），滅厥長，子軛（犯）宕（佑）晉公左右，燆（燮）者（諸）侯，卑朝	台北故宮博物院	
	乙					相傳在香港坊間	

〔註44〕關於〈邵鐘〉之名稱、出土流傳狀況及銘文考釋，詳見拙作《晉國文獻及銘文研究》頁 313 至 324 與頁 435 至 447。

〔註45〕聞喜縣侯馬市西南方。1974 年在山西省聞喜縣上郭村出土〈荀侯匜〉、〈貯子匜〉；1978 年同地又出土方甗及〈陳公子㠱父扁壺〉。

〔註46〕裘錫圭、李學勤、蔡哲茂皆稱〈子犯編鐘〉，張光遠因第五鐘銘文有「用爲龢（和）鐘九堵」之「和」字，故稱爲〈子犯和鐘〉。周禮樂器常有編組成套之編鐘、編磬，《周禮·春官·磬師》：「掌教擊磬，擊編鐘。」，故此仍用「編鐘」。

〔註47〕張光遠〈故宮博物院的器物與蒐集兼論春秋晉文舅氏編鐘〉，發表於 1994 年 11 月「海峽兩岸博物館事業之交流及展望學術研討會」，〈故宮新藏春秋晉文稱霸子犯和鐘初釋〉刊於《故宮文物月刊》第 145 期，〈子犯和鐘的排次及補釋〉刊於《故宮文物月刊》第 150 期；李學勤〈補論子犯編鐘〉，刊於《中國文物報》1995 年 5 月 28 日；裘錫圭〈也談子犯編鐘〉，刊於《故宮文物月刊》第 149 期；蔡哲茂〈再論子犯編鐘〉，刊於《故宮文物月刊》第 150 期，〈子犯編鐘克奠王立補釋〉刊於《故宮文物月刊》第 159 期。

3	甲	66.7公分	40.9公斤	22字	不聖（聽）令（命）于（於）王所，子軏（犯）及晉公率西之六自（師），搏伐楚荊，孔休，	台北故宮博物院
	乙	67.5公分	38公斤	22字	同上	台北陳鴻榮
4	甲	61.7公分	43.2公斤	22字	王，克奠王立（位），王易（賜）子軏（犯）輅車四馬、衣常（裳）、帶、市（韍）、冕。者（諸）侯羞元（原）	台北故宮博物院
	乙	62.5公分	42.5公斤	22字	同上	台北陳鴻榮
5	甲	44公分	15.75公斤	12字	金于（於）子軏（犯）之所，用爲龢（和）鐘九堵，	台北故宮博物院
	乙	44.5公分	16.5公斤	12字（銘文同甲）	同上	
6	甲	42公分	15.4公斤	10字	孔淑虡（且）碩，乃龢（和）虡（且）鳴，用匽（安）	台北故宮博物院
	乙	41.5公分	15.4公斤	10字（銘文同甲，反向右行）	同上	
7	甲	30.5公分	6.8公斤	10字	用寧，用享用孝，用旂（祈）眉壽，	台北故宮博物院
	乙	30.5公分	6.8公斤	10字（銘文同甲）	同上	
8	甲	28.1公分	5.4公斤	12字（包括二重文）	萬年無彊（疆），子孫永寶用	台北故宮博物院
	乙	28公分	5.5公斤	12字（銘文同甲）	同上	

　　由此表顯示有四項現象：（1）甲套第 1 鐘至第 4 鐘均按其高度重量之大小排列，第 5、6 鐘與前 4 鐘及第 7、8 鐘與第 5、6 鐘皆有很大之落差，乙套亦是如此。張光遠以爲第 4 鐘與第 5 鐘銘文「諸侯羞元金于子軏之所」可連讀，第 6 鐘與第 7 鐘之銘文「用安用寧」可連讀，故第 4 鐘至第 8 鐘均無缺漏。李學勤以爲「第 4、5 鐘間和第 6、7 鐘間，似乎尚有缺失」。裘錫圭以銘文之銜接與編鐘制度，肯定〈子犯編鐘〉是 1 組八件完整之編鐘。〔註

〔註48〕 裘錫圭以〈中義編鐘〉、〈柞編鐘〉、〈晉侯穌編鐘〉爲例，它們是八件一組之編鐘，同爲在第 4、5 鐘間或第 6、7 鐘間，彼此有極大之差距，此爲西周後期編鐘之普遍現象。

48〕按：裘氏所言爲是，〈子犯編鐘〉既爲八件一套之編鐘，且銘文前後可銜連，則彼此不宜有缺漏之嫌。（2）〈子犯編鐘〉甲、乙兩套十六件，除第 2 鐘不知其重量外，其餘各件之重量合計有 380 公斤，可謂數量極重，亦即合乎銘文所言：「諸侯羞元金于子訑之所，用爲龢鐘九堵」，若無周天子厚賜及各諸侯之進獻，單憑子犯個人之力，豈能鑄造如此之重之編鐘？可見子犯在周天子與各諸侯間必有相當之貢獻與影響力。（3）甲、乙兩套之〈子犯編鐘〉，在各器之鉦部鑄有廿二、十二、十不等之銘文，若以字數計，共有一百卅二字，重文二字，以行數算，各器均有兩行，而各行有十一字、六字、五字，其排列爲由右而左，第 6 鐘乙是由左而右，此與各鐘有所殊異。（4）第 1 鐘與第 2 鐘銘文連讀問題。張光遠以爲第 1 鐘銘最後「諸楚荊」宜與第 2 鐘銘起首「太上楚荊」連讀，說明楚國與所屬附庸之小國在城濮之役，被晉國擊敗，乃致楚師喪亡，士卒慘滅。裘錫圭以爲第 1 鐘銘第 3 鐘銘連讀，後再接第 2 鐘銘，〔註 49〕唯有如此，城濮之戰起因、晉國率領大師討伐楚國與楚國慘敗等整個事件才有連貫。〔註 50〕蔡哲茂以爲第 1 鐘銘第 3 鐘銘宜連讀，如此才文從字順。〔註 51〕按：裘氏、蔡氏所言爲是，「諸楚荊」與「不聖令于王所」宜連讀，此於語法上有主語、述語及賓語，此爲完整之句子；此句爲城濮之戰原因，雖與《左》所記有不同，然晉國在「尊王」觀念中要「出師有名」，必以「楚國不聽於王命」爲由而興師討伐，此爲自然之事，且在狹窄的彝銘中不宜敘述太多之事，故僅擇其要（「諸楚荊不聖令于王所」）敘述城濮戰役之因。

此將〈子犯編鐘〉銘文依序加以考釋：「王」是指周襄王，城濮戰役與踐土會盟皆在周襄王廿年（晉文公五年、魯僖公廿八年，西元前 632 年）。「五月丁未」與《左》僖廿八年「五月丁未」同，即五月十日。「訑」即範，《說

〔註49〕張光遠曾提出「果真如此，則是在原始鑄銘的過程中，曾疏忽鐘模大小順序而錯倒誤刻所致」和「成爲子犯及晉文公率領大軍打敗楚師，全是因踐土會盟時楚荊不聽命於周天子而戰，然後周王才得鞏固王位，這樣一來，豈不就將子犯一生功勳中最大的城濮之戰給調失了」兩點，反駁裘錫圭說法。

〔註50〕有關第 2 鐘與第 3 鐘大小順序顛倒，裘錫圭以爲有兩種可能，一爲鑄鐘模時曾疏忽而錯倒誤刻其大小順序，二爲第 2、3 鐘高度重量之差距甚小，可能非同組的緣故。

〔註51〕蔡哲茂又提出第 3 鐘沒有「鐘隧」（此爲校正音高，即調整音律），此與其他七個鐘有八條鐘隧有所不同，是以蔡哲茂推斷「第 3 鐘可能是另一套編鐘之第 2 鐘」。

文》第十四篇（上）：「範，讀與犯同」，段玉裁《注》：「而曰與同者，其音義皆取犯」，故子軘即子犯。宕同佑，輔佐。「左右」指旁側，身邊之事。「來復其邦」，指晉文公返回晉國。「諸楚荊」，指楚國及附屬小國。「不聖令於王所」，即不聽王命。「孔休」，大善，指贏得大勝。「大上楚荊」，張光遠以爲大上即太上，有最大之意，太上楚荊指楚成王所掌之楚國；李學勤以爲「上」同「尚」，有加勝、壓倒之意，大上楚荊指痛擊楚國贏得勝利；裘錫圭贊同李學勤說法；蔡哲茂以爲上、攘音近相通，大攘楚荊，擊退楚國；按：蔡氏所言爲是。「大」，李學勤隸定爲禹，讀爲渠，訓爲帥；裘錫圭隸定爲瓜，讀爲孤卿之孤，厥孤指楚帥子玉（成得臣）；張光遠隸定爲蜀，通屬，即爲部屬；蔡哲茂隸定爲禹，讀爲玉，指子玉。按：「大」宜隸定爲長，長屢見於甲骨文，如「長」（《林》2、26、7），「長」（《後》上 19、6），與「大」頗爲類似，此長爲首長之長，即此役率領楚國軍隊子玉。「燗」即燮，調和協和之意。「卑」同俾。「立」同位。「輅車」即路車，亦是金輅（金路），諸侯所乘之車。〔註52〕「帗」，張光遠、李學勤隸定爲「黼黼」，裘錫圭以「黼黼」爲「禮服上繪繡的花紋，並非一種具體的物品，不能與衣裳、佩等並列」，且以「黹」宜隸定爲帶，「市」宜隸定爲「韍」（上古衣蔽前，即蔽膝，屬於禮服之列）。蔡哲茂取裘氏之說。按：裘氏之說爲是，帶是束衣之腰帶，〔註53〕市即韍，文獻作芾。〔註54〕「凧」，張光遠、李學勤、裘錫圭皆隸定爲凧（佩、珮），蔡哲茂隸定爲冕，按：蔡氏之言猶可從，《左》桓二年：「袞、冕、黻、王珽、帶、裳、幅、舄，昭其度也」，楊伯峻《春秋左傳注》：「冕，古代禮帽，大夫以上服之；黻字作韍或芾，以韋爲之，用以遮蔽腹膝之間」，可見在禮制中常有市與冕。「羞」，進獻。「元」通原，原金即吉金，美銅或純銅。「堵」，鐘八枚爲一堵，兩堵爲肆，即十六枚，此與〈子犯編鐘〉數目同，「九堵」有七十二枚，似爲誇大之辭。「盅」，張光遠隸定爲淑，裘錫圭、蔡哲茂隸定爲「盅」，同淑，美好。「馟」，張光遠、裘錫圭、蔡哲茂皆隸定

〔註52〕《公》昭廿五年：「乘大路」，東漢何休注：「禮，天子大路，諸侯路車，大夫大車，士飾車」。

〔註53〕《禮・玉藻》：「凡帶必有佩玉」，《說文》七篇（下）：「帶，紳也」，段玉裁注：「古有大帶，有革帶，革帶以繫佩韍，而後加之大帶，則革帶統於大帶，故許於紳於鞶，皆曰大帶」。

〔註54〕《說文》七篇（下）：「市，韠也，上古衣蔽前而已，市以象之。天子朱市，諸侯赤市，大夫蔥衡。从巾，象連帶之形。韍，篆文市从韋从犮」。

為「戲」，通「且」。「🔲」，張光遠隸定為「匽」，通「安」；裘錫圭、蔡哲茂隸定為「匽」，同「燕」，通「宴」。按：《左》成十二年（西元前 579 年）：「諸侯閒於天子之事，則相朝也，於是乎有享宴之禮，享以訓共儉，宴以示慈惠」，此為宴禮則賓主俱飲酒吃食。此鐘銘文有敘述戰勝之賞賜及鑄鐘，則宜有慶功宴，故此匽應作「宴」解。

　　〈子犯編鐘〉全文可分為五段：「隹五月初吉丁未」至「來復其邦」為第一段，敘述在周襄王廿年五月十日，子犯已輔佐晉文公返回晉國。「諸楚荊」至「滅厥長」為第二段，敘述城濮戰役起因、晉軍獲勝及楚軍慘敗。「子軋宕晉公左右」至「克奠王立」為第三段，敘述子犯輔佐晉文公協和各諸侯，也促使周襄王更鞏固王權。「王易子軋」至「子軋之所」為第四段，此說明周襄王以器物賞賜子犯，且各諸侯進獻吉金給子犯。「用為龢鐘」至「永寶用樂」為第五段，此說明子犯用吉金鑄成既美好又碩大之鐘器，在宴會時能與賓客共享，且希望後世子孫須常保用它。此將〈子犯編鐘〉語譯：周襄王廿年（晉文公五年，西元前 632 年）五月初吉丁未，子犯曾輔佐重耳返回晉國，那時楚國及附庸不聽周襄王命令，子犯和晉文公率領眾多軍隊討伐楚國及附庸小國，贏得大勝，讓楚軍有所喪亡，且使楚成王逼迫楚軍統帥子玉自殺贖罪。子犯又輔佐晉文公來協和各諸侯，率領魯、衛、蔡、鄭、齊、宋、莒等國在衡雍（今河南省原陽縣西）朝見周襄王，讓周襄王更鞏固他的王位。周襄王賞賜子犯有輅車、四馬、衣裳、腰帶、蔽膝、禮帽，諸侯也進獻純銅到子犯的住所。子犯將此純銅鑄成此編鐘，這些編鐘既精美又碩大，樂音協和，在宴會時可讓賓客共享此編鐘的快樂，同時也希望後世子孫能永遠保留享用此編鐘。

　　26. 晉侯蘇編鐘——西元 1992 年十月至西元 1993 年元月北京大學考古系和山西省考古研究所在山西省天馬曲村遺址北趙晉侯墓地作第二次發掘，其中 M8 有成組編鐘，僅存兩件（此墓曾在西元 1992 年 8 月被盜），一件上有銘文七字「年無彊子子孫孫」，另一件銘文四字「永寶茲鐘」。西元 1992 年 12 月上海博物館在香港購回十四件〈晉侯蘇編鐘〉，與上述兩件，合成 2 套共 16 件。這 16 件編鐘銘文（器銘圖 25 之 1、之 2）是以利器刻鑿而成，〔註55〕共刻 355 字，其中重文九字，合文七字，其銘文隸定為：

〔註55〕馬承源以為此編鐘刻鑿方式與〈商鞅方升〉銘文刻法是完全一致，其詳見〈晉

編號	高度	鉦　　　　　銘	右　銑　銘
1	49公分	佳王卅又三年，王窺（親）遹省東或（國）、南或（國）。正月既生霸，戊午，王步自宗周。二	月既望，癸卯，王入各（格）成周。二月
2	49.8公分	既死霸，壬寅，王儥往東。三月方（旁）死霸，王至于蕈分行。王窺（親）令晉厌鉌：達（率）	乃自（師）左洀濩北洀□，伐夙（宿）夷。晉
3	52公分	厌鉌折首百又廿，執嚹（訊）廿又三夫。王至于𩇕戜（城），王窺（親）遠省自（師），王	至晉厌鉌自（師），王降自車，立（位）南卿（卿），
4	44.7公分	窺（親）令（命）晉厌鉌：自西北遇（隅）臺（敦）伐𩇕戜（城）。晉厌鉌（率）	
5	32.7公分	入，折首百，執嚹（訊）十又一夫。王至	
6	30公分	淖淖列列（烈烈）夷出奔王令（命）晉厌鉌	
7	25.3公分	達（率）大室小臣	
8	22公分	車僕從，	
9	50公分	逋逐之，晉厌折首百又十一，執嚹（訊）廿夫，大室小臣車僕折首百又五十，執嚹（訊）	六十夫。王佳反（返），歸在成周。公族整自（師）
10	49.5公分	宮。六月初吉，戊寅，旦。王各（格）大室，即位（位），王乎（呼）善（膳）夫日：召晉厌鉌，入門，立（位）中	廷，王窺（親）易（錫）駒四匹，鉌拜頴（稽）首，受駒以
11	51公分	出，反（返）入，拜頴（稽）首。丁亥，旦，王鄹（御）于邑伐宮。庚寅，旦，王各（格）大室，嗣工（空）揚父入	右（佑）晉厌鉌，王窺（親）僑（齋）晉侯鉌醫𨺊一卤。
12	47.6公分	弓、矢百、馬四匹。鉌敢揚天子不（丕）顯魯休，用乍元鉌揚（錫）鐘，用邵（昭）各前	
13	34.8公分	文文人其嚴在上，廙（翼）在下，歔歔	
14	29.9公分	歔歔，降余多福，鉌其邁（萬）	
15	25.9公分	年無疆，子子孫孫	
16	22.3公分	永寶茲鐘	

侯鉌編鐘〉，其文刊於《上海博物館館刊》1996 年第 7 期。

　　〈晉侯蘇編鐘〉經由上海博物館整理後，有不少學者如朱啓新、裘錫圭、馬承源、王占奎、王恩田、李學勤、王世民、張聞玉、劉啓益、李伯謙、孫華、王子初等人，從形制、紋飾、銘文、音律來探討該鐘之年代與其在歷史文獻之價值，總結上述學者研究之內容，可歸納有四項問題：

　　（1）年代歸屬──〈晉侯蘇編鐘〉銘文有「隹王卅又三年」與「晉侯穌」，學者以《竹書紀年》、《左》、《國・魯語》、《史・周本紀》、《史・魯世家》、《史・晉世家》、《史・十二諸侯年表》、《後漢書・西羌傳》、《後漢書・東夷傳》等文獻資料，來考證周王與晉侯蘇之關係。由於各家學者對〈晉侯蘇編鐘〉之器主及年代各有不同之認定，遂產生諸多之爭議，此綜合各家學者之說，依其發表日期之先後順序作成一表：

表：各家學者對〈晉侯蘇編鐘〉之器主及年代之認定

學　者	晉侯蘇之認定	「隹王三十三年」之認定	資　料　出　處
鄒衡	晉穆侯	周宣王卅三年（西元前795年）	〈論早期晉都〉《文物》1994年第1期
朱啓新	晉獻侯（蘇）	周宣王卅三年（西元前795年）	〈不見文獻記載的史實─記上海博物館搶救回歸的晉國青銅器〉《中國文物報》1994年第1、2期
裘錫圭	晉獻侯	周厲王卅三年（西元前846年）	〈關于晉侯銅器銘文的幾個問題〉《傳統文化與現代化》1994年第2期
		周宣王即位卅三年（西元前809年）（此說與王占奎相同）	〈晉侯蘇鐘筆談〉《文物》1997年第3期
馬承源	晉獻侯	周厲王卅三年（西元前846年）	〈晉侯蘇編鐘〉《上海博物館館刊》1996年第7期
王占奎	晉獻侯	周宣王即位卅三年（西元前809年）	〈周宣王紀年與晉獻侯墓考辨〉《中國文物報》1996.7.7
王恩田	晉獻侯	周宣王卅三年（西元前795年）	〈晉侯穌鐘與周宣王東征伐魯〉《中國文物報》1996.9.8
李學勤	晉獻侯	周厲王卅三年（西元前846年）	〈晉侯蘇編鐘的時、地、人〉《中國文物報》1996.12.1
王世民	晉獻侯	周厲王卅三年（西元前846年）	〈晉侯蘇鐘筆談〉《文物》1997年第3期
張聞玉	晉獻侯	周穆王卅三年（西元前974年）	同上
劉啓益	晉穆侯	周宣王卅三年（西元前795年）	〈晉侯蘇編鐘是宣王時銅器〉《中國文物報》1997.3.9

李伯謙	晉獻侯	周宣王即位卅三年（西元前809年）（此說與王占奎相同）	〈晉侯蘇鐘的年代問題〉《中國文物報》1997.3.9
孫華	晉獻侯	周厲王卅三年（西元前846年）	〈晉侯穌／斷組墓的幾個問題〉《文物》1997年第8期
王子初	晉獻侯	周厲王卅三年（西元前846年）	〈晉侯蘇鐘的音樂學研究〉《文物》1998年第5期

　　由此表可知，對「隹王卅又三年」有四說：（1）周穆王卅三年（西元前974年），[註56]（2）周厲王卅三年（西元前846年），[註57]（3）周宣王即位卅三年（西元前809年），[註58]（4）周宣王卅三年（西元前795年）。[註59]此四說無不受「晉侯穌」認定之影響，是以欲解決「周王」之問題，勢必先處理「晉侯穌」是屬於那一位晉侯？M8之墓主，經諸多學者之研究，已確定為晉獻侯之墓，而M8出土器物有「晉侯穌」之銘文，亦已考證為晉獻侯之

[註56] 張聞玉從「月相定點說」證明〈晉侯穌編鐘〉之曆日與周穆王卅三年（西元前974年）之天象相合，且以為該編鐘銘文內容是敘述周穆王視察東國與晉侯蘇隨周宣王征伐兩件事，其區隔以「分行」為界。

[註57] 馬承源以晉獻侯在位年數（西元前822年至西元前812年，即周宣王六年至十六年）與〈晉侯穌編鐘〉之月序、月相、日干等銘文，證明此「周王」為周厲王，且推論《史・晉世家》記載晉獻侯在位為周宣王時是訛誤。李學勤以該鐘銘文七個曆日及周厲王時之〈宗周鐘〉，證明此「周王」為周厲王，且以為晉獻侯追述當年跟隨周厲王東征之戰功。孫華從周厲王的活動事迹、周王朝與晉國的關係、周宣王的活動事迹，證明「隹王卅又三年」即為周厲王卅三年。

[註58] 王占奎以為自共和元年（西元前841年）至周宣王四十六年（西元前782年）共六十年，皆為周宣王在位時期，僅前14年（即所謂「共和」）由共伯和干王政，自第15年以後周宣王親政。若殤叔四年合計於晉穆侯或晉文侯積年中，而晉獻侯可從原十一年延後至第十四年（即周宣王即位卅三年，西元前809年），則〈晉侯穌編鐘〉銘文「隹王卅又三年」與「晉侯穌」之關係必能得到合理之解釋。裘錫圭原以為「隹王卅又三年」是周厲王卅三年，後從一月四分說來探討周宣王即位卅三年（西元前809年）與當時之曆日相符合，故贊同王占奎之說法。李伯謙從晉侯墓地的墓位安排次序以及各晉侯墓墓主之推定，可確信M8墓主晉侯穌（晉獻侯）在周宣王之時，且認為周宣王卅三年是從共和元年算起，至周宣王十九年，此與王占奎之說法一致。

[註59] 鄒衡以為「隹王卅又三年」是周宣王卅三年（西元前795年），若以《史・晉世家》晉侯排序，此時晉獻侯已卒，是晉穆侯十七年，故「晉侯穌」宜為晉穆侯。劉啓益以月相定點說推證〈晉侯穌編鐘〉，其說法與鄒衡相同。王恩田雖贊同「隹王卅又三年」是周宣王卅三年，然「晉侯穌」宜為晉獻侯，非晉穆侯，且以為晉獻侯在位年數不僅是十一年，應延後至周宣王卅三年，或在此之後。

隨葬品。依《史・晉世家》、《史・十二諸侯年表》之記載，晉獻侯在位十一年（西元前822年至西元前812年），即周宣王六年至十六年，若依此年代來看，似乎與〈晉侯穌編鐘〉「隹王卅又三年」無關，然「晉侯穌」已確定爲晉獻侯，而此王又必與周宣王有關。針對此問題須有合理解釋，則唯有從周宣王與晉獻侯在位年數作思考。王占奎以千畝之戰紀年辨析周宣王實際在位有六十年，〔註60〕前十四年爲共和時期，後四十六年爲親政時期，若以此說解讀「隹王卅又三年」，則爲周宣王即位卅三年（西元前809年）；王占奎以爲殤叔既無侯名，又非正統，其四年宜併入晉穆侯或晉文侯積年之中，若晉穆侯在位往後延四年，讓此四年增加在晉獻侯在位年數之中，則晉獻侯十四年（西元前809年）即周宣王即位卅三年。此說是目前對晉獻侯與周宣王卅三年最合理之詮釋。

（2）記月干支──〈晉侯穌編鐘〉銘文有七個曆日「正月既生霸戊午」、「二月既望癸卯」、「二月既死霸壬寅」、「三月方（旁）死霸」、「六月初吉戊寅……丁亥……庚寅」，此七個曆日眞正之時日無不受「周王」認定之影響，依上述各家學者之研究，蓋有四種說法：（1）主周穆王卅三年（西元前974年）說，張聞玉以爲〈晉侯穌編鐘〉是敘述周穆王與周宣王之史事，「隹王卅又三年……王至于黃」是敘述周穆王卅三年（西元前974年）視察東國之行程，其中有四個曆日，以月相定點來解說，「正月既生霸戊午」，正月甲辰朔，戊午爲第十五日，即既生霸，「二月既望癸卯」，二月癸申朔，無癸卯，疑爲戊子，成子爲十六日，即既望，「二月既死霸壬寅」，此二月爲閏月，壬寅朔，壬寅爲初一，即既死霸，「三月方死霸」，三月壬申朔，癸西爲初二，即方（旁）死霸；「分行……永寶茲鐘」是周宣王八年（西元前820年，即晉獻侯三年）之事，其中有三個曆日，「六月初吉戊寅……丁亥……庚寅……。」六月戊寅朔，丁亥爲初十，庚寅爲十三日。（2）主周厲王卅三年（西元前846年）說，馬承源採月相四分說，以爲定點月相說是不眞實，正月辛亥朔，戊午爲八日，即爲既生霸之日數，二月辛巳朔，「癸卯」、「壬寅」兩個日干須互調，壬寅爲廿二日，此日正合既望，癸卯爲廿三日，正合既死霸。〔註61〕李學勤採馬氏之說，且補述三月與六月之干

〔註60〕千畝之戰，《史・晉世家》、《史・十二諸侯年表》記載於周宣王親政之廿六年，《國・周語》記載於周宣王親政之卅九年，兩者相差有十四年，此十四年即爲共和時期。

〔註61〕王國維將一個陰曆月分分成四期，即初吉、既生霸、既望、既死霸，初吉爲初一至初七、八，既生霸爲初八、九至十四、十五，既望爲十五、十六至廿

日，三月庚戌朔，旁生霸當在戊午，即三月九日，六月戊寅朔，丁亥爲十日，庚寅爲十三日。（3）主周宣王即位卅三年（西元前 809 年）說，張培瑜以四分月相說，以爲「正月既生霸戊午」，正月丙午朔，戊午爲十三日，即爲既生霸之日數，「二月既望癸卯」，二月丙子朔，既望無癸卯日，蓋癸卯爲辛卯或癸巳之誤，辛卯爲十六日，癸巳爲十八日，「二月既死霸壬寅」，壬寅爲廿七日，即既死霸之日數，「六月初吉戊寅……丁亥……庚寅」，六月癸酉朔，戊寅爲六日，即初吉之日數，丁亥爲十五日，庚寅爲十八日。〔註62〕（4）主周宣王卅三年（西元前 795 年）說，劉啟益以月相定點說論〈晉侯蘇編鐘〉之日干，劉氏依張培瑜《中國先秦史曆表》，周宣王卅三年（西元前 795 年）二月乙卯朔，戊午爲四日，爲既生霸之日，三月甲申朔，癸卯爲廿日，是既望之日，壬寅爲壬子之誤，壬子爲廿九日，是既死霸之日，〔註63〕六月初吉戊寅，劉氏以爲「與周宣王相應年月的月相也不相合，應爲誤記」。由於上述「周王」之問題，已採取王占奎「周宣王即位卅三年」之說，故〈晉侯蘇編鐘〉之七個曆日，仍以第三說爲宜。

（3）東征問題──〈晉侯蘇編鐘〉銘文敘述周宣王東征之事，有關東征之對象，各家學者意見不一，歸納眾議，有二說。（1）馬承源以爲周厲王所討伐之對象是夙夷，夙夷即宿夷，宿之地望在山東東平縣境。李學勤、王世民以爲東征之對象是夙夷，此說與馬承源同。孫華以爲周厲王坐鎮成周指揮征伐東方淮夷。〔註64〕（2）王恩田以爲周宣王征伐之對象是魯國伯御。周何以伐魯？其主因在於伯御破壞魯國「一繼一及」之制度，〔註65〕魯武公有二子，長子

二、廿三，既死霸爲廿三至廿九、卅，其詳見《觀堂集林》卷一〈生霸死霸考〉。對於馬承源用月相四分說來判定〈晉侯蘇編鐘〉之曆日，陳久金頗有評議，以爲周厲王時用朔或用朏作爲歲首尚有疑議，其詳見〈晉侯蘇鐘筆談〉，其文刊於《文物》1997 年第 3 期。

〔註62〕裘錫圭依張培瑜《中國先秦史曆表》，因周宣王十九年正月丁丑朔，無戊午日，而宣王十八年末有閏月，故以此爲正月，是月丁未朔，戊午是十二月，在既生霸之內。「二月既望癸卯」，裘錫圭以爲「癸卯」是「癸巳」之誤，癸巳是二月十七日。「二月既死霸壬寅」，裘錫圭以爲壬寅是廿六日。「六月初吉戊寅」，裘錫圭以爲戊寅是五日。

〔註63〕有關劉啟益所論「戊午、癸卯、壬寅」與〈晉侯蘇編鐘〉之月份有所不同，由此可見其論有待商榷。

〔註64〕孫華以爲《後漢書‧西羌傳》記載周宣王卅一年（西元前 797 年）至卅九年（西元前 789 年）間，是與西北地區戎狄作戰，何有餘暇再征伐淮夷，故認爲此周王應是周厲王。

〔註65〕所謂「一繼一及」是魯國自建國之初實行傳子傳弟、再傳子再傳弟爲原則之繼承制度。

括與少子戲，魯武公九年（西元前 817 年），周宣王立少子戲為魯太子，夏魯武公卒，少子戲即位為魯懿公，魯懿公九年（西元前 807 年），魯懿公兄括之子伯御，與魯人攻殺懿公，立伯御為君，伯御十一年（西元前 796 年）周宣王伐魯，誅伯御，立其弟稱，是為魯孝公，故王恩田以為周宣王東征其主要原因在討伐伯御叛逆。〔註 66〕按：宿、夙同聲，可相通假，故夙夷即宿夷。文獻中記載宿為古國，〔註 67〕宿，風姓，太皞氏後，男爵，地在今山東省東平縣稍東南二十里，後入齊為邑。〈晉侯蘇編鐘〉銘文有「剰戟」即鄆城，此地在山東東平縣西南。鐘銘「萬」，裘錫圭以為「範」字，此範為今山東范縣東南，其位置在鄆城西北。鐘銘有「分行」，裘錫圭以為周王在此地（範縣）分兩路進攻，往北至宿夷，往南伐鄆城，由此可知〈晉侯蘇編鐘〉之周宣王東征，是宿國，非魯國。

　　（4）器物來源——高至喜以「編鐘的合金成分與同墓出土的青銅容器明顯不同、編鐘的銘文為鑴刻而同出的青銅容器銘文是鑄成的、〈晉侯蘇鐘〉采用三種不同型式之甬鐘」三點，認為〈晉侯蘇編鐘〉是來自江南而非晉地所鑄造；又以同地 M64 墓出土之〈楚公逆編鐘〉八件是楚器，證明〈晉侯蘇編鐘〉宜來自南方。按：有關高氏所言頗可採信，此將其所言分成三項，作更詳細之敘述，以證明該鐘非晉地所鑄造。（1）青銅外表狀況：〈晉侯蘇編鐘〉在器表呈灰褐泛黃綠色、無銹蝕；同墓之兔尊、〈晉侯斮壺〉、〈晉侯蘇鼎〉在器表呈青綠色或墨綠泛黃、浮銹較重。（2）銘文製作方式：西周、春秋時期青銅器流行鑄銘，很少有刻銘，戰國時期才較流行刻銘，〈晉侯蘇編鐘〉銘文刻鑿，同墓之〈晉侯蘇鼎〉、〈晉侯斮簋〉、〈晉侯斮壺〉與其他晉侯墓地出土之青銅器之銘文均為鑄成。（3）是兩型三種不同之甬鐘：〈晉侯蘇編鐘〉形制有兩型三式，此不同之甬鐘，與同時期南方之甬鐘均有相近，此作成一表以了解其況。

〔註66〕裘錫圭對於周宣王東征伐魯之事頗有疑義，提出三項批評：（1）對王恩田解釋《史・十二諸侯年表》記載周宣王年份比〈晉侯蘇編鐘〉早一年的理由，以為不能成立。（2）鐘銘所記東征之事與周宣王卅二年（西元前 796 年）伐魯，顯非一事。（3）鐘銘所記曆日與周宣王卅三年（西元前 795 年）對不上。

〔註67〕《左》隱元年：「九月，及宋人盟于宿」，《左》僖廿一年：「任、宿、須句、顓臾，風姓也，實司大皞與有濟之祀」，《左》定十年：「駟赤先如宿」。

	A 型	B 型	
		Ⅰ 式	Ⅱ 式
鐘號	9.10	1.2.	3.4.5.6.7.8.11.12.13
旋	有	有	有
旋虫（幹）	無	有（有用手懸擊之旋蟲）	有
篆	細線雲紋	細線雲紋	1.有較寬之陰線分離 2.飾線條較寬之多種雲紋
隧（正鼓）	同上	同上	1.飾線條較寬之多種雲紋 2.鼓右有一垂冠鳥紋
鉦	鉦間篆間用圈點紋框邊	同左	1.有較寬之陰線分隔
舞			1.飾線條較寬之多種雲紋
江南銅器	1.南方商用銅鐃與 A 型同。 2.1991 年湖南安仁縣豪山鄉荷樹組后山出土有一件雲紋鐘（原名鐃）與 A 型相近。 3.湖南省博物館有一件細線雲紋甬鐘，與 A 型相同。	1.湖南湘鄉、湘潭、衡陽有細線雲紋之甬鐘。	1.湖南湘潭縣花石洪家峭西周墓有二件甬鐘與Ⅱ式型同。 2.湖南湘潭青山橋小北窖藏一件甬鐘與Ⅱ式型同。 3.湖南省博物館有一件甬鐘，與Ⅱ式型同。

〈晉侯蘇編鐘〉銘文可分爲七層次，第一層次爲「佳王卅又三年王親遹省東或（國）南或（國）」，此段是本文總綱，〔註68〕說明周宣王在此年所執行工作。第二層次爲「正月既生霸……王至于蕇，分行」，敘述周宣王從宗周出發，經成周至蕇，〔註69〕在蕇地分南北兩路。第三層次爲「王親令晉庆蘇……廿又三夫」，敘述周宣王命令晉侯蘇率軍討伐宿夷，晉侯蘇獲勝。第四層次爲「王至

〔註68〕有關〈晉侯蘇編鐘〉之銘文與鐘器，各家學者已有頗多論述，爭議焦點除「周王認定」、「記月干支」、「東征問題」、「器物來源」外，尚有一事值得推敲，即銘文「王觀遹東國南國」，依銘文內容所述均爲東國之事，無涉及省察南國之事。既無此事，何以多述南國？故筆者懷疑〈晉侯蘇編鐘〉可能「器眞銘僞」，此尚待更充分理由來證明。

〔註69〕「蕇」，馬承源以爲「地名，地望未詳，从串从艹，串當爲《說文》菓字所从東的簡省，則蕇也可能就是菓字……但銘文沒有記載蕇地有任何戰鬥，說明蕇地尚在凤夷的境外」（〈晉侯蘇編鐘〉）。李學勤以爲「蕇，从馬聲，即蓏字，古音在談部，以音近求之，應即《春秋》桓公十一年的闞，在今山東汶上西」（〈晉侯蘇編鐘的時地人〉）。裘錫圭以爲「蕇……讀爲范……漢代于此置范縣，故此在今山東范縣東南」（〈晉侯蘇鐘筆談〉）。按：裘氏所言爲是，〈晉侯蘇編鐘〉敘述周宣王出征是由西往東，其地點爲宗周、成周、蕇，在蕇分南北兩路，北路伐宿夷、南路伐鄆城。

于鄆城……六十夫」，敘述周宣王至鄆城慰勞軍隊，命令晉侯蘇率軍討伐鄆城，又獲得大勝。第五層次「王隹返……公族整師宮」，敘述周宣王返回成周整師祭日。第六層次「六月初吉戊寅旦……馬四匹」，敘述周宣王兩次賞賜晉侯蘇。第七層次「穌敢揚天子不顯……永寶茲鐘」，敘述晉侯穌利用此役戰功及受賜，將其所作所爲，鑴刻於此鐘，亦期望後世子孫能永誌此豐功偉業之事蹟。〔註70〕

27. 韓鍾劍——西元1952年山西省垣曲縣譚家公社譚家村發現1件青銅殘劍，此劍無鋒與格，莖與劍身有殘缺，劍鍔上有錯金銘文5字「鐦鍾之鑲鐱」（器銘圖 26），張頷以爲此劍爲春秋時期晉國列卿韓穿之物，其鑄造年代約略在晉景公十七年至晉悼公八年（西元前583年至西元前565年）十九年之內。〔註71〕「鐦」從金卓聲，〈𪊽羌鐘〉、〈侯馬盟書〉、〈沁陽盟書〉作「𩫏」，無「金」字旁，「鐦」隸定爲「韓」是無疑。「鍾」，張頷以爲「重」、「穿」是雙聲關係，「鐘（與鍾通假）、鍾、空」皆有「穿」義，故張頷以爲「鐦鍾」即韓穿。「鑲」，張頷隸定爲「鑲」，讀爲「棗」音，有「刺」義，即指鋒刃銳利，其用途在於殺傷，故從銘文可知此劍爲晉景公、晉厲公時韓穿所配帶一把鋒刃之劍。

28. 吉日劍——〈吉日劍〉著錄於《貞松》、《兩周》、《尊古》、《錄遺》、《書道》、《白川通釋》、《銘文選》。〈吉日劍〉現知有一劍藏於巴黎，另一劍藏於美國華盛頓費里亞博物館。其銘文（器銘圖 27）在正面背面各一行，每一行十字，凡二十字，隸定爲：

　　吉日壬午，乍（作）爲元用，玄鏐

　　鋪（鏞）呂（鋁），朕（朕）余名之，胃（謂）之少虜。

「玄鏐鋪呂」與〈邵鐘〉「玄鏐鎛鋁」同，皆爲銅。「少虜」，蓋爲作器者之名。此將〈吉日劍〉語譯：在壬午這吉利的一天，用上等的銅，鑄成這一雙大劍，我親自爲它命名爲少虜。〔註72〕

29. 欒左軍戈——〈欒左軍戈〉著錄於《積古》、《綴遺》、《攈古》、《小校》、《三代》，其銘文（器銘圖 28）在內（援後短柄），三字，上一字下二字，隸

〔註70〕馬承源曾將〈晉侯蘇編鐘〉全銘作成釋文，其詳可見其〈晉侯穌編鐘〉一文。

〔註71〕張頷從出土地、形制、銘文字體，推斷此劍宜爲春秋時晉國列卿中韓氏之物，其詳見〈韓鐘鑲鐱考釋〉，此文刊於《古文字研究》第五輯。

〔註72〕有關〈吉日劍〉著錄狀況、名稱、出土及銘文考釋詳見拙作《晉國文獻及銘文研究》頁324及頁472至474。

定爲「綵左軍」，綵即晉國綵氏，左軍即下軍，《左》僖廿七年「欒枝將下軍」、《左》文十二年「欒盾將下軍」、《左》宣十二年「欒書佐下軍」，此戈宜爲晉國欒氏之物。

30. 晉左軍戈——〈晉左軍戈〉著錄於《積古》、《周金》、《奇觚》、《八瓊室金石札記》，其銘文在援（平出之刃），六字，阮元作「□晉左軍□□□」、劉心源作「□晉左軍□造」、陸增祥作「□晉左軍□綵」，因第一字、第五第、第六字字體難辨，僅能釋出「晉左軍」三字。

31. 晉陽戈——〈晉陽戈〉僅著錄於《小校》，其銘文（器銘圖 29）在穿（胡上小長孔），二字，劉體智作「晉陽」，即今山西省太原縣治，《國・晉語九》「趙簡子使尹鐸爲晉陽」，尹鐸爲趙簡子家臣，晉陽爲趙氏邑，故可知晉頃公、晉定公時，晉陽已歸屬趙鞅所治，此〈晉陽戈〉或出於趙氏所鑄。

32. 趙簡子戈——西元 1987 年 7 月山西省太原市金勝村 M251 號春秋墓出土大量青銅器，西元 1990 年 5 月在此批文物進行修復時，發現一戈有線刻銘文五字，陶正剛定爲「趙孟之御戈」（器銘圖 30），且斷定此墓主爲趙鞅（趙簡子）。〔註73〕「趙孟之御戈」即是趙鞅所用的戈。

33. 晉公戈——臺灣王振華古越閣存藏〈晉公戈〉一件，胡上鑄有銘文二行 19 字（由於拓本銘文字體模糊不清，故器銘圖不列此戈），隸定爲：

> 隹三（四）年六月初吉丁亥
>
> 晉公乍（作）歲之祭車戈三百

李學勤以爲此戈是「晉釐侯物，釐侯四年，即西元前 837 年」；〔註74〕趙世綱以爲此戈是「春秋時期，晉獻公四年，即西元前 675 年」。〔註75〕按：晉世系自晉侯燮父至晉侯緡均稱「侯」，晉昭侯元年（西元前 745 年）昭侯封晉文侯弟成師於曲沃，以後曲沃逐漸強大，晉哀侯二年（西元前 716 年）曲沃莊伯自

〔註73〕陶正剛從金勝村春秋大墓的年代、墓主人的身分、地理位置、戈上銘文字體與《侯馬盟書》十分相近、其他等五項，考證「趙孟」即爲趙鞅，其詳見〈趙氏戈銘考釋〉，其文刊於《文物》1995 年第 2 期。有關〈趙簡子戈〉出土狀況及銘文考釋，詳見拙作《晉國文獻及銘文研究》頁 334 及頁 477。

〔註74〕李學勤確定此戈爲西周晚期至東周初年，是根據此戈之形制類似於陝西臨潼西段和河南三門峽上村嶺所發現之戈，且從《中國先秦史曆表》查核晉釐侯四年（西元前 837 年）六月爲丙戌朔，丁亥是初二，與戈銘密合。其詳見〈古越閣所藏青銅器選粹〉，其文刊於《文物》1993 年第 4 期。

〔註75〕趙世綱從晉國世系及四年六月初吉丁亥來判斷，此公爲晉獻公，非晉釐侯，其詳見〈晉公戈的年代小議〉，其文刊於《華夏考古》1992 年第 2 期。

稱曲沃武公，自此晉始稱爲「公」。趙世綱依據《中國先秦史曆表》將晉武公至晉定公等十四位晉公，其在位第四年六月之初吉，加以排序推斷，結果以爲「隹四年六月初吉丁亥」是晉獻公四年（西元前 675 年）六月初一，是以可知此戈宜在晉獻公四年。「禜」，《左》昭元年：「山川之神，則水旱癘疫之災，於是乎禜之；日月星辰之神，則雪霜風雨之不時，於是乎禜之。」，禜蓋爲聚草木而束之，設爲祭處，以祭品求神鬼，去禍祈福。此將〈晉公戈〉語譯：晉獻公四年六月初一，晉獻公以祭品祈求鬼神能去禍降福，且鑄作與車相配合的戈有三百。

　　34. 晉公車器──〈晉公車器〉（即〈晉公書〉）著錄於《賸稿》、《錄遺》、《銘文選》，其銘文在轂之外緣，一行四字，隸定爲「晉公之車」（器銘圖 31）。晉國有銘文之銅器中，僅〈晉公盦〉、〈晉公戈〉、〈晉公車器〉於銘辭有「晉公」二字。〈晉公車器〉銘文雖少，然「晉公」可確信是必在晉武公以後，前論形制已知〈晉公車器〉是春秋晚期之物，故此器蓋屬於晉平公、晉昭公、晉頃公、晉定公當時之書。

　　35. 呂太叔斧、呂太叔之子斧──〈呂太叔斧〉著錄於《綴遺》、《奇觚》、《周金》、《小校》、《三代》、《銘文選》，其銘文（器銘圖 32）靠近銎處，自右而左排列，第一行六字，第二行四字，第三行二字，凡十二字，隸定爲「邵太叔以新金爲貮（貳）車之斧」；〈呂太叔之子斧〉著錄於《綴遺》、《周金》、《小校》、《三代》、《韡華》，其銘文（器銘圖 32）靠近銎處，有二器，其銘文一爲由左而右排列，九字，一爲由右而左排列，九字，隸定爲「呂太叔之子貳車之斧」。按：〈邵鐘〉已考證爲魏氏之器，則〈邵太叔斧〉、〈邵太叔之子斧〉亦爲魏氏之器，「新金」是指新提煉而成之銅，「貳車」是大夫之副車。此將〈邵太叔斧〉語譯：呂太叔用新的青銅鑄成副車所要用的斧有一個。〈邵太叔之子斧〉語譯爲邵太叔的兒子有副車所要用的斧。〔註76〕

第二節　衛國青銅器銘文釋義

　　現知衛國有銘文之青銅器不多，除《左》記載〈衛孔悝之鼎〉外，僅有〈潘司徒逇簋〉等 15 器，此一一臚列於下：

〔註76〕關於〈邵太叔斧〉、〈邵太叔之子斧〉之名稱、著錄狀況及銘文考釋，詳見拙作《晉國文獻及銘文研究》頁 310 與頁 480。〈晉公戈〉銘文「車戈三百」、〈邵太叔斧〉「貳車之斧十」，蓋晉國車制常有配製不同之兵器。

1. 衛孔悝之鼎——《禮‧祭統》記載〈衛孔悝之鼎〉，其銘文為：

六月丁亥，公假于大廟。公曰：「叔舅！乃祖莊叔，左右成公。成公乃命莊叔，隨難于漢陽，即宮于宗周，奔走無射。啓右獻公。獻公乃命成叔，纂乃祖服。乃考文叔，興舊耆欲，作率慶士，躬恤衛國，其勤公家，夙夜不解，民咸曰休哉！」公曰：「叔舅！予女銘，若纂乃考服。」悝拜稽首曰：「對揚以辟之，勤大命施于烝彝鼎。」

〈衛孔悝之鼎〉銘文可分為三層次：第一層次「六月丁亥，公假于大廟」，衛莊公在六月丁亥至太廟舉行夏禘；第二層次「公曰叔舅……民咸曰休哉」是敘述衛莊公向孔悝說明你七世祖莊叔（孔達）、五世祖成叔（烝鉏）、父親文叔（孔圉）對衛國效勞奉獻。第三層次「公曰叔舅……施于烝彝鼎」敘述衛莊公勉功孔悝須發揚先祖功業，孔悝亦將衛莊公之德澤銘刻於彝鼎上。此將〈衛孔悝之鼎〉語譯：六月丁亥那一天，衛莊公在太廟舉行夏祭時，對孔悝說：「叔舅（指孔悝，孔圉取蒯聵之姊，生孔悝）！你的七世祖莊叔，輔佐衛成公，衛成公命令莊叔隨行，曾逃難到漢陽，後來又將跟隨到京師，一路辛勞都沒有厭倦。你的五世叔曾輔佐衛獻公返國，衛獻公命令成叔，繼續為衛國效勞。到你父親文叔時，他能愛君憂國，奮發地率領卿士為衛國服務，他日夜為國家效勞毫不倦怠，百姓都稱贊叫好。」，衛莊公又說：「叔舅！我現在命令你把這些事銘刻於器物上，也希望你繼續發揚你父親的功業。」，孔悝下拜磕頭說：「我要發揚這些功業，同時也要勤勞地奉行這偉大的使命，並把它記載在這烝祭所用的鼎上。」。

2. 沬司徒逘簋——西元 1931 年河南省濬縣辛村 M6 墓出土〈沬司徒逘簋〉（器銘圖 33），著錄於《錄遺》157，現藏於倫敦不列顛博物館。器內壁有銘文四行廿四字，隸定為：

王來伐商邑
征令康侯啚于衛
沬司土逘眔（暨）啚
乍厥考尊彝，𣱝

「王」是周成王；「商邑」指朝歌（今河南淇縣東北）；「征」同徙，「康侯」即衛康叔；〔註77〕「啚」，《廣雅‧釋詁》四：「鄙、國也」；「沬」即《詩‧

〔註77〕《考古學報》第 9 期有康侯器物，如〈康侯鬲〉、〈康侯罍〉、〈康侯觶〉、

鄘風・桑中》「沫之鄉矣」，亦即《書・酒誥》：「妹邦」、「妹土」（在今河南淇縣境）；〔註78〕「司土」即司徒；「眔」通逮、及、到，有記載之意；「❌」是商代之氏族。〔註79〕此將〈沫司徒逨簋〉語譯：周成王派兵討伐朝歌，且命令康侯的封地遷徙到衛，沫之司徒官逨記載康叔封國之事，且爲他父親作珍貴的彝器。

3. 賢殷——光緒十四年（西元 1888 年）河南出土〈賢殷〉共有三件，兩件有器與蓋，一件僅存器，郭沫若以爲此器是西周初期衛康叔之器，今藏於上海博物館，其銘文（器銘圖 34）共有四行廿七字，隸定爲：

> 隹九月初吉庚午，
>
> 公弔（叔）初見于衛，賢
>
> 從，公命事，晦（賄）賢百
>
> 晦（畮）🔲（糧）用乍寶彝。

「公叔」，郭沫若以爲「殆即康叔」，亦是康侯封。「公命事」，言康叔命令賢有所職掌。「晦賢百晦🔲」，言賞賜賢有百畮可種植農作物之田地。〔註80〕此將〈賢殷〉語譯：在九月初吉庚午那一天，康叔首次出現在衛地，賢跟隨在旁，康叔命令賢有職賞任務，且賞賜賢百畮田地，以利種植農作物，同時鑄作這彝簋。

4. 孫林父殷——〈孫林父殷〉著錄於郭沫若《兩周》（三）頁 226，其銘文（器銘圖 35）四行廿三字，重文二字，隸定爲：

> 孕（孫）林父乍寶

〈康侯刀〉、〈康侯矛〉；《三代》亦有著錄康侯器物，如〈康侯封鼎〉、〈康侯鉞〉。陳夢家認爲「康侯啚」亦即康侯封，其詳見《西周銅器斷代》（一），于省吾與楊樹達均不以「啚」爲康侯名，其詳見《歷史研究》1954 年第 2 期。

〔註78〕吳鎮烽以「沫」作「渧」，以爲「渧司徒逨亦稱渧伯逨，見〈渧伯逨尊〉、〈渧伯逨鼎〉，西周成王時期人，名逨，渧氏族首領」（《金文人名匯編》頁 227）。

〔註79〕杜正勝以爲器主屬於❌族，❌是商代之民族，《三代》有著錄〈❌乙斝〉和〈❌觚〉。有關杜正勝之說詳見《古代社會與國家》頁 368。

〔註80〕首一「晦」字當爲賄。《儀禮・聘禮》云：「賄在聘于賄」，鄭玄《注》：「古文賄皆作悔」，悔、晦同聲通假。第二「晦」爲畮之本字，《說文》十三篇下：「晦，六尺爲步，步百爲晦」。🔲，郭沫若以爲「從盈㬚聲……讀爲糧」，其詳見《兩周》（三）頁 225。

　　殷，用言用孝，

　　𤕌眉壽，其子

　　孫永寶用。

「辛」，郭沫若云：「余意當是孫字之異，象小兒頭上有總角之形，〈邾討鼎〉子孫字作𤕌，與此同意。……孫林父乃衛獻公時人（西元前 576 年至西元前 559 年），與蘧伯玉、吳季札同時」，按：孫林父，《左》作文子、孫文子、孫子，《國‧晉語》（八）作孫林甫，衛卿，後叛衛失敗奔晉。此將〈孫林父殷〉語譯：孫林父鑄件寶殷，能用在享祭，祈求上蒼保佑長壽，希望後世子孫永遠寶用此器。

5. 西元 1961 年 7 月河南省鶴壁龐村出土 7 件有銘文青銅器：〈伯作簋〉「白乍寶彝」、〈簋〉「己辛」、〈饕餮紋甗〉「ψ」、〈𤕌父鼎〉「𤕌父」、〈月父己觶〉「月父己」、〈饕餮紋尊〉「乂」、〈魚父己卣〉「𤕌魚父己」，由於出土地與衛都朝歌、濬縣辛村很近，另外各諸器之形制與紋飾帶有殷文化之特點，故周到、趙新來以爲此七器應是西周早期衛國貴族墓塟遺物。〔註81〕

6. 衛夫人文君叔姜鬲──〈衛夫人文君叔姜鬲〉傳世共兩器，今藏於南京市博物館，銘文一周有十五字（器銘圖 36），隸定爲：

　　衛夫人文君（第二器作「衛文君夫人」）叔姜乍其行鬲，用從鳥正（第 2 器作「鵏征」）。

「衛夫人文君叔姜」即衛侯夫人文君叔姜，「叔姜」即淑姜，衛姬姓，取於姜姓之女爲夫人，《史‧衛康叔世家》：「齊桓公以衛數亂，乃率諸侯伐翟，爲衛築楚丘，立載公弟燬爲衛君，是爲文公。」此衛夫人或爲衛文公（在位期間爲西元前 659 年至西元前 635 年）夫人。

7. 康伯壺蓋──西元 1972 年 3 月河南洛陽北窰西周貴族墓地 M701 出土一件〈康伯壺蓋〉，器內壁鑄有銘文一行五字「康白（伯）乍（作）（鬱）壺」（器銘圖 37）。康伯是衛康叔之子，衛國第二代國君。《左》昭十二年「王孫牟」、《史‧衛康叔世家》索隱「康伯髦」與彝銘「白懋父」同指康伯。〔註82〕鄭玄、江永、王鳴盛均「以康爲謚號」，蔡運章以爲「康爲國族名，非謚號……

〔註81〕有關周到、趙新來之說，詳見〈河南鶴壁龐村出土的青銅器〉，其文刊於《文物資料叢刊》1980 年第 3 期。

〔註82〕西周成康時期之〈小臣謎簋〉、〈召尊〉、〈小臣宅簋〉、〈呂行壺〉、〈師旂鼎〉、〈御正衛簋〉、〈白懋父簋〉均有記載白懋父之史事。

其地在今河南禹州市西北」，〔註83〕按：蔡氏所言甚是，康叔初封於康，周公討誅武庚、管叔，放蔡叔，乃遷康叔於衛，以統殷民。〈康伯壺蓋〉語譯爲康伯鑄作盛儲美酒的銅壺。

8.伯矢戟、史矢戈——西元 1932 年河南浚縣辛村 M8 出土一件西周初年之〈伯矢戟〉。後來河南洛陽北窯西周墓出土一件〈史矢戈〉，蔡運章以爲「史矢」、「伯矢」是同一人，且爲衛國貴族之重臣。〔註84〕

第三節　鄭國青銅器銘文釋義

鄭國有銘文之青銅器曾著錄於金文書籍，近世在河南省各地不斷出土鄭國有銘文青銅器，今現知鄭國有銘文之青銅器有三十器，此一一陳述：

1. 鄭同媿鼎——此鼎著錄於《捃古》卷 2 之 1 頁 47、〈愙賸〉（下）頁 7、《愙齋》（六）頁 6、《奇觚》卷 1 頁 20、《韡華》（乙）頁 12、《周金》卷 2 頁 58、《簠齋》（一）鼎 5、《小校》卷 2 頁 54、《三代》卷 3 頁 20、《嚴集》（一）頁 399、《殷周金文集成》（四）頁 276，其名稱有〈鄭同娘鼎〉、〈鄭同媿〉、〈鄭同媿鼎〉、〈鄭君娘鼎〉、〈鄭君媿鼎〉，舊爲陳介祺所藏，其銘文二行十字（器銘圖 38），隸定爲：

　　　奠同媿乍旅

　　　鼎其永寶用。

「𩂋」，金文學者皆隸定爲「同」，柯昌濟以爲「同，國氏名……《左傳》載晉地有銅鞮，古幣作同氏，知銅鞮本字作同氏，當即西周同國舊封矣」（《韡華》（乙）頁 12），按：此說恐誤，陳公柔以爲「同乃國名，同媿則同女嫁于鄭國者，蓋誤」。「𩏢」，吳式芬、柯昌濟隸定爲「娘」，吳大澂隸定爲「媿」（與「隗」字通用），劉體智隸定爲「媿」。按：王國維以爲「娘、隗、媿」同一字，殆指晉之西北，即唐虞所受之懷姓九宗，陳公柔以爲媿氏即懷姓，且認爲「媿之活動範圍早期大約在陝北一帶而後期應在晉南一帶。媿之活動時期，主要在西周晚期」，〔註85〕由此可知，此鼎爲隗氏女子嫁於鄭國所作之器。

〔註83〕蔡運章之說，詳見〈康伯壺蓋跋〉，其文刊於《文物》1995 年第 11 期。

〔註84〕蔡運章之說，詳見〈洛陽北窰西周墓墨書文字略論〉，其文刊於《文物》1994 年第 7 期。

〔註85〕王國維之說，詳見《觀堂集林》十三〈鬼方昆夷玁狁考〉；陳公柔之說，詳見〈說隗氏即懷姓九宗〉，其文刊於《古文字研究》第 16 輯。

　　2. 鄭姜伯鼎——此鼎著錄於《貞松》卷3頁1（作〈冥羊白鼎〉）、《希古》金2頁13（作〈鄭羊白鼎〉）、《三代》卷3頁28（作〈姜白鼎〉）、《嚴集》（一）頁433（作〈鄭姜伯鼎〉）、《殷周金文集成》（四）頁294（作〈鄭姜伯鼎〉），現藏於上海博物館，其銘文三行十三字（器銘圖39），重文一字，隸定爲：

　　　　鄭姜伯作

　　　　寶鼎子孫

　　　　其永寶用。

　　「西」，冥下從π，鏽掩不可辨識。「羊」，羅振玉、劉承幹隸定爲「羊」，嚴一萍隸定爲「義」，夏鼐隸定爲「姜」，按：馬敘倫以爲姜羌古爲一字，李宗侗以爲神農氏是以羊作爲圖騰，因以爲姓，鄭姜伯即爲西周晚期或春秋早期人，鄭國姜氏，此鼎爲其所作。

　　3. 鄭登伯鼎——此鼎著錄於《錄遺》頁22（作〈冥登白鼎〉）、《彙編》（五）頁419（作〈鄭□伯魯叔□鼎〉）、《嚴集》（二）頁474（作〈冥登白鼎〉）、《殷周金文集成》（五）頁3（作〈鄭登伯鼎〉），現藏於北京故宮博物院，其銘文十五字，其重文二字（器銘圖40），隸定爲：

　　　　鄭登白𤔲叔

　　　　乍寶鼎，其

　　　　𦏪子孫永寶用。

　　〈鄭登伯鬲〉「鄭登白乍叔嬬薦鬲」，此銘文與此鼎「鄭登白叔𦏪乍寶鼎」極爲近似，吳鎮鋒以爲「鄭登伯，西周晚期或春秋早期人，鄭國登氏，其妻爲叔嬬」（《金文人名彙編》頁301），由此可知鄭登伯爲其妻叔嬬鑄作寶鼎，希望子孫能永遠珍惜它。

　　4. 鄭饕遼父鼎——此鼎著錄於《攈古》卷2之1頁80、《愙齋》（五）頁20、《敬吾》上、《韡華》（乙）頁17、《小校》卷2頁63、《嚴集》（一）頁431、《殷周金文集成》（四）頁306、《銘文選》（四）775，其名稱有〈饕原父鼎〉、〈鄭饕原父鼎〉、〈鄭饕遼父鼎〉、〈鄭雕遼父鼎〉，舊傳葉志銑所藏，銘文三行十三字（器銘圖41）隸定爲：

　　　　鄭饕（饕）遼父

　　　　鑄鼎，其邁（萬）

　　　　年子孫永用。

「𣎴」，吳式芬、馬承源隸定爲「饔」、吳大澂隸定爲「饔」、朱建卿隸定爲「維」、劉體智隸定爲「雝」，柯昌濟、馬承源以「饔」殆即「雍」字之假借，鄭國有雍氏，〔註86〕《左》桓十五年與《史・鄭世家》記載鄭厲公四年（西元前 697 年），祭仲專掌國政，厲公患之，陰使其婿雍糾欲殺祭仲，祭仲知其事，殺雍糾。「𣎴」，容庚以爲「從象，今經典通原，惟《周禮・夏官・序官》邊師猶存古字，從彔，傳寫之譌。」，丁山謂字從田從攵逐聲。由此可知此鼎爲鄭國饔邊父所鑄造，希望子孫萬世能永寶它。

5. 鄭子石鼎——此鼎著於《貞松》卷 2 頁 45、《希古》卷 2 頁 12、《小校》卷 2 頁 56、《三代》卷 3 頁 24、《積微》頁 107、《白鶴美術館誌》第 37 輯頁 250、《嚴集》（一）頁 419、《殷周金文集成》（四）頁 278、《銘文選》（四）776。其名稱有〈鄭子石鼎〉、〈奠子石鼎〉，現藏於天津市藝術博物館，銘文二行十二字，重文二字（器銘圖 42），隸定爲：

奠（鄭）子石乍鼎

孑孫永寶用。

《左》襄廿七年（西元前 546 年）：「鄭伯享趙孟于垂隴，子展、伯有、子西、子產、子大叔、二子石從。」，杜預注：「二子石，印段與公孫段。」，由此可知此鼎爲印段或公孫段所鑄，希望子孫能永寶用，其時爲春秋中期。

6. 鄭甬句父鼎——此鼎著錄於《兩周》（三）卷 180、《積微》頁 149、《嚴集》（一）頁 461、《殷周金文集成》（四）頁 321。其銘文十四字，重文二字（器銘圖 43），隸定爲：

鄭甬句父自

乍飤鬺，其

孑孫永寶用。

「𫂅」，郭沫若隸定爲「戜」，以爲「戜蓋戎字之異，從戈用聲，舊釋爲勇，不確」，楊樹達隸定爲「戜」，以爲「《說文・力部》勇或作甬，舊釋是，郭說非也。」按：《說文》十三篇（下）：「甬，勇或從戈用」，《貞松》卷 6 頁 30 載〈白戜父簠〉：「白戜父乍匠」，吳鎮烽《金文人名匯編》以戜通「勇」，故楊氏之說爲是。「甬句父」是甬氏，字句父，春秋早期鄭國。「鬺」即鼏，《說

〔註86〕吳大澂以饔通饔、雍，掌亨煎之官，鄭饔，即鄭之雍人，邊父其字，其詳《愙賸》下頁 15。

文》七篇（上）：「鬲……鎬，俗鬲从金茲聲」，此鼎形制爲有流之匜形鼎，故可知鬲即匜形鼎，《詩·國頌·絲衣》「鼐鼎及鬲」，毛傳「小鼎謂之鬲」，非也。此將〈鄭戚句父鼎〉語譯成：鄭鬲句父自己鑄作可食用的鼎，希望自己的子孫能永遠寶用它。

　　7. 哀成叔鼎──西元 1966 年 5 月在河南省洛陽發掘 M439 號墓，其中出土一件〈哀成叔鼎〉，現藏於河南省洛陽博物館，腹內壁有銘文計八行五十四字，另有重文三字（器銘圖 44），隸定爲：

> 正月庚午，嘉曰：
> 「余鄭邦之產，少
> 去母父，作鑄臥
> 器黃鑊。君既安
> 重，亦弗其溢隻（蒦）
> 嘉是佳哀成叔，哀成叔之
> 鼎，永用歔（禋）祀。死于下
> 土，台（以）事康公，勿或能訇（怠）。」

　　「正月庚午」，張政烺以爲「周人認爲正月庚午，是吉日，所以選擇這一天鑄造銅器」，張氏未有明確眞正之年代；趙振華以爲「〈哀成叔鼎〉的鑄造年代，不得早于鄭亡之時（西元前 375 年），銘文『正月庚午』當在鄭亡之後。查中國科學南京紫金山天文台『公元干支紀日速查盤』得知，在公元前 372 年到公元前 367 年這六年之中均出現『正月庚午』，銅鼎的鑄造或許就在這幾年之內」，按：趙振華依〈哀成叔鼎〉之形制與洛陽中州路東周第四期（戰國早期）M2717 墓出土之銅鼎相較，完全一致，故可知其推斷此鼎之年代宜爲可信。〔註87〕「嘉」，趙振華、馬承源、吳鎮烽以爲是人名，即哀成叔；張政烺以爲嘉是美稱之詞，不是人名，與訊同一個詞；〔註 88〕按：依銘文前後文意，嘉宜作「人名」解。「鄭邦之產」，即出生於鄭國。「少去母父」，指年少離開故國，趙振華以爲哀成叔可能是鄭康公之後裔，周烈王元年（西元前 375

〔註87〕有關張氏之說，詳見〈哀成叔鼎釋文〉，其文刊於《古文字研究》第 5 輯。趙氏之說，詳見〈哀成叔鼎的銘文與年代〉，其文刊於《文物》1981 年第 7 期。以下若有引用張氏或趙氏之說，皆出自於上述之文。

〔註88〕李學勤以爲「由銘文得知作器者名字叫嘉，爲死者哀成叔作鼎」，此說與趙振華等人不同，其文見於《東周與秦代文明》頁 25。

年）韓哀侯滅鄭，哀成叔逃離鄭國寓居於周都王城（洛陽）。「乍鑄飤器黃鑊」，用黃銅鑄作成可烹煮用之鼎。「君既安叀」，此爲頌揚國君之德，指鄭康公既能安定國家和惠愛百姓。「」，趙振華隸定爲「𨗜」，與「盭」同，作「瓢」解；張政烺隸定爲「𤯝」，與「黍」同，作「專」解；馬承源隸定爲「湓」，與「墜」同，作「廢墜」解。「」，趙振華隸定爲「蒦」，與「獲」同；張政烺隸定爲「蒦」，與「濩」同；馬承源隸定爲「蒦」，與「蒦」同，指政事之規度。按：「亦弗其湓蒦」，即亦廢墜法度。「是隹」即是唯，就是之意。《說文》二篇（上）：「哀，閔也」，哀成叔蓋因有亡國之痛，故以「哀」稱之。「猷祀」即禋祀，誠敬清潔之祭祀。「死于下土」，指主祭山川之神，即鄭國山川之祀。〔註 89〕「台事康公」，即以事康公，趙振華、馬承源以爲「康公」是鄭康公；張政烺以爲康公是周卿士大夫之流；李學勤以爲康公可能是周頃王之子劉康公，此康公見於《左》魯宣公十年至魯成公十三年（西元前 599 年至西元前 578 年）。按：趙、馬二氏之說爲是。此將〈哀成叔鼎〉語譯成：正月庚午，嘉說：「我是出生於鄭國，年少時離開鄭國，今日能鑄作可烹煮的鼎器。你（鄭康公）既能安定國家又愛護百姓，沒有廢墜政事制度。我就是哀成叔，希望我能鑄作的鼎能永遠用在誠敬清潔的祭祀，來主祭鄭國山川之神，而且也能奉祀鄭康公，不可有所懈怠。」

8. 鄭師邍父鬲——此鬲著錄於《清甲》卷 14 頁 3（作〈周師鬲〉）、《周金》卷 2 頁 71（作〈鄭師彖父鬲〉）、《貞松》卷 4 頁 13（作〈奠師□父鬲〉）、《希古》卷 3 頁 80（〈鄭師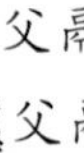父鬲〉）、《三代》卷 5 頁 38（作〈師□父鬲〉）、《通考》頁 313（作〈鄭師□父鬲〉）、《嚴集》（二）頁 828（作〈奠師□父鬲〉）、《殷周金文集成》（三）頁 138（作〈鄭師口父鬲〉），此鬲原爲清宮舊藏，後歸潘祖蔭攀古樓所藏。口內銘文 1 周 17 字（器銘圖 45），隸定爲：

隹五月初吉丁酉，鄭師邍（原）父乍□鬲永寶用。

「師」是諸侯之師，非王官之師，西周之師所掌管有三方面軍事、行政、教育，故此鬲「鄭師邍父」蓋掌管此三方面之職務。由此可知鄭國掌師職邍父在五月初吉丁酉那一天鑄作要永遠寶用的鬲器。

9. 鄭伯筍父鬲——此鬲著錄於《三代》卷 5 頁 42、《嚴集》（二）頁 840、《殷周金文集成》（三）頁 138，其銘文有十九字（器銘圖 46），隸定爲：

〔註 89〕「死於下土」，趙振華作「在土底下腐朽」，張政烺以爲「哀成叔生事康公，死後也還可以主管康公冥府的事」，按：二氏之說恐誤。

鄭白（伯）筍父乍叔姬障鬲其萬年孑孫永寶用。

吳鎮烽以爲「鄭伯筍父，西周晚期或春秋早期人，字筍父，鄭國國君」（《金文人名匯編》頁 252），按：周宣王廿二年（西元前 806 年）初封鄭桓公友於鄭，若此鬲爲西周晚期之器，則鄭伯筍父蓋爲鄭桓公友，若此鬲爲春秋早期，則鄭伯筍父蓋爲鄭武公或鄭莊公。鄭桓公友爲周厲王少子而周宣王庶弟，故鄭周同爲姬姓，「叔姬」蓋指鄭國爲姬姓中之小者。此銘文語譯是說明鄭伯筍父爲姬姓之鄭國鑄作鬲器，希望後世子孫能永遠寶用它。

10. 鄭羌伯鬲——此鬲著錄於《積古》卷 7 頁 25、《釋銘》（四）頁 45、《攈古》卷 2 之 1 頁 74、《夢郼》卷之上頁 16、《周金》卷 2 頁 78、《小校》卷 3 頁 68 及 69、《三代》卷 5 頁 29、《金文集》四頁 80、《嚴集》（二）頁 796、《白鶴美術館誌》第 37 輯頁 248、《殷周金文集成》（三）頁 81。此鬲共有 2 器，其銘文一周十二字（器銘圖 47），隸定爲：

鄭羌白乍季姜障鬲其永寶用。

「𦍌」有隸定爲「羌」或「姜」，其實羌姜同一字，〈鄭羌伯鬲〉與前述〈鄭姜伯鼎〉是同一人，蓋爲西周晚期或春秋早期鄭國人、姜氏。故此鬲銘文語譯爲鄭姜伯爲姜氏作鬲器，希望能永遠寶用它。

11.鄭井叔蒦父鬲——此鬲著錄於《周金》卷 2 頁 82、《貞補》（上）頁 16、《小校》卷 3 頁 60、《三代》卷 5 頁 22、《白鶴美術館誌》第 26 輯、《嚴集》1430、《殷周金文集成》（三）頁 39。此鬲共有 2 器，相傳爲趙時桐舊藏，今現藏於北京故宮博物院。銘文一周有八字（器銘圖 48），隸定爲：

奠井叔蒦父乍𫗘鬲

「𩰚」，羅振玉隸定爲「斠」、劉體智隸定爲「斠」、夏鼎隸定爲「蒦」，此三字實可相通。「𫗘」羅振玉隸定爲「𤊾」、劉體智隸定爲「饙」，按：拜字金文作「捧」，從手㚔聲，《周禮·春官·大祝》「辨九捧」，猶存古字，㚔是「饎」之省文，「饎」同「饙」，饙、溍飯也，即蒸飯，煮米半熟用箕漉出再蒸熟，故「捧鬲」可作蒸食器。吳鎮烽以爲「奠井叔蒦父，即鄭邢叔蒦父，西周中晚期人，字蒦父，鄭邢氏」（《金文人名匯編》頁 251），故可知鄭國人邢叔蒦父鑄作可蒸食之鬲器。

12. 鄭叔蒦父鬲——此鬲著錄於《積古》卷 7 頁 22、《釋銘》（四）頁 42、《攈古》卷 2 之 1 頁 13、《三代》卷 5 頁 21、《白鶴美術館誌》第 26 輯、《殷

周金文集成》（三）頁 39。此鬲現藏於上海博物館，銘文 1 周有 7 字（器銘圖 49），隸定爲：

奠叔蒦父乍羞鬲。

吳鎮烽以爲「鄭叔蒦父」即上述〈鄭邢叔蒦父鬲〉之「鄭邢叔蒦父」。羞，進獻也。此鬲銘文語譯爲鄭叔蒦父鑄作可進獻烹煮之用的鬲器。

13. 鄭登伯鬲——此鬲著錄於《攗古》卷 2 之 1 頁 29、《愙齋》（十七）頁 15、《綴遺》（下）頁 1700、《奇觚》卷 8 頁 4、《古餘》卷 2 頁 4、《敬吾》（下）頁 45、《周金》卷 2 頁 81、《簠齋》（二）鬲之 2、《獨笑》卷 4 頁 8、《小校》卷 3 頁 60、《尊古》卷 2 頁 21、《三代》卷 5 頁 22、《通考》頁 312、《兩周》（三）頁 180、《金文集》（四）頁 80、《彙編》（六）頁 516、《白鶴美術館誌》第 37 輯、《嚴集》（三）頁 772、《殷周金文集成》（三）頁 49。其名稱有〈鄭登伯鬲〉、〈鄭鄧伯鬲〉、〈鄭興伯鬲〉、〈鄭燕伯鬲〉、〈叔帶鬲〉、〈鄭叔帶薦鬲〉等。口內銘文 8 字（器銘圖 50），隸定爲：

鄭登伯乍弔（叔）嫹薦鬲。

「圖」，吳式芬隸定爲「燕」；吳大澂、方濬益、孫詒讓、鄧實、劉體智、容庚隸定爲「興」；劉心源、郭沫若隸定爲「聳」（同「鄧」）；夏鼐、吳鎮烽隸定爲「登」；按：「圖」宜隸定爲「聳」，同「登」字，故此鬲「鄭聳伯」與前述〈鄭登伯鼎〉之「鄭登伯」是同一人。「圖」，吳式芬、吳大澂、孫詒讓隸定爲「帶」；劉心源、王宏隸定爲「帶」；郭沫若隸定爲「敝」；按：「圖」宜隸定爲「嫹」，此鬲「叔嫹」與〈鄭登伯鼎〉之「叔嫹」是同一人，爲鄭登伯之妻。「薦鬲」與「羞鬲」同，爲盛裝食物進獻之用的器具。由銘文之意可知鄭登伯爲其妻叔嫹鑄作可盛裝進獻食物之鬲器。

14. 鄭牧馬受殷蓋——此簋蓋相傳有三器，第一器爲《錄遺》所著錄，侯外廬舊藏，第二器爲陳夢家《西周銅器斷代》所著錄，羅伯昭舊藏，二器現藏於中國歷史博物館，第三器未見著錄，現藏於北京故宮博物院。其銘文十五字，重文二字（器銘圖 51），隸定爲：

奠牧馬受乍

寶殷，其子孫

萬年永寶用。

《周禮・夏官・司馬》有校人、趣馬、巫馬、牧師、庾人、圉師、圉人，

諸官皆掌養馬之事，牧馬宜屬於此類之官。此銘文語譯是鄭國人名受，擔任牧馬一職，他鑄作寶𣪕，希望子孫能永遠寶用它。

　　15. 鄭義羌父𣪕——此𣪕著錄於《筠清》卷3頁15、《釋銘》（四）頁21、《攗古》卷2之2頁12、《愙齋》（十五）頁20、《綴遺》卷9頁16、《奇觚》卷17頁31、《周金》卷3頁161、《小校》卷9頁29、《夢郼》卷之上頁17、《三代》卷10頁31、《白鶴美術館誌》第37輯、《嚴集》（五）頁1856，《殷周金文集成》（九）頁35。其名稱有〈周鄭義父𣪕〉、〈鄭義羞父𣪕〉、〈鄭義姜𣪕〉、〈鄭義姜父𣪕〉、〈鄭義羌父𣪕〉。〔註90〕此𣪕有二器，舊為葉東卿、羅振玉所藏，其銘文十二字，重文二字（器銘圖52），隸定為：

　　　　鄭義姜父

　　　　乍旅𣪕壬

　　　　孫永寶用。

　　「𦍩」，吳大澂、吳式芬、吳榮光隸定為「姜」；劉心源、呂調陽隸定為「羞」；方濬益隸定為「𦍩」；劉體智隸為「羌」；羅振玉隸為「羊」；嚴一萍、夏鼐隸定為「羌」。按：「𦍩」宜隸定為「羌」，「羌」與「姜」同一字，「鄭義姜父」係西周晚期鄭國人，字羌父、義氏。此銘文語譯為鄭國人義姜氏鑄作𣪕器，希望子孫能永遠寶用它。

　　16. 召叔山父𤾣——此𤾣著錄於《筠清》卷3頁7、《釋銘》（四）頁11、《攗古》卷2之53、《綴遺》卷8頁21、《奇觚》卷17頁25、《周金》卷3頁125、《貞松》卷6頁34、《雙文》下三頁2、《吉文》金四頁3、《小校》卷9頁19、《三代》卷十頁22、《通考》頁358、《中華文物集成》（一）頁32、《兩周》（三）頁181、《彙編》（四）37、《嚴集》（四）頁1803與1804、《白鶴美術館誌》第37輯、《殷周金文集成》（九）頁219。其名稱有〈召叔山父𤾣〉、〈叔山父𤾣〉、〈大司工𤾣〉、〈鄭伯大司空召叔山父𤾣〉、〈奠白大嗣工𤾣〉、〈鄭伯司工𤾣〉。此𤾣有二器，有一器舊為陳廣寧所藏，另一器為清宮舊藏，今藏於臺灣國立故宮博物院，其銘文廿六字，重文二字（器銘圖53），隸定為：

　　　　奠白大嗣

　　　　工召叔山

　　　　父乍旅𤾣

〔註90〕《白鶴美術館誌》、《嚴集》、《殷周金文集成》將𣪕作𣪘。

用亯用孝

用匄眉壽

孑孫用

爲永寶。

「嗣工」即文獻上之司空，其職賞爲營建土木之事與地政之事。〔註91〕「召叔山父」，春秋前期人，字山父，召叔氏，任鄭國大司工。「𣄰」，臣即簠字，從匚古聲，此從缶，古缶聲近。「𣄰」，即「旅」字，彝器銘皆從扩從從，此從人，省文。「𠻘」，即「匄」字，有祈求意，《廣雅・釋詁三》：「匄，求也」，文獻多假「介」爲之，如《詩・豳風・七月》：「爲此春酒，以介眉壽」。此銘文語譯爲鄭國大司空召叔山父鑄作可祭祀之用的簠器，其意在於求得長壽，也希望子孫能永遠寶用它。

17. 鄭義伯匜——此匜著錄於《貞松》卷6頁36、《武英》頁81、《小校》卷9頁27、《三代》卷1頁31、《通考》頁363、《通論》頁39、《白鶴美術館誌》第37輯、《嚴集》八頁1855、《殷周金文集成》九頁34。依形制而言，此器爲匜，羅振玉、劉體智誤認爲「簠」。此匜曾爲承德避暑山莊舊藏，今藏於臺灣國立故宮博物院。其銘文三行十二字，重文二字（器銘圖54），隸定爲：

奠義白乍

旅匜孑孫

其永寶用。

鄭義伯爲西周晚期或春秋早期鄭國人。此銘文語譯：鄭義伯鑄作匜器，希望子孫能永遠寶用它。

18. 鄭登叔匜——此匜著錄《周金》卷3補遺、《貞松》、《希古》金四頁12、《小校》卷9頁29之5、《三代》卷1頁32、《積微》頁219、《兩周》（三）頁180、《彙編》（五）頁439、《白鶴美術館誌》第37輯、《嚴集》（八）頁3646、《殷周金文集成》（九）頁37。依銘文「𣄰」宜隸定爲「匜」，故羅振玉、劉承幹、劉體智以爲「簠」與巴納、嚴一萍以爲「盤」，皆誤。此匜銘文十二字，重文二字（器銘圖55），隸定爲：

〔註91〕《筠清》卷3頁7：「陳慶鏞曰：大嗣工即大司空。」，《綴遺》卷8頁22方濬益有詳論司空一職。郭沫若說：「鄭伯之大司空，職上係國，復係其國之爵，此例僅見。」（《兩周》（三）頁181）。汪中文有以金文銘辭論司空一職，詳見《兩周官制論稿》頁53。

奠聳叔

乍旅盨

及（其）孑孫

永寶用。

「奠聳叔」即鄭登叔，西周晚期或春秋早期鄭國人，登氏。「爭」，羅振玉、劉承幹、郭沫若、楊樹達隸定爲「及」，劉體智隸定爲「尹」。按：「爭」隸定爲「及」，是也，及其聲近通假，故「及孑孫永寶用」即「其孑孫永寶用」。故此銘文語譯爲鄭登叔鑄作盨器，希望子孫能永遠寶用它。

19. 鄭井叔康旅盨——此盨著錄於《捃古》2 之 2 頁 21、《綴遺》卷 9 頁 15、《敬吾》（下）頁 21、《周金》卷 3 頁 160、《小校》（三）卷 9 頁 30、《嚴集》（五）頁 1860、《白鶴美術館誌》第 26 輯、《殷周金文集成》（九）頁 40。「糊」與〈鄭義伯盨〉之「号」，同是「盨」字，此「盨」是從木須聲，故吳式芬、方濬益、朱建卿、鄒安、劉體智皆誤認爲「簋」。此盨有二器，一器舊爲瞿穎山所藏，另一器今藏於上海博物館。其銘文有二行十三字，重文二字（器銘圖 56），隸定爲：

奠丼叔康乍旅

盨，孑孫其永寶用。

「鄭丼叔康」，西周中期後段人，名康，鄭邢氏，此與〈鄭邢叔鐘〉、〈鄭邢叔盨〉之「邢叔」是同一人。此銘文語譯爲鄭邢叔康鑄作盨器，希望子孫能永遠寶用它。

20. 鄭伯筍文�̄——此甗著錄於《捃古》卷 2 之 1 頁 54、《愙齋》（十七）頁 5、《綴遺》卷 9 頁 30、《周金》卷 2 頁 89、《小校》卷 3 頁 92、《三代》卷 5 頁 9、《白鶴美術館誌》第 37 輯頁 251、《嚴集》（二）頁 905、《殷周金文集成》（三）頁 203。其名稱有〈鄭伯甗〉、〈鄭伯筍父甗〉、〈潩白筍父甗〉、〈潩白筍父甗〉、〈鄭氏伯高父甗〉。此甗舊爲金蘭坡所藏，其銘文二行十字（器銘圖 57），隸定爲：

鄭伯筍父乍

寶甗永寶用。

「鄭伯筍父」與上述〈鄭伯筍父鬲〉之鄭伯筍父是同一人。此銘文語譯是鄭伯筍父鑄作珍貴的甗器，希望此甗能永遠寶用它。

21. 鄭井叔甗──此甗著錄於《綴遺》卷9頁31、《白鶴美術館誌》第26輯頁310、《殷周金文集成》（三）頁204。其銘文十字（器銘圖58），隸定爲：

鄭井叔作季姞甗永寶用。

「鄭井叔」與上述〈鄭井叔康旅盨〉之「鄭井叔康」是同一人。「姞」，《國·晉語四》：「司空季子（胥臣臼季）曰：……凡黃帝之子廿五宗，其得姓者十四人爲十二姓，姬、酉、祁、己、滕、箴、任、荀、僖、姞、儇、依是也。」，《萬姓統譜》：「南燕、密須皆姞姓之國，姞氏爲后稷之妃。」，姞姓在周朝已改爲吉，南燕地在今河南延津東，密須地在今甘肅靈台西五十里，以鄭之地緣而言，此姞宜爲南燕之姞。此銘文語譯是鄭井叔爲其妻姞氏鑄作甗器，希望能永寶用它。

22. 鄭大師小子甗──此甗著錄於《積古》卷7頁19、《釋銘》（四）頁38、《捃古》卷2之2頁19、《小校》卷3頁95、《三代》卷5頁10、《嚴集》（二）頁92、《殷周金文集成》（三）頁208。此甗舊爲頤和園所藏，現藏於北京故宮博物院。銘文四行十五字，重文一字（器銘圖59），隸定爲：

鄭大師小子
矦父乍寶
甗子孫永
寶用。

「大師」，阮元曰：「太師，樂官之長」；張亞初以爲在殷墟卜辭，師是武官，東周以後大師職掌禮樂；汪中文以《詩·大雅·大明》爲例，以爲大師是掌武職；按：蓋在西周以前，大師是國家重臣，權大位高，東周以後，太師則爲掌禮樂之官。吳鎮烽以此甗銘文「矦父」爲春秋時期人，故此「大師」宜爲樂官。「小子」，張亞初以爲西周銘文所見之小子有二意，一爲屬官之官，二爲諸子之官。此「小子」宜爲樂官之部屬。阮元曰：「《左》鄭有矦宣多、矦羽，殆矦父之後歟？」，按：矦宣多，鄭國大夫，與石癸、孔將鉏共立鄭穆公（在位是西元前627年至西元前606年），其事見《左》僖公廿四年、卅年、文公十七年、宣公三年；矦羽，鄭國大夫，魯成公七年（西元前584年）楚子重伐鄭，諸侯救鄭，鄭侯羽、共仲率師包圍楚軍，故可知矦父蓋與矦宣多、矦羽，同一族系或爲矦宣多、矦羽之祖。此銘文語譯爲鄭太師的部屬矦父鑄作寶甗，希望子孫能永遠寶用它。

23. 鄭伯高父甗──此甗著錄於《愙齋》（十七）頁4（作〈伯高父甗〉）、《小校》卷3頁95（作〈鄭氏白高父甗〉）、《三代》卷5頁10（作〈白高父甗〉）、

《嚴集》（二）頁 909（作〈奠氏白高父旅瓿〉）。其銘文三行十五字，重文二字（器銘圖 60），隸定爲：

　　奠氏白高父

　　乍旅瓿其萬

　　年子孫永寶。

「鄭氏伯高父」，吳鎮烽以爲「西周晚期或春秋早期人，鄭氏」，此銘文語譯爲鄭伯高父鑄作可祭祀之用的瓿器，希望後世子孫能永遠寶用它。

24. 哀成叔豆——西元 1966 年河南省洛陽出土一件〈哀成叔豆〉，現藏於河南省洛陽市博物館，在豆內底部有銘文一行五字（器銘圖 61），隸定爲：

　　哀成弔（叔）乍盥（豆）。

「哀成叔」與前述〈哀成叔鼎〉之「哀成叔」是同一人，可能是鄭康公後裔。「𥂇」，蔡運章隸定爲「朕」，即「登」字，馬承源隸定爲「盥」，即「豆」字。按：馬氏之說爲是，「朕」字金文多從舟，故可知「朕」、「朕」同一字，「朕」下從皿者爲「朕」之繁文，因朕爲定紐侵部，與「豆」字同紐，音近可通，盥假借爲「豆」。此銘文語譯爲哀成叔鑄作豆器。

25. 鄭楙叔賓父壺——此壺著錄於《恒軒》（上）頁 55、《愙齋》（十四）頁 14、《韡華》庚中 2、《周金》卷 5 頁 50、《小校》卷 4 頁 83、《三代》卷 12 頁 15、《兩周》（三）182、《白鶴美術館誌》第 37 輯 207、《嚴集》（七）頁 3180。其銘文三行十三字，重文二字（器銘圖 62），隸定爲：

　　鄭楙叔賓

　　父乍醴壺子

　　孫永寶用。

「楙」，吳大澂、柯昌濟、郭沫若隸定爲「楙」，劉體智隸定爲「懋」，按：「懋」與「楙」通。吳鎮烽以爲「鄭楙叔賓父，西周晚期人，字賓父，鄭楙叔氏。」。「醴」，《說文》（十四）下：「醴，酒一宿熟也。」。此銘文語譯爲鄭國楙叔賓父鑄作可盛裝酒之壺，希望子孫能永遠寶用它。

26. 哀成叔鋗——西元 1966 年河南省洛陽出土一件〈哀成叔鋗〉，現藏於河南省洛陽博物館，在腹內底部有銘文五字（器銘圖 63），隸定爲：

　　哀成叔乍鋗。

「哀成叔」與上述〈哀成叔鼎〉、〈哀成叔豆〉之「哀成叔」是同一人，

可能是鄭康公後裔。此銘文語譯為哀成叔鑄作鍸器。

27. 鄭伯盤——此盤著錄於《彙編》（六）頁 448、《嚴集》（八）頁 3648、《銘文選》（四）頁 774，現藏於上海博物館。銘文一周十一字，重文二字（器銘圖 64），隸定為：

  鄭伯乍盤也（匜），其子孫永寶用。

春秋早期鄭國為強國，曾輔弼周王室，故此「鄭伯」蓋為春秋初年鄭國國君。此銘文語譯為鄭伯鑄作盤器，希望子孫能永遠寶用它。

28. 鄭大內史叔上匜——此匜著錄於《筠清》卷 4 頁 49、《釋銘》（四）頁 70、《攈古》卷 2 之 2 頁 75、《綴遺》卷 14 頁 17、《周金》卷 4 補遺、《三代》卷 17 頁 40、《兩周》（三）頁 181、《金文集》（四）頁 80、《白鶴美術館誌》第 37 輯 207、《銘文選》（四）777。其名稱有〈叔娟匜〉、〈叔上匜〉、〈周叔娟匜〉、〈鄭大內史叔上匜〉。其銘文五行卅二字，重文二字（器銘圖 65），隸定為：

  隹十又二月初吉
  乙子（巳），奠大內史
  叔上乍叔娟媵（媵）
  盅（匜），其萬年無疆
  子孫永寶用之。

「ㄗ」，吳榮光、呂調陽、吳式芬、方濬益隸定為「子」；〔註92〕郭沫若、馬承源隸定為「子」，通「巳」。按：金文子用為地支「巳」者多作「ㄗ」，故「子」通「巳」。「大內史」猶大司馬、大司寇、大司空等，當為內史之長。《詩・小雅・十月之交》「聚子內史」，鄭玄箋：「內史，中大夫也，掌爵祿廢置殺生予奪之法」，汪中文以為西周之內史掌冊命之事，春秋之際內史除掌冊命外，有掌占候吉凶之事與代王行聘問慶弔之禮。「二」，吳榮光、呂調陽、吳式芬誤作「☰」，隸定為「舟」，方濬益、郭沫若、馬承源隸定為「上」，按：隸定為「上」是也。吳鎮烽以為「叔上，春秋早期，鄭國的大內史」。「娟」同「妘」，《說文》十二篇（下）：「妘，祝融之後也，䚻，籀文妘」，鄭玄《詩譜・檜譜》：「祝融氏名黎，其後八姓，唯妘姓檜者處其地焉。」。此銘文語譯為在十二月初吉乙巳那一天，鄭國大內史叔上為娟姓之妻鑄作可陪嫁之匜，祝福能

〔註92〕吳榮光以「乙子」是「乙亥丙子」二日所作，以「子」定上日之亥，以「乙」定下日之丙也。其詳見《筠清》卷 4 頁 49。

延年益壽，且希望子孫能永遠寶用它。

29. 鄭義作匜——此匜著錄於《西清》卷 32 頁 4、《貞松》卷 1 頁 33、《三代》卷 17 頁 28、《兩周》（三）頁 180、《彙編》（六）頁 509、《白鶴美術館誌》第 37 輯頁 249、《嚴集》（九）頁 3278。其名稱有〈鄭義伯匜〉、〈鄭姜白匜〉、〈周姜伯匜〉、〈奠義白乍季姜匜〉。其銘文兩行九字（器銘圖 66），隸定爲：

　　　奠義白乍季

　　　姜寶匜用。

「鄭義白」與上述之〈鄭義伯盨〉之「鄭義伯」爲同一人，爲西周晚期或春秋早期之鄭國大夫。此銘文語譯爲鄭義伯爲其姜姓之妻鑄作寶匜。

30. 鄭井叔鐘——此鐘共有二器，著錄於《積古》卷 3 頁 2、《金石索》頁 125、《愙齋》（一）頁 17、《綴遺》卷 2 頁 1、《韡華》（甲）頁 2、《捃古》卷 2 之 1 頁 47、《小校》卷 1 頁 10、《三代》卷 1 頁 3、《積微》卷 4 頁 100、《彙編》（六）頁 510、《白鶴美術館誌》第 26 輯 148、《嚴集》（九）頁 3837、《殷周金文集成》（一）頁 14。其名稱有〈鄭井叔鐘〉、〈鄭邢叔鐘〉、〈鄭邢叔綏賓鐘〉。其銘文二行九字，合文一字（器銘圖 67），隸定爲：

　　　奠井叔乍

　　　🔲鐘用妥賓

「鄭井叔」與上述之〈鄭井叔甗〉、〈鄭井叔康旅盨〉之「鄭井叔」或「鄭井叔康」是同一人，爲西周中期後段之鄭國人。〔註93〕「🔲」，阮元、馮雲鵬、河昌濟、吳式芬、呂調陽、吳大澂，隸定爲「霝」（古「靈」字）；方濬益、劉體智將「🔲」隸定爲「靈」字。「🔲」，阮元、馮雲鵬、吳大澂、柯昌濟、吳式芬、呂調陽隸定爲「龢」字，通「和」字。「🔲」實爲「靈龢」兩字之合文，如古器銘西夏、小子之例。靈者，善也；龢者，樂音和協；靈龢是指鐘聲協和完美。「🔲」，阮元、馮雲鵬、方濬益、呂調陽隸定爲「妥賓」，即蕤賓，鐘所應之律；吳大澂、楊樹達隸定爲「綏賓」，有以燕享賓客之意。按：「妥」通「綏」，安也；「用妥賓」即以安賓客也。此銘文語譯爲鄭井叔鑄作樂聲和協完美的鐘，用來娛樂嘉賓。

〔註93〕唐蘭說：「無論在文獻裏或金文裏，穆王、恭王時代『井』上還沒有加上『鄭』字。金文〈鄭井叔甗〉裏的鄭井叔康，〈康鼎〉銘文最後簽署的氏族名稱『鄭井』，以及〈鄭井叔編鐘〉……顯然是穆王、恭王時代井叔的後人」，其詳見〈西周銅器斷代中的康宮問題〉，其文刊於《考古學報》1962 年第 1 期。

第四節　虢國青銅器銘文釋義

　　歷代金文文獻已有著錄「虢、虢叔、虢仲、虢白、虢季」之青銅器銘文。西元 1956 年至西元 1957 年與西元 1990 年在河南三門峽市上村嶺虢國墓地又陸續發掘不少有銘文之青銅器，使虢國有銘文青銅器數量激增，亦使往昔呈現迷濛灰暗之虢國歷史，再次重現其曙光。此依現知虢國有銘文青銅器四十四器，一一臚列於下：

　　1. 虢宣公子白鼎──此鼎著錄於《錄遺》頁 90、《白鶴美術館誌》第 52 輯、《嚴集》（二）頁 549、《殷周金文集成》（五）頁 62，現藏於北京頤和園管理處。其銘文五行廿四字，重文二字（器銘圖 68），隸定爲：

　　　　虢宣公子白
　　　　乍障，用邵
　　　　享于皇祖考，
　　　　用□□，壬
　　　　孫永用□寶。

　　此鼎銘文「虢、宣、子、白、乍、于、用、孫」等字，與〈虢季子白盤〉同，故可見二器爲一人所書。此鼎之「虢宣公子白」與〈虢季子白盤〉之「虢季子白」是同一人，即虢宣公之子，虢季名子白，爲西周夷王時期人〔註 94〕「邵」，金文邵、昭通用，有光耀、發揚之意。此銘文語譯爲虢宣公子白鑄作寶鼎，希望藉此發揚先祖的德業，以求得長壽，也期盼後世子孫能永遠寶用它。

　　2. 虢季鼎──西元 1990 年河南省三門峽市上村嶺虢國墓地 M201 號墓出土〈虢季鼎〉，其銘文十六字，重文二字，隸定爲：

　　　　虢季作寶鼎，季氏其萬年子孫永寶用亯。

　　據蔡運章考證，「虢季」即爲周宣王時之執政大臣虢文公，亦爲虢厲公（虢公長父）之子。〔註 95〕此銘文語譯爲虢季鑄作寶鼎，希望同爲季氏支族之子孫能永遠寶用它。

〔註94〕陳世輝以爲「虢宣公名季字子白」，此說有誤，其詳見〈虢宣公子白鼎略記〉其文刊《考古通訊》1958 年第 8 期。陳夢家以「翰」爲「白色馬」，故懷疑文獻「虢公翰」即金文「虢宣公子白」、「虢季子白」，其詳見《西周銅器斷代》。

〔註95〕蔡氏之說，詳見〈虢文公墓考──三門峽虢國墓地研究之二〉，其文刊於《中原文物》1994 年第 3 期。

3. 虢文公子𣪕鼎——此鼎著錄於《攗古》卷 2 之 3 頁 1、《奇觚》卷 16
頁 7、《餘論》卷 2 頁 20、《敬吾》（上）、《陶續》卷 1 頁 20、《韡華》（乙）頁
24、《周金》卷 2 頁 41、《夢郼》卷之上頁 13、《小校》卷 2 頁 87、《三代》卷
3 頁 48、《通考》頁 296、《兩周》（三）頁 283、《金文集》（四）頁 75、《彙編》
（五）頁 358、《白鶴美術館誌》第 34 輯、《嚴集》（二）頁 500、《殷周金文
集成》（五）頁 59、《銘文選》（三）448、《金文選釋》頁 16。其名稱有〈虢
文公鼎〉、〈虢公子鼎〉、〈虢文公子鼎〉、〈虢文公子𣪕鼎〉、〈虢文公子𢨋鼎〉、
〈虢文公子𢨋乍叔妃鼎〉。據《殷周金文集成》著錄此鼎傳世有三器，一器現
藏於遼寧省旅順博物館，一器現藏於上海博物館，一器現藏於法國巴黎寬爾
諾什博物館，其銘文四行廿字（器銘圖 69），另一器「孫」字重文，有廿一字，
隸定爲：

　　　　虢文公子𣪕

　　　　乍弔（叔）妃鼎其

　　　　萬年無彊，子

　　　　孫永寶用言。

「𢨋」，各家隸定爲「叚」、「作」、「段」、「𣪕」、「𢨋」，此宜爲隸定「𣪕」。
「虢文公子𣪕」是虢文公之子，西周宣王、幽王時期人，虢文公亦爲西元 1990
年河南省三門峽市上村嶺 M2001 墓主「虢季」。「叔妃」，蔡運章說：「妃同己，
古姓氏，《國・鄭語》：『己姓昆吾、蘇、顧、溫、董』，姬姓的虢國與己姓的
蘇氏爲聯姻。三門峽虢國墓地出土有〈蘇子叔鼎〉、〈蘇貉豆〉，傳世的〈虢仲
鬲〉甲銘云：『虢仲作虢妃尊鬲』，這裡的淑妃和虢妃，都是指己姓蘇國之女
講的，這件鼎當是虢文公子𣪕爲其善良的己姓妻子鑄作的祭器」。〔註96〕《漢
書・地理志》河內郡溫國條曰：「故國，己姓，蘇忿生所封也。」，《太平御覽》
480 引《左》隱三年賈逵注曰：「溫，周址也，蘇氏邑也。」，河南溫縣與分封
於滎陽之東虢相距不遠，當時已有婚姻往來，今由上村嶺虢墓葬出土蘇國銅
器可得到證明，故〈虢文公子𣪕鼎〉之「叔妃」爲蘇國之女，不宜有誤。此
銘文語譯爲虢文公子𣪕爲其善良之妻鑄作寶鼎，希望後世子孫能永遠寶用它。

〔註96〕蔡氏之說，詳見〈虢文公幕考——三門峽虢國墓地研究之二〉。郭沫若《兩周》
　　　　（三）頁 283：「叔妃即𣪕之室，蓋蘇女也。鼎之形制與〈穌冶妊鼎〉頗相近。
　　　　彼鼎之虢妃或即此人。蘇與東虢比鄰，故相爲婚姻，此亦足爲虢即東虢之一
　　　　證。」。

4. 鄭虢仲鼎——此鼎著錄於《希古》卷 2 頁 19（作〈鄭虢中鼎〉）、《小校》卷 2 頁 81 之 2（作〈鄭虢中念**財**鼎〉）、《殷周金文集成》（五）頁 35（作〈鄭虢仲鼎〉）。其銘文三行十八字，重文一字（器銘圖 70），隸定爲：

> 鄭虢中（仲）念**財**，用
>
> 乍皇且（祖）文考寶
>
> 鼎，孑孫永寶用。

「鄭虢中」，蔡運章以爲「西虢在西周金文中又名奠虢或城虢，……奠、城均本地名……奠即鄭，本是井方的封邑……在今陝西鳳翔縣北古城山南麓，周穆王時在此營建鄭宮……大約到西周晚期隨著井方勢力的衰弱和西虢威勢增強，特別是屬王時虢仲作爲周王室總管軍政大權的執政大臣，南征北討，國力空前，這時西虢逐漸北侵，占有井方南部的領土，甚至已接近或控制周王的鄭宮。」，〔註97〕據此可知「鄭虢仲」即西周屬王時之虢公長父（虢屬公），亦爲西元 1991 年三門峽上村嶺虢國墓地 M2009 墓墓主「虢仲」。「**念財**」各家均無隸定成眞確之楷書，此二字或爲「鄭虢仲」之字。此銘文語譯爲鄭虢仲爲已故祖父與父親鑄作寶鼎，希望子孫能永遠寶用它。

5. 虢叔大父鼎——此鼎著錄於《貞松》卷 3 頁 1、《貞圖》卷上頁 20、《三代》卷 3 頁 27、《金文集》（四）頁 74、《白鶴美術館誌》第 26 輯、《嚴集》（一）頁 431、《殷周金文集成》（四）頁 306、《銘文選》（三）頁 524、《金文選釋》頁 10。此鼎舊爲羅振玉所藏，其銘文三行十三字（器銘圖 71），隸定爲：

> 虢弔（叔）大父
>
> 乍障鼎，其
>
> 萬年永寶用。

「虢虎大父」，陳夢家《西周銅器斷代》以爲「虢叔旅與虢叔大父或係一人」，吳鎭烽《金文人名匯編》：「西周末春秋初期人，虢國公族，字大父」，馬承源《銘文選》：「西周晚期，虢叔大父與虢叔旅爲同支，世稱虢叔，大父系時人所喜用之名，如〈筍伯大父盨〉、〈魯伯大父簋〉的器主都以大父爲名。」按：馬氏所言爲是，虢叔大父蓋爲虢叔旅同族後輩。此銘文語譯爲虢叔大父鑄作鼎器，希望此寶鼎能永遠存用於後世。

〔註97〕蔡氏之說詳見〈虢國的分封與五個虢國的歷史糾葛〉，其文在《甲骨金文與古史新探》。尚志儒以爲「鄭虢仲」即周屬王時執政大臣虢仲，語見〈鄭井國銅器及其史跡之研究〉。

　　6. 虢姜鼎——此鼎著錄於《復齋》頁 15、《積古》卷 4 頁 9、《釋銘》（二）頁 11、《攈古》卷 2 之 1 頁 65、《奇觚》卷 16 頁 6、《白鶴美術館誌》第 34 輯頁 56、《殷周金文集成》（四）頁 296。其銘文五行十二字（器銘圖 72），隸定爲：

　　　　虢姜乍
　　　　寶障
　　　　鼎其萬
　　　　年永寶
　　　　用。

　　「虢姜」爲西周晚期姜姓女子嫁於虢國者，故虢姜猶如齊姜、晉姜、周姜、孟姜等。商周鼎彝款識多以「障」字兼言，如〈晉姜鼎〉「作寶尊鼎」。此銘文語譯爲虢姜鑄作寶鼎，希望能永遠存用於世。

　　7. 虢伯鬲——此鬲著錄於《綴遺》卷 27 頁 23、《周金》卷 2 頁 88、《小校》卷 3 頁 85、《嚴集》（二）頁 836、《白鶴美術館誌》第 34 輯頁 59、《三代》卷 5 頁 41、《殷周金文集成》（三）頁 124，其名稱有〈虢白鬲〉、〈虢伯鬲〉、〈戲伯鬲〉、〈戲白乍姬大母鬲〉、〈虢白乍姬矢母鬲〉。其銘文十六字，重文二字（器銘圖 73），隸定爲：

　　　　虢伯乍姬大母障鬲，其萬年子孫永寶用。

　　「𢼸」，鄒安、劉體智隸定爲「戲」，宜隸定爲「虢」。「大母」即祖母。「鬲」，鄒安隸定爲「鬳」，鬳即甗，此與鬲有所差異，宜隸定爲「鬲」。此銘文語譯爲虢伯爲姬姓之祖母鑄作鬲器，希望後世子孫能永遠寶用它。

　　8. 虢仲作姑鬲——此鬲著錄於《彙編》（七）頁 568、〈澳大利亞所見中國銅器選錄〉、《嚴集》（二）頁 759、《殷周金文集成》（三）頁 33，名稱有〈虢仲鬲〉、〈虢仲乍姑鬲〉。《嚴集》與《殷周金文集成》著錄有二器，一器出土於陝西岐山縣京當公社，現藏於寶雞市博物館，另一器爲澳大利亞買亞氏所藏。器口內緣環鑄銘文有 6 字（器銘圖 74），隸定爲：

　　　　虢仲作姑障鬲

　　「虢仲」即爲《後漢書・東夷傳》：「厲王無道，淮夷入寇，王命虢仲征之，不克。」之「虢仲」，亦爲今本《竹書紀年》：「厲王三年淮夷侵洛，王命虢公長父征之，不克。」之「虢公長父」，亦是西元 1991 年三門峽市上村嶺

虢國墓地 M2009 墓之墓主。此「虢仲」亦是前述〈鄭虢仲鼎〉之「鄭虢仲」。「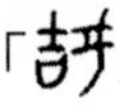」，隸定爲「姞」。〔註 98〕姞姓，黃帝之子，商朝有姞姓密須之國，周文王滅之，以封姬姓，密須故地即今甘肅省靈臺縣西，與鳳翔之西虢相距不遠，故姞姓蓋與西虢有往來聯姻。此銘文語譯爲虢仲爲其妻姞氏鑄作鬲器。

9.虢仲乍虢妃鬲——此鬲著錄於《攈古》卷 2 之 2 頁 32、《愙齋》（十七）頁 13、《綴遺》卷 27 頁 22、《奇觚》卷 18 頁 21、《敬吾》（下）頁 47、《周金》卷 2 頁 70、《小校》卷 3 頁 76、《三代》卷 5 頁 36、《永壽》卷 2 頁 20、《白鶴美術館誌》第 34 輯頁 59、《嚴集》（三）頁 822、《殷周金文集成》（三）頁 34、《銘文選》（三）419。其名稱有〈虢仲鬲〉、〈虢中鬲〉、〈虢仲作虢妃鬲〉。此鬲現藏於上海博物館。其銘文十五字，重文一字（器銘圖 75），隸定爲：

虢中（仲）乍虢妃障鬲，其萬年子孫永寶用。

「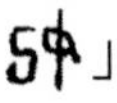」，各家有隸定爲「妃」或「改」，古文字之偏旁可以左右上下置換而意義不變，故妃、改是同一字。方濬益曰：「虢改當是有蘇氏之女，以〈虢文公子𣪘鼎〉及此鬲證之，是虢恆娶於改氏，蓋蘇國於河內之溫與北虢大陽、東虢滎陽地皆相近，世爲婚媾，固其宜也。」，按：方氏所言爲是，據西元 1957 年河南省三門峽市上村嶺虢國墓地 M1820 墓出土〈蘇貉豆〉及 M1757 墓出土〈蘇子叔作鼎〉，由此可知虢國與己姓之蘇國是世代通婚。此銘文語譯爲虢仲爲己姓之虢妃鑄作鬲器，希望子孫能永遠寶用它。

10. 虢叔乍叔殷穀鬲——此鬲著錄於《考古圖》卷 2 頁 17（作〈叔殷穀鬲〉）、《薛氏》卷 16 頁 7（作〈虢叔鬲〉）、《殷周金文集成》（三）頁 52（作〈虢叔鬲〉）。其銘文一行八字（器銘圖 76），隸定爲：

虢叔乍叔殷穀障鬲

「虢叔」與〈虢叔障鬲〉之「虢叔」、〈虢叔旅鐘〉之「虢叔旅」或爲同一人，故爲西周孝王夷王時期人。「殷」，大也；「穀」，謹慎也。此銘文語譯爲虢叔極爲謹慎鑄鬲器。

11. 虢叔障鬲——此鬲著錄於《考古圖》卷 2 頁 6、《薛氏》卷 16 頁 7、《十二家》頁 274、《小校》卷 3 頁 55、《三代》卷 5 頁 15、《白鶴美術館誌》第 26 輯頁 378、《嚴集》（二）頁 747、《殷周金文集成》（三）頁 22。其名稱有

〔註 98〕蔡運章隸定爲「始」，讀如「姒」，此是虢仲爲其妻姒氏鑄作之祭器，其詳見〈論虢仲其人——三門峽虢國墓地研究之一〉，其文刊於《中原文物》1994 年第 2 期。

〈虢卡鬲〉、〈虢叔鬲〉、〈虢甶障鬲〉。其銘文一行五字（器銘圖77），隸定爲：

虢叔乍障鬲

「虢叔」與上述〈虢叔乍叔殷毃鬲〉之「虢叔」、〈虢叔旅鐘〉之「虢叔」或爲同一人，故爲西周孝王、厲王時期人。此銘文語譯爲虢叔鑄作鬲器。

12. 虢季氏子𠭯鬲——西元 1956 年河南省陝縣上村嶺 M1631 號墓出土〈虢季氏子𠭯鬲〉，此鬲著錄於〈1957 年河南陝縣發掘簡報〉、郭沫若〈三門峽出土銅器二三事〉、李學勤《東周與秦代文明》頁 69、《嚴集》（二）頁 826、《殷周金文集成》（三）頁 100、《銘文選》（三）449、〈虢文公墓考——三門峽虢國墓地研究之二〉，此鬲現藏於中國歷史博物館。其銘文一周十四字，重文二字（器銘圖78），隸定爲：

虢季氏子𠭯乍寶鬲，孑孫永寶用享。

「虢季氏子𠭯」即爲〈虢文公子𠭯鼎〉之「虢文公子𠭯」，是虢文公之子（是西元1990年三門峽虢國墓地 M2001 墓主虢季之子），爲西周宣王、幽王時期人。此銘文語譯爲虢季氏子𠭯鑄作寶鬲，後世子孫要永遠寶用它。

13. 虢季氏子組鬲——此鬲著錄於《彙編》（五）頁 433、《嚴集》（二）頁 814、《白鶴美術館誌》第 34 輯頁 65、《殷周金文集成》（三）頁 83、《銘文選》（三）523，其名稱有〈虢季氏子組鬲〉、〈虢季氏子緷鬲〉、〈虢季子組鬲〉。據《巖窟吉金圖錄》謂此鬲出土於河南省新鄭，當是誤傳，應爲陝西省鳳翔縣出土，舊爲德國人楊寧史所藏，今藏於北京故宮博物院。銘文一周十三字，重文二字（器銘圖79），隸定爲：

虢季氏子緷（組）乍鬲，孑孫永寶用亯。

「虢季氏子組」，吳鎮烽《金文人名匯編》：「名子組，虢季氏，西周晚期或春秋早期人」，故「虢季氏子組」與「虢季氏子𠭯」蓋爲同族。此銘文語譯爲虢季氏子組鑄作鬲器，希望子孫能永遠寶用它。

14. 虢姞作鬲——此鬲著錄於《貞松》卷 4 頁 3、《小校》卷 3 頁 54、《尊古》卷 2 頁 20、《三代》卷 5 頁 14、《通考》頁 312、《白鶴美術館誌》第 34 輯頁 56、《嚴集》（二）頁 744、《殷周金文集成》（三）頁 18。其名稱有〈虢姞鬲〉、〈虢姞作鬲〉。其銘文一行四字（器銘圖80），隸定爲：

虢姞乍鬲。

「虢姞」，西周晚期姞姓女子，嫁於虢國者，此「姞」與前述之〈虢仲作姞鬲〉之「姞」宜同爲密須國。此銘文語譯爲虢姞鑄作鬲器。

15. 虢文公子㲃鬲——此鬲著錄於《貞松》卷 4 頁 14、《貞圖》上頁 28、《三代》5 頁 39、《嚴集》（二）頁 833、《白鶴美術館誌》第 34 輯、《殷周金文集成》（三）頁 142、〈虢文公墓考——三門峽虢國墓地研究之二〉。其名稱有〈虢文公子鬲〉、〈虢文公子㲃鬲〉、〈虢文公子㲃乍弔妃〉，此鬲現藏於北京故宮博物院。其銘文 18 字（器銘圖 81），隸定爲：

　　　虢文公子㲃乍叔妃鬲，其萬年子孫永寶用言。

「虢文公子㲃」與前述〈虢文公子㲃鼎〉、〈虢季氏子㲃鬲〉均爲同一人，亦是西元 1990 年三門峽市虢國墓地 M2001 墓主「虢季」之子，是西周宣、幽王時人。「叔妃」，蔡運章說：「叔通作淑，《爾雅·釋詁》謂善也。妃同己，古姓氏……姬姓的虢國與己姓的蘇氏世爲聯姻。」，故可知此鬲爲虢文公子㲃爲其善良之己姓妻子鑄作鬲器，希望後世子孫能永遠寶用它。

16. 虢伯甗——此甗著錄於《貞續》（上）頁 28、《三代》卷 5 頁 6、《通考》318、《嚴集》（二）頁 890、《殷周金文集成》（三）頁 191。其名稱有〈虢伯甗〉、〈虢白甗〉。此甗原爲清宮舊藏。其銘文 2 行六字（器銘圖 82），隸定爲：

　　　□白凸

　　　□甗用。

此「虢伯」與上述之〈虢伯鬲〉之「虢伯」宜爲同一支系。吳鎭烽以爲此「虢伯」是「西周中期虢國族首領」。此銘文語譯是虢伯鑄作寶甗。

17. 虢叔段——此段著錄於《考古圖》卷 4 頁 27、《薛氏》卷 111 頁 2、《殷周金文集成》（六）頁 102。此段舊爲京兆田概所藏。其銘文一行三字（器銘圖 83），隸定爲：

　　　虢弔（叔）乍。

此「虢叔」與上述〈虢叔乍叔殷毅鬲〉、〈虢叔障鬲〉之「虢叔」或爲同一人。此銘文語譯爲虢叔鑄作段器。

18. 虢季簋——西元 1990 年在河南省三門峽市挖掘虢國墓地，其中 M2001 號大墓有出土〈虢季簋〉。銘文十二字，重文二字，隸定爲：

　　　虢季作寶簋，孑孫永寶用言。

此「虢季」與上述〈虢季鼎〉之「虢季」是同一人，是西周宣王時執政大臣虢文公。此銘文語譯爲虢季鑄作寶簋，希望子孫能永遠寶用它。

19. 虢季氏子組段——此段著錄於《筠清》卷 3 頁 43、《釋銘》（三）頁

51、《攗古》卷 2 之 2 頁 71、《敬吾》（上）頁 57、《陶續》（上）頁 35、《周金》卷 3 頁 67、《小校》卷 8 頁 5、《三代》卷 8 頁 7、《兩周》（二）頁 284、《金文集》（四）頁 74、《嚴集》（四）頁 1362、《白鶴美術館誌》第 34 輯頁 60、《殷周金文集成》（七）頁 172、《銘文選》（三）522。其名稱有〈虢季𣪘〉、〈虢季子敦〉、〈虢季氏敦〉、〈虢季氏子組敦〉、〈虢季氏子組𣪘〉、〈虢季氏子緩敦〉、〈周虢季氏敦〉、〈周虢季𣪘蓋〉、〈虢季氏子組𥂟蓋〉。此𣪘傳世共有三器，是陝西省鳳翔縣出土，一件藏於英國倫敦維多利亞博物館，一件藏於上海博物館。其銘文四行十八字，重文一字（器銘圖 84），隸定爲：

　　　　虢季氏子組
　　　　作𣪘其萬年
　　　　無疆子孫
　　　　永寶用亯。

　　「虢季氏子組」與上述〈虢季氏子組鬲〉之「虢季氏子組」是同一人，與「虢季氏子敦」蓋爲同族。此銘文語譯爲虢季氏子組鑄作𣪘器，希望能求得長壽，也期盼子孫能永遠寶用它。

　　20. 鄭虢仲𣪘——此𣪘著錄於《西清》卷 27 頁 28、《周金》卷 3 頁 60、《貞松》卷 5 頁 32、《希古》卷 3 頁 23、《小校》卷 8 頁 18、《尊古》卷 2 頁 5、《三代》卷 8 頁 7、《通考》頁 350、《兩周》（三）頁 181、《金文集》（四）頁 79、《彙編》（五）頁 344、〈澳大利亞所見中國銅器選錄〉、《白鶴美術館誌》第 34 輯 200、《嚴集》（四）頁 1398、《殷周金文集成》（七）頁 217。其名稱有〈虢中𣪘〉、〈虢仲敦〉、〈鄭虢中敦〉、〈鄭虢仲敦〉、〈奠虢中𣪘〉、〈奠虢仲𣪘〉、〈鄭虢仲𥂟〉、〈鄭虢仲𣪘〉、〈周虢仲𣪘〉。此𣪘傳世有三件，二件有器與蓋，一件僅有器，一件現藏於日本東京書道博物館，一件現藏於上海博物館。其銘文四行廿一字，重文二字（器銘圖 85），隸定爲：

　　　　隹十又一月既
　　　　生霸庚戌，奠
　　　　虢中（仲）乍寶𣪘
　　　　子孫彶（及）永用。

　　「十又一月」，又一器作「十一又月」，且「又」字作「🜚」，多一橫鉤，此金文鉤倒之確例。「鄭虢仲」與上述之〈鄭虢仲鼎〉之「鄭虢仲」宜爲同一

人，即西周厲王時之虢公長父（虢屬公）。〔註99〕「子孫」，《貞松》、《希古》
誤作「孫孫」，古器文字往往有譌誤，此其一斑也。此銘文語譯為在十一月既
生霸庚戌那一天，鄭虢仲鑄作𣪘器，希望子孫能永遠寶用它。

　　21. 城虢遣生旅𣪘——此𣪘著錄於《攗古》卷2之2頁13、《愙齋》（一）
頁13、《奇觚》卷3頁14、《敬吾》（上）56、《周金》卷3頁83、《簠齋》（二）
敦3之10、《小校》卷7頁91、《三代》卷7頁34、《嚴集》（三）頁1283、《白
鶴美術館誌》第34輯頁60、《殷周金文集成》（七）頁87。其名稱有〈城虢
𣪘〉、〈趩生𣪘〉、〈虢遣生敦〉、〈城虢遣生敦〉、〈城虢遣生𣪘〉、〈城虢遣生旅
𣪘〉。此𣪘舊為陳介祺所藏，其銘文三行十五字（器銘圖86），隸定為：

　　　　𢧵（城）虢遣生乍

　　　　旅𣪘其萬年

　　　　子孫永寶用。

　　「城虢遣生」，吳大澂《愙齋》：「城虢，紀事之文，東虢西虢無可考，遣生
作旅𣪘，未知虢仲、虢叔之後生其名他也，〈頌𣪘〉儥史虢生，疑即此人。」，
劉心源《奇觚》：「言城虢時作𣪘，以事表年也。」。按：吳鎮烽《金文人名匯編》：
「城虢氏，名遣生，疑與虢仲，城虢仲為一人。」，若此說無誤，則城虢遣生與
周厲王時之「虢公長父」為同一人。「旅𣪘」，旅者陳列也，旅簠係指陳列有序
之𣪘器。此銘文語譯為城虢遣生鑄作陳列有序之𣪘器，希望子孫能永遠寶用它。

　　22. 城虢仲簠——此簠著錄於《恒軒》（上）頁37、《愙齋》（一）頁13、
《周金》卷3頁90、《小校》卷7頁70、《三代》卷7頁14、〈澳大利亞所見
中國銅器選錄〉、《嚴集》（三）頁1156、《白鶴美術館誌》第34輯頁59、《殷
周金文集成》（六）頁205、《銘文選》（三）355。其名稱有〈虢仲簠〉、〈虢仲
敦〉、〈城虢中𣪘〉、〈城虢中敦〉、〈城虢仲𣪘〉。此器相傳是陝西省鳳翔出土，
今藏於上海博物館，其銘文二行六字（器銘圖87），隸定為：

　　　　𢧵（城）虢中（仲）

　　　　乍旅簠。

　　吳鎮烽《金文人名匯編》：「城虢仲，又稱虢仲，西周厲王時期的執政大
臣，疑與城虢遣生為一人。」，若此說為是者，則虢仲、城虢仲、城虢遣生與

〔註99〕《西清》卷27頁28：「銘稱鄭虢仲意為鄭之大夫，非桓王時虢仲矣。」，此說
　　　有誤。

西元 1991 年三門峽市虢國墓地 M2009 墓墓主「虢仲」皆爲同一人。此銘文語譯爲城虢仲鑄作陳列有序的簋器。

　　23. 虢姜作寶簋──此簋著錄於《王復齋鐘鼎款識》頁 19、《積古》卷 6 頁 4、《釋銘》（三）頁 23、《攈古》卷 2 之 1 頁 82、《奇觚》卷 16 頁 25、《殷周金文集成》（七）頁 52。其銘稱有〈虢姜敦〉、〈虢姜敲〉、〈周四年虢姜敦〉，其銘文一行十三字（器銘圖 88），隸定爲：

　　　　佳王四年虢姜乍寶簋其永用亯。

　　「虢姜」與上述 6〈虢姜鼎〉是西周晚期姜姓女子嫁於虢國者。此銘文語譯爲在周王四年號虢鑄作寶簋，希望此簋能作爲永遠祭祀祖先之用。

　　24. 虢姜作寶障簋──此簋著錄於《考古圖》卷 3 頁 17、《薛氏》卷 14 頁 4、《吉文》卷 3 頁 38、《雙文》（下）2 頁 29、《兩周》（三）頁 283、《白鶴美術館誌》第 34 輯頁 200、《殷周金文集成》（八）頁 83、《嚴集》（四）頁 1507、《銘文選》（三）525。其名稱有〈虢姜敦〉、〈虢姜簋〉、〈虢姜簋蓋〉。此簋僅存蓋之部分，其銘文六行四十二字，重文二字（器銘圖 89），隸定爲：

　　　　虢姜乍寶障簋，用
　　　　禪追孝于皇考重（惠）
　　　　中（仲），廝（祈）匄康龡（娛），屯右（祐）
　　　　通彔（祿）永令。虢姜其
　　　　萬年眉壽，受福無
　　　　疆，孑孫永寶用亯。

　　「虢姜」與上述 6〈虢姜鼎〉、23〈虢姜作寶簋〉同爲西周晚期姜姓女子嫁于虢者，郭沫若《兩周》以爲此簋是西周厲王、宣王之時器。禪，《說文》一篇上：「祭天也」，《廣雅‧釋天》：「禪，祭也。」，此「禪」用于祭祀人鬼。「皇考惠仲」是先父惠仲。「用禪追孝于皇考惠仲」是用以祭祀行孝道於先父惠仲。「匄」同丐，求也。「𡨄」，《薛氏》隸定爲「嗣」，《吉文》隸定爲「禔」，《雙文》隸定爲「龡」，《兩周》、《白川通釋》、《銘文選》隸定爲「龡」，通「娛」；「康龡」是康樂和悅。「屯」，吳大澂、徐同柏、于省吾均釋屯即古純字，「屯祐」是指神明全力保佑。「通祿」或作「百祿」，指福祿齊全，官運亨通。「永令」即永命，壽命長久。此銘文語譯爲虢姜鑄作尊貴之簋器，用來行孝道祭祀先父惠仲，也祈求一切能和樂悅愉，希望神明保祐我們官運

亨通、延年益壽。虢姜更祈求先祖能賜給我們無限的福壽，同時期盼子孫能
永遠寶用它。

25. 虢王姞簋——此簋著錄於《筠清》卷 3 頁 13，作〈周虢王簋〉；《釋銘》（四）頁 22，作〈虢王姞簋〉。其銘文三行十五字，重文一字（器銘圖 90），隸定爲：

　　遣叔吉父乍
　　虢王姞旅簋
　　子孫永寶用。

「虢王姞」，吳鎭烽《金文人名匯編》：「西周晚期姞姓婦女」，蓋爲姞姓女子嫁於虢者。此銘文語譯爲遣叔吉父爲虢王姞鑄作陳列有序之簋器，希望子孫能永遠寶用它。

26. 虢仲盨——此盨著錄於《貞松》卷 6 頁 41、《吉文》卷 4 頁 5、《雙文》（下）3 頁 3、《十二家》頁 228、《三代》卷 10 頁 37 之 2、《通考》頁 362、《兩周》（三）頁 120、《積微》頁 140、《金文選讀》頁 73、〈澳大利亞所見中國銅器選錄〉、《嚴集》（五）頁 1874、《白鶴美術館誌》第 34 輯頁 59、《殷周金文集成》（九）頁 72、《銘文選》（三）418、《金文集》（四）、〈論虢仲其人——三門峽虢國墓地研究之一〉。其名稱有〈虢中簋〉、〈虢仲簋〉、〈虢仲盨〉、〈虢仲盨蓋〉、〈虢仲旅盨〉現藏於中國社會科學院考古研究所，其銘文四行廿二字（器銘圖 91），隸定爲：

　　虢中（仲）吕王南
　　征，伐南淮尸（夷）
　　才（在）成周，乍旅
　　盨。丝（兹）盨友（有）十又二。

《後漢書‧東夷傳》：「厲王無道，淮夷入寇，王命虢仲征之，不克。」，故可知此銘之「虢仲」，即爲虢公長父、虢厲公，亦是西元 1991 年河南省三門峽市虢國墓地 M2009 墓墓主「虢仲」。「吕」，讀如「與」。「王」指周厲王。「南淮夷」是淮水流域方國部落之統稱。「成周」指西周時期之東都洛邑。「丝盨友十又二」是說明虢仲一次鑄作十二件盨。〔註100〕此銘文語譯爲虢仲曾輔

〔註100〕郭沫若《兩周》（三）頁 120：「盨之爲物長方而形四角，有蓋，其形制在殷與簋之間，亦有器形爲盨而銘之爲殷者，如〈華季盨〉是，蓋盨乃殷之變種，別名之爲盨，兼名之仍爲殷也。」

佐周厲王討伐南方淮夷，征伐前在成周之地，鑄作陳列有序之盨器共十二件。

　　27. 虢叔行盨——此盨著於《攗古》卷 2 之 1 頁 85、《綴遺》卷 5 頁 13、《奇觚》卷 17 頁 28、《周金》卷 3 頁 102、《小校》卷 9 頁 28、《三代》卷 11 頁 31、《白鶴美術館誌》第 26 輯頁 155、《嚴集》（五）頁 1854、《殷周金文集成》（九）頁 32。其名稱有〈虢叔簋〉、〈虢叔盨〉、〈虢叔簋蓋〉、〈虢弔行盨〉。其銘文三行十一字，重文二字（器銘圖 92），隸定爲：

　　　　虢叔鑄行

　　　　盨，子孫永

　　　　寶用享。

　　「虢叔」與上述 10〈虢叔乍叔殷穀鬲〉、11〈虢叔障鬲〉、17〈虢叔叚〉之「虢叔」是同一人，亦爲〈虢叔旅鐘〉之「虢叔旅」。「行盨」是用之於行旅者會盟征伐之事也，此有別於祭器。此銘文語譯爲虢叔鑄作可行旅於外之用的盨器，希望子孫能永遠寶用它。

　　28. 虢季盨——西元 1990 年河南省三門峽市上村嶺虢國墓地 M2001 號出土〈虢季盨〉，銘文一行四字，隸定爲：

　　　　虢季作盨。

　　「虢季」與上述 2〈虢季鼎〉、18〈虢季簋〉之「虢季」是同一人，亦爲周宣王時之虢文公。此銘文語譯爲虢季鑄作盨器。

　　29. 虢叔簠——此簠著錄於《攗古》卷 2 之 1 頁 56、《愙齋》（十五）頁 6、《綴遺》卷 8 頁 11、《奇觚》卷 5 頁 20、《周金》卷 3 頁 149、《簠齋》（二）3 之 31、《小校》卷 9 頁 4、《三代》卷 1 頁 9、〈青島市文物管理委員會收集的幾件青銅器〉（《文物》西元 1964 年第 4 期），《金文集》（四）頁 74、《白鶴美術館誌》第 26 輯頁 378、《嚴集》（四）頁 1742、《殷周金文集成》（九）頁 152、《銘文選》（三）356。其名稱有〈虢叔簠〉、〈虢未簠〉、〈虢弔旅匠〉。此簠有二器，一器現藏於上海博物館，另一器舊爲陳介祺所藏，西元 1956 年二月青島市孫惠之先生捐贈此簠給文物管理委員會，今藏於青島市博物館，其銘文二行十字（器銘圖 93），隸定爲：

　　　　虢未（叔）乍旅匠

　　　　其萬年永寶。

　　「虢叔」與上述之 10〈虢叔乍叔殷穀鬲〉、11〈虢叔障鬲〉、17〈虢叔叚〉、

27〈虢叔行盨〉之「虢叔」是同一人，亦是〈虢叔旅鐘〉之「虢叔旅」。此銘文語譯是虢叔鑄作陳列有序的簋器，希望此簋能永遠寶用它。

30. 虢叔作叔殷穀簋——此簋著錄於《愙齋》（十五）頁 6、《小校》卷 9 頁 2、《三代》卷 10 頁 2、《彙編》（六）頁 522、《嚴集》（四）頁 1734、《白鶴美術館誌》第 26 輯頁 379、《殷周金文集成》（九）頁 142。其名稱有〈虢未簋〉、〈虢叔簋〉、〈虢弔匜〉、〈虢叔作叔殷穀簋〉、〈虢叔作叔殷穀簋蓋〉，此簋現藏於上海博物館，其銘文二行八字（器銘圖 94），隸定為：

　　　　虢叔作叔

　　　　殷穀尊簋。

「虢叔」與上述之 10〈虢叔乍叔殷穀鬲〉、11〈虢叔障鬲〉、17〈虢叔叚〉、27〈虢叔行盨〉、29〈虢叔簋〉之「虢叔」是同一人，亦是〈虢叔旅鐘〉之「虢叔旅」。此簋之銘文與〈虢叔乍叔殷穀鬲〉近同，僅有一「簋」之別。此銘文語譯為虢叔極為謹慎鑄作簋器。

31. 虢叔盂——此盂著錄於《綴遺》卷 28 頁 2、《周金》卷 4 頁 40、《貞松》卷 11 頁 2、《希古》金 5 頁 29、《三代》卷 18 頁 12 之 1、《金文選讀》頁 132、《嚴集》（九）頁 3782、《白鶴美術館誌》第 26 輯頁 380、《銘文選》（三）頁 357。其名稱有〈虢未盂〉、〈虢叔盂〉，此盂藏於山東省博物館。其銘文一行五字（器銘圖 95），隸定為：

　　　　虢弔（叔）乍旅盂。

「虢叔」與上述之 10〈虢叔乍叔殷穀鬲〉、11〈虢叔障鬲〉、17〈虢叔叚〉、27〈虢叔行盨〉、29〈虢叔簋〉、30〈虢叔作叔殷穀簋〉之「虢叔」是同一人，亦是〈虢叔旅鐘〉之「虢叔旅」。此銘文語譯為虢叔鑄作陳列有序的盂器。

32. 虢叔尊——此尊著錄於《積古》卷 5 頁 1、《攈古》卷 2 之 1 頁 25、《奇觚》卷 17 頁 4、《三代》卷 11 頁 27、《永壽》卷 2 頁 16、《白鶴美術館誌》第 26 輯頁 380、《嚴集》（六）頁 2634、《殷周金文集成》（十一）頁 136。其名稱有〈虢未尊〉、〈虢叔尊〉、〈虢弔尊〉。其銘文二行八字（器銘圖 96），隸定為：

　　　　虢叔作叔

　　　　殷穀障餯。

「虢叔」與上述之 10〈虢叔乍叔殷穀鬲〉、11〈虢叔障鬲〉、17〈虢叔叚〉、27〈虢叔行盨〉、29〈虢叔簋〉、30〈虢叔作叔殷穀簋〉、31〈虢叔盂〉之「虢叔」是同一人，亦是〈虢叔旅鐘〉之「虢叔旅」。此銘文語譯為虢叔極為謹慎

鑄作可陪嫁用之尊器。

33. 虢季子組卣——此卣僅著錄於《殷周金文集成》（十）頁 298，現藏於北京故宮博物院。銘文三行十五字，重文二字（器銘圖 97），隸定為：

虢季子緵（組）乍

寶彝，其萬年

孑孫永寶用。

「虢季子組」與上述之 13〈虢季氏子組鬲〉、19〈虢季氏子組段〉之「虢季氏子組」是同一人，為西周晚期或春秋早期人。此銘文語譯為虢季子組鑄作卣器，希望後世子孫能永遠寶用它。

34. 虢季氏子組壺——此壺著錄於《兩罍》卷 7 頁 4、《愙齋》（十四）頁 10、《綴遺》卷 13 頁 20、《周金》卷 5 頁 50、《小校》卷 4 頁 85、《三代》卷 12 頁 16、《通考》頁 439、《兩周》（三）頁 285、《白鶴美術館誌》第 34 輯頁 200、《嚴集》（七）頁 3187。其名稱有〈虢季子壺〉、〈周虢季子壺〉、〈虢季子緵敦〉、〈虢季氏子組壺〉。其銘文五行十五字，重文二字（器銘圖 98），隸定為：

虢季氏

子緵乍

寶壺，孑

孫永寶

其用言。

「虢季氏子組」與上述之 13〈虢季氏子組鬲〉、19〈虢季氏子組段〉、33〈虢季子組卣〉之「虢季氏子組」是同一人，為西周晚期或春秋早期。〔註101〕此銘文語譯為虢季氏子組鑄作壺器，希望子孫能永遠寶用它。

35. 虢季氏子組盤——此盤著錄於《周金》（下）卷 4 頁 8、《小校》卷 9 頁 77、《白鶴美術館誌》第 34 輯頁 200。其稱有〈虢季氏子緵盤〉、〈虢季氏子組盤〉。此器相傳在陝西鳳翔出土有八器，為陸建章所得，陸氏家業中墜，此盤流落於滬，今不知其去向。其銘文四行廿九字，重文一字（器銘圖 99），隸定為：

〔註101〕鄒安曰：「虢季氏子緵有壺、有盤、並有敦。考子緵與子白當是兄弟，子白稱虢季、子緵稱虢季氏，季本為氏，非行次，《左傳》虢仲、虢叔，王季之穆也。仲、叔為王季之後，故亦稱虢季氏或稱虢季。至子白、子緵為仲、叔何人，則不可考矣。」，語見《周金》（下）頁 812。

隹十又一年正月初
吉乙亥，虢季氏子
組乍盤，其萬年無
疆孑孫永寶用亯。

「虢季氏子組」與上述之〈虢季氏子組鬲〉、19〈虢季氏子組毁〉、33〈虢季子組卣〉、34〈虢季子組壺〉之「虢季氏子組」是同一人。此銘文語譯為在十一年正月初吉乙亥那一天，虢季氏子組鑄作盤器，希望能壽命無限，期盼孫能永遠寶用它。

36. 虢龘口盤——西元 1956、1957 年河南省三門峽市上村嶺虢國墓地M1820 出土 1 件〈虢龘口盤〉，此盤之形制與《通考》842〈楚嬴盤〉近同，為春秋晚期時器，其腹內鑄有銘文十一字，重文二字，隸定為：

虢龘口乍寶盤，孑孫永寶用。

「𧮫」，戴家祥隸定為「龘」，釋為「姐」（《金文大字典》頁 1553），即指婦女。「虢龘」蓋為虢國貴族之女子。此銘文語譯為虢國某婦女鑄作寶盤，希望子孫能永遠寶用它。

37. 虢金氏孫作寶盤——西元 1957 年河南省三門峽市上村嶺虢國墓地M1601 墓出土〈虢金氏孫乍寶盤〉一件，其銘文二行十二字，重文二字（器銘圖 100），隸定為：

虢金氏孫
乍寶盤孑
孫永寶用。

「虢金氏」是虢國春秋早期另一族系，與「虢季氏」應為同一宗族。此銘文語譯為虢金氏孫鑄作盤器，希望子孫能永遠寶用它。

38. 虢季匜——此匜著錄於《綴遺》卷 14 頁 7，其銘文二行七字（器銘圖 101），隸定為：

虢季乍仲
姬寶匜。

「虢季」或與上述之 2〈虢季鼎〉、18〈虢季簋〉、28〈虢季盨〉是同一人，即周宣王時之執政大臣虢文公，亦是虢厲公（虢公長父）之子。此銘文語譯

為虢季為仲姬鑄作貴重匜器。〔註102〕

39. 虢金氏孫作寶匜——此與上述之〈虢金氏孫作寶盤〉同出土於 M1601
墓，其銘文十二字，重文二字，隸定為：

虢金氏孫

乍寶盤，孑

孫永寶用。

此銘文大意為虢金氏孫鑄作匜器，希望子孫能永遠寶用它。

40. 虢季氏白盤——此盤著錄於《攗古》卷 3 之 2 頁 37、《綴遺》卷 7 頁
14、《奇觚》卷 8 頁 15、《周金》卷 4 頁 3、《籀高》卷 7 頁 18、《韡華》壬 2、
《獨笑》卷 3 頁 8、吳其昌《金文曆朔疏證》、《吉文》（四）頁 6、《雙文》（上）
頁 26、《小校》卷 9 頁 83、《評注》頁 117、《安徽通志金石古物考稿》、《三代》
卷 17 頁 19、《通考》頁 463、《文物參考資料》1950 年、高鴻縉〈虢季子白盤
考釋〉（《大陸雜誌》第 2 卷第 2 期）、《兩周》（三）頁 104、《積微》頁 148、
《金文選讀》頁 88、《彙編》（三）頁 88、《白鶴美術館誌》第 32 輯、《嚴集》
（八）頁 3698、《金文選注釋》頁 411、《金文選釋》頁 96。其名稱有〈虢季
子盤〉、〈虢季子白盤〉、〈虢季氏子白盤〉、〈周虢季子白盤〉。此盤相傳在道光
年間於陝西省郿縣禮邨田間溝岸中出土，村民當水槽飲馬用，徐燮鈞任郿縣
知事時，在陝西寶雞虢川司得之，載歸於常州（江蘇武進），同治三年（西元
1864 年）時，劉銘傳在常州攻打太平軍時，在護王陳坤書府中得此盤，運回
安徽合肥，並築盤亭以保護，自此之後此盤留在劉家有 85 年。民國 38 年 8
月劉肅曾捐獻此盤給中共，此盤遂存藏於北京中國歷史博物館。此盤銘鑄於
盤內，有八行，每十三字，其中合文三（「二年」、「五百」、「五十」），重文 4
（「趄、王、子、孫」），共 111 字（器銘圖 102），隸定為：

隹十又二年正月初吉丁亥，虢季子

白乍寶盤。不（丕）顯子白，壯（壯）武于戎工，

經綰四方、搏伐玁狁（狁），于洛之陽，折

首五百，執噝（訊）五十，是目先行。趄子白獻

戒（馘）于王，，孔加子白義，王各周廟宣

〔註102〕方濬益《綴遺》卷 14 頁 7：「匜从又作攸，象匜之有鋬，與〈商邱叔簋〉䢔
字从攴同意，又《說文》有攸字，訓敷也，从攴也聲，讀與施同，攸或即攸
之省文。」。

廚（榭）爰卿（饗）。王曰白父，孔覞又光。王賜（賜）

乘馬，是用左王。賜用弓彤矢其央。

賜用戉（鉞），用政（征）蠻方。子孫萬年無疆。

「隹十又二年正月初吉丁亥」，此年代有三說：（1）周夷王——郭沫若主此說，〔註103〕（2）周宣王——王國維、張石瓟、呂堯仙、張石洲、陳壽卿、方濬益、吳其昌、唐蘭、陳夢家、李學勤、洪家義主此說，〔註104〕（3）周平王——董作賓、傅孟真、高鴻縉主此說。〔註105〕按：「隹十又二年正月初吉丁亥」宜爲周宣王十二年（西元前816年）正月二日，其由有三：（1）出土地——此盤出土於陝西寶雞虢川司，是屬於西周時期虢國封地，故此盤宜爲西周時器，不該爲東周時小虢之器物。（2）史實——《詩‧六月》有記載周宣王北伐玁狁之事，與盤之銘文相合，且西周晚期在共和以後僅有周宣王在位年數有超過十二年。（3）文體書法——唐蘭認爲此盤文字是秦文字之始祖，尤其是秦景公時之〈秦公簋〉字體與此盤文字更爲接近，由此可見立國於陝西之秦國有承襲西周時期虢國之文化。〔註106〕「虢季子白」，虢季氏，子白名，即虢宣公之子，即〈虢宣公子白鼎〉之器主。「𤰈」，吳式芬、陳壽卿、方濬益、劉心源、吳闓生、黃公渚隸定爲「庸」；〔註107〕柯昌濟、于省吾、郭沫若、洪家義隸定爲「甹」，同「壯」；高鴻縉隸定爲「胄」。按：「𤰈」宜隸定爲「𤰈」，〈毛公鼎〉作𤰈，即古醬（將）字，𤰈、缶也，酉，缶均爲容器，此可讀爲

〔註103〕 《兩周》：「本器則與下出〈不娶殷〉同作于夷世者也。」《後漢書‧西羌傳》：『夷王命虢公率六師伐太原之戎，至于俞泉。』，此虢公即虢季子白，太原即〈禹貢〉所出之太原，在今山西中部，俞泉即〈不娶殷〉之俞。」。

〔註104〕 張石瓟把十二年釋爲十三年，推定爲周宣王十三年（西元前815年）正月七日；張石洲依羅次球以四分周術推算，「隹十又二年正月初吉丁亥」是周宣王十二年（西元前816年）正月三日；新城新藏《周初至春秋月朔干支表》指爲正月初二日，與張石洲相差一日。有關張石瓟、張石洲之說詳見於《攈古》頁1180、1187。

〔註105〕 高鴻縉除反駁王國維、郭沫若之說不確外，另從此盤字勢近秦篆及「于洛之陽」爲伊洛之洛，來考證此盤爲周平王十二年（西元前759年），其說詳見於〈虢季子白盤考釋〉，其文刊於《大陸雜誌》第2卷第2期。

〔註106〕 唐蘭從盤銘書法、盤銘年月、事實、文體四點來判定〈虢季子白盤〉是周宣王時器，與周夷王時之〈不娶簋〉是不同時之器。其詳見〈虢季子白盤的製作時代和歷史價值〉，其文刊於《唐蘭先生金文論集》。

〔註107〕 陳壽卿以爲「上作𤰈，從庚，下作夕，當爲用之半泐，是庸字，庸古同用，《說文》『庸、用也，從用』。」，語見《攈古》頁1192。

壯，《廣雅・釋詁》：「壯、健也」。「工」同功。「甾武于戎工」意爲虢季子白勇猛威武精擅於戰陣，曾立下大功。「縫」，吳式芬、劉心源、于省吾、黃公渚、郭沫若、洪家義隸定爲「縫」，同「維」；吳闓生、楊樹達隸定爲「縷」。按：「縫」宜隸定爲「縫」，通「維」，「經維四方」意爲經營四方。「𢾭」，吳式芬隸定爲「博」；方濬益、洪家義隸定爲「𢾭」，从干與〈不娶殷〉「戟」从戈是同意，𢾭又通「搏」；吳闓生隸定爲「薄」；于省吾隸定爲「博」，通「薄」；黃公渚隸定爲「博」，讀爲「薄」，迫也。按：「𢾭」宜隸定爲「𢾭」，通「搏」，擊也。「厰𤟭」，張石瓟以爲「上一字嚴省文，下一字假借作𤟭」；陳壽卿以爲「厰即玁，厰，《說文》：『崟也，一曰地名』，𤟭即狁，从允加𡵓，蓋厭麾之意，與玁之从敢加厂同。」；劉心源以爲「厰𤟭即玁狁」。按：厰𤟭即玁狁，亦作獫狁、葷粥、獯鬻、薰育、葷允，西周時期活躍於甘肅、陝西之北方。「于洛之陽」，蓋指甘肅省之合水、慶陽、鎮原、平涼、固原之地，此地皆在洛水之陽，亦即《詩・六月》所謂「太原」。〔註108〕「嘼」，吳式芬、陳壽卿、方濬益、吳闓生、于省吾、黃公渚、郭沫若、洪家義隸定爲「訊」；張石瓟隸定爲「僕」；劉燕隸定爲「繫」；孫詒讓隸定爲「絢」；劉心源隸定爲「緯」；鄭業斆隸定爲「絭」，同「纍」。按：「嘼」宜隸定爲嘼，通「訊」，《詩・采芑》與《詩・出車》有「執訊獲醜」，執訊指生擒者，折首指陣前斬獲者。「先行」是先爲獻捷，即《詩・六月》「元戎十乘，以先啓行」。「趄趄」通「桓桓」，即威武貌。「戓」，吳式芬、徐同柏、陳壽卿、黃公渚隸定爲「俘」；方濬益隸定爲「戓」，即戎；許印林、吳闓生、于省吾、郭沫若、洪家義隸定爲「馘」；劉心源、柯昌濟隸定爲「戓」，同「馘」，滅也；鄭業斆隸定爲「成」，告成也。按：「戓」，宜隸定爲「戓」，從戈從巛，巛象首上之髮形，即首之省文，典籍通作「馘」，《字林》：「馘，截耳則作耳（聝），獻首則作首（馘）」。「孔」，大也。「加」即嘉，稱贊之意。「義」，宜也，指虢季子白擊伐玁狁之戰功。「各」，至也。「周廟」指周之太廟。「宣廚」即宣榭，指講武臺，非周宣王之榭。「卿」，隸定爲「卿」，即「饗」之初文，饗者以酒食勞人，周宣王嘉許子白武功，爰於講武之地，行飲至第勳之禮。「賜」，吳式芬、方濬益、劉心源隸定爲「賜」，同「賜」。「賜用弓彤矢」，楊樹達以爲「弓」之上宜有「彤」字，因下有「彤矢」，故承下而省「彤」字。「央」，鮮明貌。「左」同佐，助也。「戉」，鉞之

本字。「政」通「征」。「緣」，「蠻」省。

此盤銘可分爲五層次：第一層次「隹十又二年正月初吉丁亥，虢季子白乍寶盤」，此敘述鑄盤時間；第二層次「不顯子白……是目先行」，是敘述虢季子白征伐玁狁之功勞；第三層次「趩趩子白……子白義」，是敘述虢季子白歸來獻俘；第四層次「王各周廟宣廚爰卿……用政緣方」，是敘述周宣王饗宴子白於周廟，賜以乘馬弓矢戉；第五層次「子子孫孫萬年無疆」是祝福之辭。此銘以方、陽、行、王、卿、光、王、央、方、疆爲韻。此銘文大意爲周宣王十二年正月初二那天，虢季子白鑄作寶盤，雄姿英發的子白，精擅於戰陣，曾建樹大功，經營四方，在洛水南面擊退玁狁，斬首五百人，生擒五十人，所以率先凱旋歸來。威武的子白，進獻敵首于周宣王，周宣王極力嘉勉子白盡忠職守。周宣王到太廟的講武堂，設宴款待功臣，而且說：「白父！這次表現是多麼的顯耀榮光，賞賜你四匹馬，以表彰你忠心佐助王室，賞賜你閃亮鮮明的弓與箭，賞賜你一把銅鉞，用來征討蠻方。」，希望子子孫孫能永遠珍藏此寶物。

41. 虢叔旅鐘——此鐘著錄於《積古》卷 3 頁 11、《釋銘》（一）頁 5、《攈古》卷 3 之 2 頁 1（有三器）、《愙齋》（一）頁 12（有三器）、《奇觚》卷 9 頁 30（有二器）、《古籀》（中）頁 6、《周金》卷 1 頁 6（有四器）、《韡華》甲 5、《陶續》卷 1 頁 3、《吉文》卷 2 頁 5、《雙文》上頁 2、《小校》卷 1 頁 79、《評注》頁 14、《綴遺》卷 1 頁 18（有三器）、《三代》卷 1 頁 57（有六器）、《筠清》卷 5 頁 15、《兩周》（三）頁 127、《積微》頁 104、《金文選讀》頁 5、《嚴集》（九）頁 4050（共有七器）、《銘文選》（三）頁 427、《金文選釋》頁 6、《殷周金文集成》（一）頁 263（共有七器）、《白鶴美術館誌》第 34 輯頁 60、〈上海博物館新收集的西周青銅器〉（《文物》西元 1981 年 9 期）、《彙編》（三）頁 123、《清儀閣所藏古器物文》、容庚《海外吉金圖錄》頁 285、《通考》頁 496。其名稱有〈旅鐘〉、〈虢卡鐘〉、〈虢叔鐘〉、〈虢叔旅鐘〉、〈虢叔大林鐘〉、〈虢叔旅作惠叔鐘〉、〈虢叔旅作皇考惠叔鐘〉。此鐘相傳在長安河壖中出土，其件數不詳，自此之後清代學者各有所收藏。今從現藏此鐘，蓋可得知有七器，〔註109〕其大小不一，且字數不均，此作成一表，以知其況：

〔註109〕王獻唐曾論述〈虢叔旅鐘〉，各書著錄有十器，三器銘文皆全，文 91 字，一器 90 字，缺虢字，一器 47 字，一器 29 字，一器 26 字，一器 20 字，一器 18 字，一器 14 字，其實 47 字、20 字、14 字之三器均是僞銘，其詳見王獻唐〈黃縣丁氏銅器〉，其文刊於《文物》1951 年第 8 期。

器　數	字　數	流　　傳	現　藏　處
第一器	91字	阮元舊藏	北京故宮博物院
第二器	91字	孫星衍、張叔未、沈仲復舊藏	日本東京書道博物館
第三器	91字	陳受笙、伊墨卿舊藏	
第四器	87字	潘祖蔭、端方、孫鼎舊藏	上海博物館
第五器	29字		
第六器	26字	胡定生、劉喜海、陳介祺舊藏	日本京都泉屋博古館
第七器	18字	曹秋舫、李山農、丁幹圃舊藏	山東省博物館

　　此以第一器之銘文爲例，以了解其在歷史文獻之價值。此器在鉦間銘文四行四十一字，在鼓右銘文六行五十字，共有九十一字（器銘圖103），〔註110〕隸定爲：

<blockquote>

虢弔（叔）旅曰不顯皇考叀（惠）弔（叔）

穆穆秉元明德，御于氒辟，毣（得）

屯（純）亡敃。旅敢啓（肇）帥井（型）皇考

威儀，□御于天子，迶（由）天子

多易旅休。旅對天

子魯休揚，用乍朕皇

考叀叔大替龢鐘。

皇考嚴才上，異（翼）才下，

數數叀叀，降福多福。旅其

萬年子子孫孫永寶用享。
</blockquote>

　　「虢叔旅」，呂調陽以爲周穆王時人，吳鎮烽以爲周孝王、夷王時人，柯昌濟、馬承源以爲周厲王時人。〔註111〕按：〈虢叔旅鐘〉與上述之 10〈虢叔

〔註110〕〈虢叔旅鐘〉傳世有七器，四器各鑄一篇銘文，另三器合銘，然其總數未達91字。第一、二、三器銘文相同；第四器少「虢、秉、啓、御」四字，僅87字；第五器 29 字「虢叔旅曰不顯皇考叀叔，穆穆秉元明德，御于氒辟，毣屯亡敃，旅敢啓帥井」；第六器僅26字「皇考威儀，□御子天子，迶天子多易旅休，旅對天子魯休揚，用乍朕」；第七器僅18字「皇考叀叔大替龢鐘，皇考嚴在上，異在下，數數」。

〔註111〕柯昌濟曰：「虢叔旅，當是周室卿士，名又見〈虢攸從鼎〉『王命相史南以□虢旅』，即其人也，〈虢攸從鼎〉舊以三統術推知爲厲王時器，旅當爲厲王時人也，殆即《國語》之虢文公。」，語見《韡華》甲5。

乍叔殷毀鬲〉、11〈虢叔障鬲〉、17〈虢叔殷〉、27〈虢叔行盨〉、29〈虢叔簠〉、31〈虢叔盂〉、32〈虢叔尊〉是同一族人或爲同一人，陳夢家《西周銅器斷代》將〈鬲攸從鼎〉與〈虢叔旅鐘〉列在周夷王時器，故虢叔旅宜在孝王或夷王之時，與在周宣王之虢文公是不同人。「不顯」即丕顯，意爲光明正大，用于對天子、諸侯、祖先德行之歌頌贊美。「穆穆」威嚴貌，「秉元明德」意爲秉持正大純眞無瑕之品德。「御于辟」意爲竭誠懇摯侍奉天子。「旱屯亡敃」即得純亡敃，〔註112〕意爲一切表現皆爲完美無缺憾。「旅敢啟帥荆皇考威儀」意爲虢叔旅自今以後敢於遵循先父惠叔之典範。「𩟦」，阮元、孫詒讓、劉體智隸定爲「爲」，吳大澂、劉心源、黃公渚隸定爲「歙」（同「飮」），吳闓生隸定爲「龔」（同「恭」）。按：「𩟦」隸定爲「歙」字爲是。飮御，侍燕也。飮御于天子，言侍飮于天子也。「卣」，與由同。「錫」，賞賜也。休，指美好之物。「旅對天子魯休揚」，此係倒裝句，即旅對揚天子魯休；對揚、冊封時之儀式，指受賜者對賜者報以歌頌贊揚之辭；魯休，嘉美完善之意。「𣏟」，古「林」字，從二木亩聲，龢鐘即編鐘，大林龢鐘是律中林鐘之鐘也。「嚴在上翼在下」猶云儼然，如在其上，如在其左右。「數數𢾾𢾾」，數即豐之古體，爲象聲詞，指擊鐘之聲豐豐然宏大，是形容鐘聲宏亮。

此鐘爲虢叔旅侍燕於王，受王賞賜，歸而作器，稱揚先人之美。此鐘銘可分三層次：第一層次「不顯皇考……旱屯亡敃。」，此讚美先父惠叔有懿善之德；第二層次「旅敢啟帥井皇考威義……降旅多福」，此說明虢叔旅受天子之賞賜，將其賞賜之物，鑄成編鐘，且以此祭祀先父，以祈求多福；第三層次「旅其萬年子孫永寶享用」，此說明虢叔旅希望後世子孫能以此編鐘爲寶而永存。此銘文語譯爲虢叔旅說：「光明正大的先父惠叔，悉持他靜肅純美的德行，侍奉天子，一切表現都是完美無缺，自今以後我敢於遵循先父的典範。在侍飮於天子時，承蒙天子賞賜美好之物，我對於天子所賞賜美好之物，要用來爲我先父惠叔鑄作一套大林編鐘，在祭祀時，先父儼然在左右上下之間，且敲擊宏亮鐘聲，希望能降臨更多祥福。我也希望後世子孫能永保此鐘。

42. 虢太子元徒戈──西元 1956 年河南陝縣上村嶺虢國墓地中之 M1052 墓出土兩件〈虢太子元徒戈〉，此戈現藏於中國歷史博物館，戈銘二行六字，隸定爲：

─────────────────

〔註112〕阮元作「得純祚攸」，吳大澂、黃公渚作「得純無敃」，劉體智作「得屯亡射」，劉心源、孫詒讓、吳闓生、于省吾、郭沫若、馬承源作「旱屯亡敃」（旱通「得」）。

虢大子

元徒戈。

古言天子之長子稱太子，諸侯之長子稱世子，此戈銘文「虢太子」，可見在西周時期對於貴族之長子尚遵守禮制，東周以後，諸侯之長子亦有稱「大子」。「元」爲虢太子之名。「徒戈」是徒率所用之戈。由器形與銘辭，可知此戈約略在春秋早期。

43. 元戈──西元 1957 年河南陝縣上村嶺 M1721 墓出土一件〈元戈〉，現藏於中國歷史博物館，著錄於郭沫若〈三門峽出土銅器二三事〉（《文物》西元 1959 年第 1 期）、《嚴集》頁 4217、《殷周金文集成》（十七）頁 92。此戈爲春秋早期之器，上有銘文一字「元」，郭沫若以爲「戈上有一凸出的人頭形，蓋即『元』字的形象化，元是人頭的意思，所謂『勇士不忘喪其元』」。

44. 宮氏白子元杏戈──西元 1956 年、西元 1957 年河南三門峽上村嶺 M1705 墓出土二件〈宮氏白子戈〉，現藏於中國歷史博物館，著錄於〈1957 年河南陝縣發掘簡報〉（《考古通訊》西元 1958 年第 11 期）、郭沫若〈三門峽出土銅器二三事〉（《文物》西元 1959 年第 1 期）、《嚴集》頁 4336、《殷周金文集成》（十七）頁 263。此戈爲春秋早期之器，上有銘文六字「宮氏白子元杏」（器銘圖 104），郭沫若以爲「宮氏伯子元殆即虢太子元，史籍所載，虞有宮之奇，當晉文公時，可證古有宮氏，所謂『宮氏伯子』或即虢太子元標示其母所自出」。

第五節　虞、荀、賈、蘇與東西周青銅器銘文釋義

虞、姬姓國，魯僖公五年（西元前 655 年）爲晉所滅，故城在今山西省平陸縣東北，金文作「虞」，亦作「吳」，現知該國有銘文之青銅器不多，僅有三器，此陳述於下：

1. 吳彭父𣪘──此𣪘著錄於《貞松》卷 5 頁 30、《澂秋》頁 16、《希古》金 3 頁 20、《小校》卷 8 頁 12、《三代》卷 8 頁 10、《兩周》（三）頁 246、《周金》卷 3 頁 65。其名稱有〈庚孟敦〉、〈吳彭父敦〉、〈吳彭父𣪘〉、〈吳尨父𣪘〉、〈吳彖父敦〉、〈吳彭父凵皇且庚孟𣪘〉、〈吳彭父乍且考庚孟敦〉。此𣪘共有二件，各件有器與蓋，器與蓋上有銘文四行十九字，重文二字（器銘圖 105），隸定爲：

吳彭父乍皇

且（祖）考庚孟障

殷，其萬年子

孫永寶用。

「吳」即「虞」，與吳越之吳不同，吳越之吳，金文作「攻敔」、「攻吳」。「🔣」，羅振玉隸定爲「彡」，陳寶琛、劉承幹隸定爲「彣」，劉體智隸定爲「彪」，郭沫若隸定爲「尨」，按：「🔣」宜隸定爲「彪」；吳彪父，吳鎭烽以爲「西周晚期人」。「庚孟」，郭沫若以爲「庚」爲祖之名，「孟」爲考之名。此銘文語譯爲吳彪父爲祖父庚、先父孟鑄作殷器，希望後世子孫能永遠寶用它。

2. 虞司寇壺——此壺著錄於《攈古》卷 2 之 3 頁 30、《愙齋》（十四）頁 9、《綴遺》（十三）頁 13、《周金》卷 5 頁 43、《雙文》（下）2 頁 6、《小校》卷 4 頁 90、《三代》卷 12 頁 21、《兩周》（三）頁 246、《金文集》（四）頁 75、《白鶴美術館誌》第 34 輯。其名稱有〈虞司寇壺〉、〈虞司寇白映壺〉、〈虞司寇伯吹壺〉。此壺有二件，各件有器與蓋，器與銘文各廿二字，重文二字（器銘圖 106），隸定爲：

虞司寇白

吹作寶壺用

享用孝用蘄

眉壽子孫

永寶用之。

「🔣」，此虞从虍从吳，與小篆字形近似，上述〈吳彪父殷〉之「吳」則少「虍」。「司寇」是負責掌管刑獄糾察等事。「🔣」，鄒安隸定爲「如」、于省吾隸定爲「唉」、劉體智隸定爲「映」、郭沫若隸定爲「吹」，按：「🔣」宜隸定爲「吹」，吹同「龡」字，《周禮・春官・籥師》「掌教國子舞羽龡籥」，龡从龠从欠，象人吹龠之形，吹字以口換龠，「伯吹」蓋爲司寇之名，或爲春秋早期時人。此銘文語譯爲虞司寇名伯吹鑄作寶壺，用來祭祀祖先神靈，也祈求能得長壽，希望子孫永遠寶用它。

3. 虞侯政壺——相傳山西省黎城縣出土一件〈虞侯政壺〉，此壺是方壺，西元 1979 年 9 月山西省文物商店收進此壺，現藏於山西省博物館，此壺銘文字體、格式與〈賈子匜〉相近，蓋爲兩周之際器物。此壺內頸有銘文四行廿二字，重文二字（器銘圖 107），隸定爲：

惟王二月初吉

　　　　壬戌，虞侯歔（政）

　　　　乍寶壺，其邁（萬）

　　　　年子孫永寶用。

　　「虞侯政」是虞國國君，名政，春秋早期人。此銘文語譯爲：在周王二月初吉壬戌那一天，虞侯政鑄作壺器，希望後世子孫能永遠寶用它。

　　荀，姬姓國，魯桓公九年（晉武公十三年，西元前 703 年），晉武公滅荀，以荀地賜大夫原氏黯，陳槃以「荀」同「郇」、「筍」，現知荀國有銘文銅器僅三器，此敘述於下：

　　1. 荀伯大父盨──此盨著錄於《綴遺》卷 9 頁 11、《韡華》（丁）頁 7、《周金》卷 3 頁 158、《貞松》卷 6 頁 40、《希古》金 4 頁 13、《小校》卷 9 頁 34、《三代》卷 10 頁 35。其名稱有〈荀伯簋〉、〈筍白簋〉、〈荀伯大父簋〉、〈筍伯大父簋〉、〈筍白大父乍嬴妃簋〉。此盨之蓋與器各有銘文三行十六字，重文一字（器銘圖 108），隸定爲：

　　　　荀白大父乍

　　　　嬴妃鑄寶盨

　　　　其子孫永寶用。

　　方濬益以爲「荀、郇、筍」是同一字。〔註113〕「荀伯大父」，吳鎮烽以爲西周晚期人。「𩇤」，方濬益隸定爲「妵」，以爲「妵」从尨爲龍之象形；柯昌濟隸定爲「孃」，以爲孃妃蓋女子之名；劉體智、羅振玉隸定爲「嬴」；按：「𩇤」，宜隸定爲「嬴」，象蝸牛出首負殼其紋重疊之形，銘文多用爲姓氏字，如春秋時之秦、徐、江、黃、郯、莒皆嬴姓國，故「嬴妃」爲嬴姓國之女子。「盨」，方濬益、羅振玉、劉承幹、劉體智皆隸定爲「簋」，此宜隸定爲「盨」。「寶」，方濬益、羅振玉、劉體智隸定爲「寶」，劉承幹隸定爲「匋」，按：羅振玉以爲「匋即寶字」，楊樹達以爲此說訛誤，宜是「假匋爲寶」，因匋讀與缶同，而寶字从缶聲，故「匋寶」二字聲音相通。此銘文語譯爲荀伯大父爲嬴妃鑄作寶盨，希望子孫能永遠寶用它。

　　2. 荀侯盤──西元 1961 年 10 月 30 日陝西省長安縣張家坡因築路取土發

<hr/>

〔註113〕方濬益曰：「筍……經傳作荀，古今字也。《說文》旬……旬……無筍字，邑部郇……今觀此與鼎甗二銘（〈伯筍父鼎〉、〈鄭伯筍父甗〉）知，古荀字本作筍，郇以國名，从邑爲後起字。」此語見《綴遺》卷 9 頁 11、12。

現有一坑銅器群 53 件，其中有〈筍侯盤〉一件，銘文三行十三字（器銘圖 109），
隸定爲：

筍侯乍叔

姬朕（媵）般（盤），其

永寶用卿（饗）。

「筍」同郇，周文王之子所封國，故爲姬姓。「叔姬」，郭沫若以爲「此
叔姬殆即〈白庸父作叔姬鬲〉之叔姬，筍侯，當即伯庸父」。吳鎭烽以爲筍侯
是西周中期筍國國君。「𝄠」，隸定爲「卿」，象兩人相向就食之形，爲饗字之
初文，本義爲饗食，由此可知盤不僅作水器用，尚可作食器用。此銘文語譯
爲筍侯爲叔姬鑄作陪嫁用之盤器，希望此盤器能永遠作爲饗宴之用。

3. 荀伯匜——西元 1974 年山西省聞喜縣上郭村出土一件〈荀伯匜〉，此
匜現藏於山西省博物館，銘文三行十四字（器銘圖 110），隸定爲：

筍（荀）侯稽乍寶

盅（匜），其萬壽

子孫永寶用。

吳鎭烽以爲「筍侯稽，名稽，春秋早期筍國國君」。此銘文語譯爲筍侯稽
鑄作珍貴之匜器，希望後世子孫能永遠寶用它。

賈，姬姓國，周康王封唐叔虞少子公明於賈（在今山西襄汾縣東），後爲
晉所滅，以賈賜狐射姑爲食邑。現知賈國有銘文銅器僅一件，即〈賈子匜〉，
此匜在西元 1974 年出土於山西省聞喜縣上郭村，現藏於山西省博物館，銘文
四行十六字，重文二字（器銘圖 111），隸定爲：

隹王二月

貯（賈）子己父

乍寶盅（匜），其

子孫永用。

「賈」，隸定爲「貯」，史籍假賈爲貯，賈貯字聲可通。「貯子己父」，吳
鎭烽以爲「賈子名己父，春秋早期人，賈國國君。」此銘文語譯爲在周王二
月貯國國君名己父鑄作珍貴匜器，希望子孫能永遠享用它。

蘇，己姓國，周武王封司寇蘇忿生於溫（在今河南溫縣西南），魯僖公十
年（西元前 650 年），因蘇子無信，狄滅溫，後晉文公以狐溱爲溫大夫。西元

1956 年、西元 1957 年曾在河南三門峽上村嶺出土蘇氏媵女之器，可知虢蘇兩國有世通婚姻。現知蘇國有銘文之青銅器九器，此依序加以陳述：

1. 蘇冶妊鼎——此鼎著錄於《積古》卷 4 頁 9、《釋銘》（二）頁 10、《攈古》卷 2 之 2 頁 23、《夢郼》卷上頁 11、《周金》卷 2 頁 52、《雙文》（下）（一）頁 20、《小校》卷 2 頁 70 之 4、《三代》卷 3 頁 36、《通考》頁 300、《兩周》頁 242、《白鶴美術館誌》第 34 輯頁 74、《銘文選》頁 908。其名稱有〈魚冶妊鼎〉、〈穌冶妊鼎〉、〈蘇冶妊鼎〉、〈蘇冶妊鼎〉、〈穌冶妊乍虢妃魚母鼎〉。此鼎銘文三行十四字，重文二字（器銘圖 112），隸定為：

　　穌（蘇）冶妊乍虢
　　妃魚母膌（媵），子
　　孫永寶用。

「𤎅」，此宜隸定為「穌」，是从魚从木，亦即从「艸」之「蘇」。「穌冶妊」乃妊姓女嫁於蘇君為夫人，冶為此夫人之字。「虢妃魚母」為蘇妃嫁於虢國者，魚母為虢妃之名，亦即冶妊之女。此銘文語譯為蘇國夫人冶妊為其即將出嫁於虢國之女魚母鑄作陪嫁之寶鼎，希望子孫能永遠寶用它。由此鼎可知虢蘇常有通婚，且虢國取蘇國女子為妃，可見兩國之關係非比尋常。

2. 蘇衛改鼎——此鼎著錄於《韡華》乙頁 4、《周金》卷 3 頁 58、《貞松》卷 2 頁 41、《小校》卷 2 頁 52、《三代》卷 3 頁 17、《澂秋》頁 3、《陶續》卷 1 頁 19、《恒軒》（上）頁 15、《長安獲古編》卷 1 頁 8、《攈古》卷 2 之 1 頁 33、《敬吾》（上）頁 26、《白鶴美術館誌》第 34 輯頁 73、《銘文選》頁 909。其名稱有〈穌改鼎〉、〈衛妃鼎〉、〈穌衛妃鼎〉、〈穌衛改鼎〉、〈檽衛改鼎〉、〈蘇衛妃鼎〉、〈蘇衛改鼎〉。此鼎共有四器，有一器現藏於山東省博物館。此鼎銘文二行九字（器銘圖 113），隸定為：

　　穌（蘇）衛改（妃）乍
　　旅鼎，其永用。

「蘇衛妃」，吳鎮烽以為「西周末期或春秋早期蘇國女子嫁於衛國」。「旅鼎」是宴席上陳列有序之鼎器。此銘文語譯為蘇國女子嫁到衛國當夫人，她鑄作陳列有序之鼎器，希望此寶鼎能永遠享用它。

3. 寬兒鼎——此鼎著錄於《周金》（下）卷 2 補遺頁 1659、《韡華》乙頁 47、《貞松》卷 3 頁 24、《雙文》下 1 頁 21、《吉文》卷 1 頁 36、《小校》卷 3 頁 5 之 2、《善彝》頁 105、《安徽通志金石古物考稿》（一）頁 11、《三代》卷

4 頁 13、《通考》頁 301、《兩周》頁 244、《白鶴美術館誌》第 34 輯頁 78、《銘文選》頁 910。其名稱有〈鬶兒鼎〉、〈寬兒鼎〉、〈寘兒鼎〉、〈鬶兒鼎〉、〈寬兒鼎〉、〈蘇公孫鼎〉。此鼎現藏於台北國立故宮博物院，其銘文五行三十字，自左及右排列（器銘圖 114），隸定為：

> 隹正八月初吉，
>
> 壬昌（申），蘇公之孫
>
> 鬶（寬）兒睪（擇）其吉金
>
> 自乍飤廨。眉壽
>
> 無其（期）永保用之。

「隹正八月」即王正之八月。「壬昌」宜隸定為壬申。「蘇公之孫」，柯昌濟以為「蘇公孫殆自謂武王司寇蘇忿生之裔孫也」。「鬶」，鄒安、吳闓生隸定為「鬶」，羅振玉隸定為「寬」，于省吾、容庚、郭沫若、馬承源隸定為「鬶」，按：「鬶」宜隸定為「寘」，即寬字。〔註114〕「蘇公之孫寬兒」即蘇國後裔子孫名寬兒，蓋為春秋中期或晚期人。「鬶」，羅振玉、劉體智隸定為「彝」、柯昌濟、郭沫若、馬承源隸定為「廨」，于省吾、容庚隸定為「翷」，吳闓生隸定為「麞」，按：「鬶」宜隸定為「翷」，從勹鬲聲，是鼎彝之別名。「其」，宜隸定為「其」，即「期」字。此銘文語譯為：在王八月初吉壬申那一天，蘇國後裔子孫名寬兒選擇上等之銅，鑄作飲食之用的鼎器，希望緜延長壽，永遠能保用它。

4. 穌子叔作鼎——西元 1957 年在河南陝縣上村嶺虢國墓地 M1753 號墓，出土一件〈穌子叔作鼎〉，其內有銘文二行四字（器銘圖 115），隸定為：

> 穌子
>
> 弔（叔）乍

此蓋為蘇子名叔所鑄作之鼎，吳鎮烽以為「西周晚期或春秋早期人」。此鼎為蘇國器物陪葬於虢國墓地中，此又可證明在當時蘇虢聯姻之事例。

5. 蘇公子啟——此啟著錄於《筠清》卷 3 頁 39、《攟古》卷 2 之 3 頁 11、《周金》卷 3 頁 63、《小校》卷 8 頁 16 之 2、《三代》卷 8 頁 12、《兩周》（三）頁 244、《白鶴美術館誌》第 34 輯頁 73、《清乙》卷 12 頁 37、《貞松》卷 5 頁

〔註114〕郭沫若以為「寬即寬字，與〈齊侯盤〉及〈齊侯鎛〉同字，從莧聲，莧乃莧之緐文，與莧形聲俱相近」，此語見《兩周》（三）頁 244。

29、《通考》頁 351。其名稱有〈周寶敦〉、〈周蘇公敦〉、〈穌公子敦〉、〈穌公子𣪕〉、〈蘇公子敦〉、〈蘇公子𣪕〉、〈穌公子癸父甲敦〉、〈穌公子癸父甲𣪕〉、〈蘇公子癸父甲𣪕〉。此𣪕有二器，各有銘文四行二字，重文二字（器銘圖116），隸定為：

　　穌公子癸父

　　甲乍障𣪕，其

　　萬年無疆，子

　　孫永寶用旨。

　　「公」，吳榮光以為「公疑即公字」，吳式芬、劉體智、張廷濟隸定為「公」，按：金文「公」字不從厶而從○、呂或⊙，故「公」宜隸定為「公」。「穌公子癸父甲」即蘇公子名甲字癸父。〔註115〕此銘文語譯為蘇公子名甲字癸父鑄作𣪕器，希望自己能長年百歲，也期許子孫能永遠享用它。

　　6. 蘇公𣪕──此𣪕著錄於《恒軒》頁 32、《愙齋》（十二）頁 5、《奇觚》卷 3 頁 8、《小校》卷 7 頁 76 之 2、《三代》卷 7 頁 21、《兩周》（三）頁 242、《白鶴美術館誌》第 34 輯頁 70。其名稱有〈穌公敦〉、〈穌公𣪕〉、〈蘇公敦〉、〈蘇公𣪕〉、〈穌公乍王妃敦〉。此𣪕共有二器，其銘文有二行十字（器銘圖117），隸定為：

　　穌公乍王改（妃）

　　羞𣪕永寶用。

　　「穌公」，此云公者，蓋子爵而為三公也，吳鎮烽以為「西周晚期或春秋早期蘇國國君」。「王妃」乃蘇女嫁於周王室。「羞」，吳大澂、劉體智隸定為「羞」，郭沫若以為「即王妃名，字不識」，按：「羞」暫隸定為「羞」，「羞𣪕」既可進獻用之𣪕器。此銘文語譯為蘇公為出嫁於周王室之女兒，鑄作可進獻用之𣪕器，希望永遠享用它。

　　7. 甫人盨──此盨著錄於《貞松》卷 6 頁 37、《雙文》下（三）頁 4、《吉文》卷 4 頁 6、《小校》卷 9 頁 28 之 2、《善彝》頁 223、《三代》卷 1 頁 30、《通考》頁 362、《兩周》（三）頁 243、《白鶴美術館誌》第 34 輯頁 77。其名

〔註115〕郭沫若曰：「此乃蘇之公子名甲字癸父者所作器，古人名字並舉時，率字上名下，此名甲字癸父猶鄭石癸名癸字甲父，羅振玉謂『其文當是穌公子癸作父甲尊𣪕，文倒爾』，失之。」，語見《兩周》（三）頁 244。

稱有〈甫人簋〉、〈甫人盨〉、〈爲甫人簋〉、〈爲甫人盨〉。此器郭沫若以爲「此蓋蘇甫人所自作器，銘首所缺二文，蓋即蘇公」，故將此盨列爲蘇國器，相傳是陝西西安出土，其蓋內有銘文三行十五字（器銘圖 118），隸定爲：

　　□□爲甫人

　　行盨，用征用

　　行，邁（萬）歲用尙。

「□□」，此缺二字，郭沫若以爲「蘇公」。「甫人」爲蘇國男子名稱。〔註116〕「行盨」猶云「旅簋」，隨王行軍征戰時用。「用征用行」，用以行軍征戰。「尙」借爲享。此銘文語譯爲蘇公爲甫人鑄作行軍征戰用之盨器，希望在征戰中能隨行使用，且永遠配享先祖。

　　8. 蘇甫人匜——此匜著錄於《愙齋》（十六）頁 25、《綴遺》卷 14 頁 8、《奇觚》卷 8 頁 30、《周金》卷 4 頁 30、《簠齋》（二）匜 5、《獨笑》卷 4 頁 8、《小校》卷 9 頁 59 之 1、《三代》卷 17 頁 29、《兩周》頁 243、《白鶴美術館誌》第 34 輯頁 75。其名稱有〈穌甫人匜〉、〈穌甫人匜〉、〈蘇甫人匜〉、〈穌甫人乍孎妃襄匜〉。其銘文二行九字（器銘圖 119），隸定爲：

　　穌甫人乍孎，

　　妃襄賸（媵）匜。

「穌甫人」與上述〈甫人盨〉之「甫人」宜是同一人。「![字]」，吳大澂、劉心源、方濬益、劉體智隸定爲「孎」，劉心源、鄭業斅以爲孎即姪，〔註117〕按：「![字]」，宜隸定爲孎，此孎或爲某氏族名。「孎妃襄」是蘇國之女子名襄，嫁於孎氏，此「孎妃襄」之語法與上述〈蘇峀妊鼎〉之「虢妃魚母」同。此銘文語譯爲蘇甫人爲出嫁於孎氏之女兒（名襄），鑄作可陪嫁用之匜器。

　　9. 甫人父匜——此匜著錄於《陶齋》卷 3 頁 37、《周金》卷 4 頁 30 及卷 5 頁 10、《小校》卷 9 頁 59 之 2、《三代》卷 17 頁 29、《攗古》卷 2 之 1 頁 55、《綴遺》卷 14 頁 7、《兩周》（三）頁 244、《積微》卷 2 頁 65。其名稱有〈甫

〔註116〕甫人姓蘇，所鑄器有二匜，一匜銘：「穌甫人作孎妃襄賸匜」，一匜銘：「甫人父作旅匜，其萬人（年）用。」

〔註117〕劉心源曰：「孎即姪，《汗簡》引義雲章姪作![字]，而《說文》不載。考〈孎妊壺〉作![字]、〈索姬盤〉作![字]，是孎爲姪古文也。」，語見《奇觚》卷 8 頁 30。
鄭業斅曰：「《汗簡》據義雲章![字]出字，釋爲姪……《十駕齋養新錄》云姪、娣本雙聲字……案姪亦作孎，可證古音。」，語見《獨笑》卷 4 頁 8。

人匜〉、〈甫人父匜〉、〈甫人兒觥〉。此匜有二器，蓋與器皆有銘文二行十字（器銘圖 120），隸定爲：

　　　　甫人父乍旅

　　　　匜，其萬人用。

　　「甫人父」，郭沫若以爲「甫人父當即蘇甫人」。「萬人」，方濬益以爲「讀與萬年同」，郭沫若以爲「人字依彝銘通例推之，疑叚爲年」。〔註118〕此銘文語譯爲甫人父鑄作成陳列有序之匜器，希望此匜器能永遠享用它。

　　10. 蘇冶妊盤──此盤著錄於《貞松》卷 1 頁 27（作〈穌冶妊∐虢妃盤〉、《希古》金 5 頁 21（作〈穌□妊肵〉）、《小校》卷 9 頁 73 之 1（作〈穌冶妊乍虢妃魚母盤〉，有二器）、《小校》卷 17 頁 9（作〈穌冶妊盤〉）。其銘文有三行十五字，重文二字（器銘圖 121），隸定爲：

　　　　穌冶妊乍虢

　　　　妃魚母肵（盤），子

　　　　孫永寶用之。

　　此盤銘文與上述〈蘇冶妊鼎〉略有差異，「臘」字改爲「盤」字，此盤在銘文最後多增一「之」字。此銘文語譯爲蘇國夫人冶妊爲其即將出嫁於虢國之女魚母鑄作盤器，希望子孫能永遠寶用它。

　　東周以後，周王室偏居於洛陽，其王權驟然貶落，無法以「天子」號令諸侯，而青銅器鑄作之質與量，亦已非西周時期之盛況。西元 1928 年河南洛陽金村墓葬群出土青銅器，是現知東周青銅器發現量最多之一次，其餘皆是零星散見。據已確知著錄有九器，此依序陳述：

　　1. 公朱右自鼎──《殷周金文集成》（四）頁 121 著錄一件〈公朱右自鼎〉，現藏於中國歷史博物館，其銘文一行四字（器銘圖 122），隸定爲：

　　　　公朱右自（官）

　　黃盛璋以爲「公脒即宮廚，亦作公朱……朱讀爲廚。新鄭鄭韓城內一宮廚遺址出土陶文有『公脒吏』、『朱脒』、『脒』，同出有大量牛羊雞等殘骨，確

〔註118〕方濬益曰：「萬年作萬人者，古音讀年與人同，蓋年从禾千聲，千从十人聲，《詩‧鳲鳩》榛、人、年，〈甫田〉田、千、陳、人、年，〈江漢〉人、田、命、年爲韵，是人年二字同音之證，古同音字，恒得相通叚也。」語見《綴遺》卷 14 頁 7。楊樹達亦以爲「人」字乃假爲「年」字，且依章炳麟娘日古音歸泥説，以證明「年」字从「人」聲，其詳見《積微》卷 2 頁 65。

證其地爲厨，『公脒』、『左脒』、『脒』皆是厨字，……『自』爲東周『官』字，至于左、右官則屬于宮中之宮。」〔註119〕按：由銘文意義，可知青銅器到戰國時已著重於其實用性，此與西周時期銘鑄王室祭典、征伐獻俘、分封諸侯等有所不同。

2. 公朱右自鼎——《殷周金文集成》（四）頁 269 著錄一件〈公朱右自鼎〉，此鼎曾著錄於《美帝國主義劫掠的我國殷周青銅器錄》R434，現藏於美國紐約康恩氏。其銘文共有八字，蓋銘四字作「公朱右自（官）」，器銘四字作「尹孝子貞（鼎）」（器銘圖 123）。「孝子」是合文，此與〈滑孝子鼎〉同，「尹」蓋爲周大夫或卿士。以「貞」爲「鼎」是東周銘刻常例。

3. 公朱左官鼎——西元 1960 年陝西臨潼戲河庫出土一件〈公朱左官鼎〉已由臨潼文化館保存，其銘文共有廿七字，蓋面近邊處有刻銘四字作「公朱（厨）左自（官）」，腹外一側橫刻銘文五行廿三字作「十一年十一月乙巳朔左自（官）冶大夫杕命冶喜鑄貞（鼎）容一斛」（器銘圖 124）。丁耀祖從字體與花紋，認定此鼎是「秦代遺物」，黃盛璋、何琳儀以爲此鼎是「東周器物」。日人新城新藏《戰國秦漢長曆圖》推算「十一年」爲周安王十一年（西元前 391 年）。此銘文語譯爲在周安王十一年十一月初一乙巳那一天，左官冶大夫名杕命冶工名喜鑄作一件可容一斛之鼎器。由此銘可知，其內容包含有鑄器時間、鑄器官員及工人、鼎之容量。

4. 公脒左官鼎——《殷周金文集成》（四）頁 257 著錄一件〈公脒左官鼎〉，現藏於上海博物館，器蓋同銘，凡八字（器銘圖 125），最後三字不易確認，隸定爲：

公脒左自（官）貞（鼎）□□□

黃盛璋在〈新發現之戰國銅器與國別〉中以爲「這件〈公脒左官鼎〉國別可以肯定屬東周，東周以『貞』爲『鼎』……最後三奇字中末尾一字當是『爲』字，前二字則爲工匠之名，現不能確認。」，由於戰國時期青銅器銘文大多爲刻鑿，已非往昔範疇之字體，故其銘文難以確認。

5. 彳亘公右官鼎——《殷周金文集成》（四）頁 121 著錄一件〈彳亘公右自鼎〉，西元 1957 年中共文化部文物局將此鼎撥交北京故宮博物院，現藏於此院。此

〔註119〕此語見〈新發現之戰國銅器與國別〉，其文刊於《文博》1989 年第 2 期。李學勤以爲此「左右官」均爲「宮廷的食官」，此語見〈考古發現與東周王都〉，其文收錄於《新出青銅器研究》。

器已殘，其銘文四字（器銘圖 126），隸定爲：

　　　徢公右自（官）

「徢」疑爲此人之姓，「公」系爲「公」字，「自」是爲「官」，此鼎蓋爲戰國晚期之器。

　　6. 滑孝子鼎——此鼎著錄於《殷周金文集成》（四）頁 121，現藏於中國歷史博物館，其銘文四字，其中二字是合文（器銘圖 127），隸定爲：

　　　滑耆

「滑」，黃盛璋以爲滑在春秋是東周附近之地，是周之世族，後爲晉所有。〔註 120〕「孝子」二字是合文作「㝈」，《殷周金文集成》隸定爲「斿子」，此宜隸定爲「孝子」，前述 2 之〈公朱右自鼎〉銘文「孝子」，亦是同字體。

　　7. 笨鼎——《殷周金文集成》（四）頁 240 著錄〈笨鼎〉一件，此鼎現藏於北京故宮博物館，其銘文六字，「世」字合文（器銘圖 128），隸定爲：

　　　笨，一孚世一豖。

「笨」，黃盛璋以爲「依東周銘刻體例，當表宮室之名」。「孚」是重量單位，相當於「鋝」，有半兩、大半兩、六兩等不同說法，楊寬以爲「一孚」約在 1400 克或 1600 克之間。「世」下之符號，黃盛璋以爲是「合文符」，其意不明。「豖」，何琳儀以爲通「鍾」，是容量單位。此鼎銘文大意是說明此鼎之重量及容量。

　　8. 東周左官壺——此壺著錄於《善齋》卷三頁 50、《三代》卷 12 頁 12、梅原末治《戰國式銅器研究》圖 76。其銘文有二行十三字（器銘圖 129），隸定爲：

　　　廿九年十二月，爲

　　　東周左自（官）佰（酒）壺

「廿九年」，唐蘭推定爲周顯王廿九年（西元前 340 年）。「佰」，李學勤隸定爲「佰」，通「酒」；何琳儀以爲通「飲」；按：壺爲酒器，故「佰」通「酒」爲宜。此銘文大意爲在周顯王廿九年十二月東周左官鑄作盛酒用之壺。

〔註 120〕黃盛璋曰：「《左》成十三年（西元前 578 年）所謂『殄滅我費滑』，杜預注：『滑國都費，今爲緱氏縣，后爲周緱氏邑』，《左》昭廿二年（西元前 520 年）：『子朝作亂，晉荀躒帥師軍于緱氏』是也，東周亡時僅有七縣，最後一縣就是緱氏，滑孝子可能古滑國之后裔，地最後入周，今偃師境內尚存滑故址，即滑國都」，語見〈新發現之戰國銅器與國別〉，其文刊於《文博》1989 年第 2 期。

9. 周王戈——西元 1935 年河南汲縣山彪鎮 M1 號墓出土一件〈周王戈〉，援上鑄有七字（器銘圖 130），隸定爲：

　　周王叚之元用戈

「𤳊」，高曉梅隸定爲「叚」，以爲「殳」與「瑜」聲韵俱近，故認爲「周王叚」是東周定王；周法高隸定爲「阪」，通「捷」，以爲東周定王庶兄王子札；馬承源隸定爲「叚」，通「丂」，以爲此戈爲周敬王之戈。按：「𤳊」是從𠂤從刀從又，是在𠂤下取物兩手相付之形，而「叚」與「丂」爲古音義相通字，故此宜隸定爲「叚」，「周王叚」即周敬王（西元前 519 年至西元前 476 年）。「元用」係用在周代王室或貴族之隨身兵器銘文，含有專用、吉祥之意，故「元用戈」即專用戈。此銘文大意爲周王叚專用之戈。

第六節　魏國青銅器銘文釋義

自三家分晉後，韓趙魏偏居一隅，各自爲政。魏國青銅器除在歷史文獻有所記載外，在近世亦出土不少有銘文之青銅器，此青銅器有飪食器、酒器，還有爲數頗多之兵器，由於可知魏國青銅器隨時代改變而有所發展。此將魏國約略有卅器銘文之青銅器一一陳述於下：

1. 二年寍鼎——此鼎著錄於《三代》卷 3 頁 24、《貞松》卷 2 頁 48、《積微》頁 235、李學勤〈戰國題銘概述〉（《文物》西元 1959 年第 8 期。下列陳述中，若有提到期刊論文不再重述作者與期別）、黃盛璋〈試論三晉兵器的國別和年代及其相關問題〉（《考古學報》西元 1974 年第 1 期）、《殷周金文集成》（四）頁 302、《嚴集》（一）頁 419、黃盛璋〈三晉銅器的國別年代與相關制度問題〉（《古文字研究》第 17 輯）。其名稱有〈二年窋鼎〉、〈二年寍鼎〉、〈二年□子鼎〉、〈窋□子鼎〉。其銘文四行十二字（器銘圖 131），隸定爲：

　　二年寍
　　冢字尋
　　冶譜爲
　　朋四分䨄

「二年」，黃盛璋以爲「魏惠王二年（西元前 368 年）」。「寍」，黃盛璋以

爲「寧原爲晉地，戰國屬魏」，〔註121〕寧地當在今河南省獲嘉縣之西北，修武縣之東，是魏國冶鑄業之地。〔註122〕「冢子」爲職官之名，當即〈十三年梁上官鼎〉「冢子」。「肘」，李學勤、黃盛璋以爲通「鼎」，即小鼎也。「一斖」爲 7228 毫升，「四分斖」是四分之一斖，即 1800 毫升左右。〔註123〕此銘文是說明刻鑄時間、監造者、製造者及容量，「寧冢子导」是寧地監造者，「冶譜」是製造者，「爲肘四分斖」是記載容量。此銘文語譯爲：在魏惠王二年寧地冢子官名导監督，冶工名譜，鑄造小鼎，其容量有 1/4 之鼎。

2. 十七年平陰鼎蓋——西元 1952 年浙江文管會徵集一件〈十七年平陰鼎蓋〉，後著錄於曹錦炎〈平陰鼎蓋考釋〉（《考古》西元 1985 年第 7 期）、《殷周金文集成》（五）頁 23、黃盛璋〈新發現之戰國銅器與國別〉（《文博》西元 1989 年第 5 期）。其銘文五行廿字（器銘圖 132），隸定爲：

　　　十七年叚
　　　工師王馬重
　　　眠（視）一吏鐙
　　　冶敬才
　　　平陰□四分

「十七年」，黃盛璋以爲「魏惠王十七年」（西元前 353 年）。「叚」，曹錦炎讀爲「瑕」，黃盛璋隸定爲「郤」，地在當今河南鞏縣西南。「眠吏」即「視事」，是魏器特有之職官名稱，有涖官治事之意，魏器中之「視事」蓋爲主管造器之吏，地位低于「令」而高於「冶」。「平陰□四分」，字迹有別於前四行，蓋爲第二次所刻，且「平陰」是鼎之用地而非造鼎之地，故其加刻爲該鼎之容量。東周亡於秦時尚有七縣，其中一縣爲平陰，地在洛陽縣東北 50 里。「平陰」下一字「 」，因有缺筆，黃盛璋以爲「容」字。「容四分」即容量四分之一斖。此銘文有鑄造時間、地點、主辦者（眠吏）、製造者（冶），此鼎原

〔註121〕黃盛璋引證《左》文五年（西元前 622 年）及《戰·魏策》、《史·魏世家》，以說明「寧」爲魏國之重鎮，且舉出〈十二年寧右庫劍〉、方足布有「寧」皆爲魏國之器。其詳見〈三晉銅器的國別年代與相關制度問題〉。

〔註122〕傳世魏國銅器是寧地所鑄，除〈二年寧鼎〉外，尚有〈廿七年寧鈿〉〈十二年寧右庫劍〉及鑄有「寧」字之方足布。

〔註123〕「斖」是一種專用之計容單位名稱，一斖約合 7200 毫升。斖是一個特定之量，不具備度量衡量單位之特點。目前所見實物以「斖」爲計容單位，僅限於銅鼎，這類銅鼎均是記有一定量之容器，而不是常用之量器。

造於鄴，後轉用於平陰，其大意爲梁惠王十七年，在鄴地工師名王馬重、視事者名鐙、冶工名敬才鑄造此鼎，此鼎轉用於平陰，又記載其容量有 1/4 齋。

3. 梁十九年鼎──此鼎著錄於《評注》頁 516、《殷周金文集成》（五）頁 140、〈三晉銅器的國別年代與相關制度問題〉、《銘文選》（四）900、李學勤〈論梁十九鼎及有關青銅器〉（收錄於《新出青銅器研究》）。其名稱有〈梁十九年鼎〉、〈梁亡智鼎〉、〈梁十九年亡智鼎〉，此鼎現藏於上海博物館。其銘文一周卅六字（器銘圖 133），隸定爲：

> 梁十九年亡智眔兼嗇夫庶魔睪（擇）吉金鑄肘（鼏），少夅（半）。穆穆魯辟，儣（祖）省朔旁（方），訇（信）于茲行，鬲（歷）年萬丕承。

「梁十九年」，魏原定都安邑，因近秦，魏惠王九年（西元前 361 年）遷都大梁，故梁十九年宜爲魏惠王十九年（西元前 351 年）。「亡智」，人名，亡與無同，用爲「亡智」名，另有二鼎，即〈梁廿七年四分鼎〉與〈梁廿七年半齋鼎〉。「眔」，連詞，及也。「嗇夫」，官名，「庶魔」，嗇夫名。「少夅」當爲少半齋，即 1/3 齋，約 2400 毫升。「穆穆」，讚美詞，莊嚴之意；「魯」，嘉也；「辟」，君也。「朔方」，在今河套地區內，魏屬上郡，《史·魏世家》記載魏惠王十九年築長城。「儣省朔方」是前往視察長城竣工。「訇于茲行」意爲亡智有幸能隨行魏君至北方。「鬲年萬丕承」即金文「萬年永寶用」之用語，意爲歷萬年相承嗣。此銘辭有敘事兼記載容量；是春秋與戰國兩期銘文之綜合體。此銘文語譯爲魏惠王十九年亡智及嗇夫（名庶魔）選擇上等金銅鑄造此鼎，其容量有 1/3 齋，莊嚴美好之魏惠王前往北方視察，亡智有幸隨從，希望後世子孫能永遠寶用此鼎。

4. 梁廿七年四分鼎──此鼎著錄於《筠清》卷 5 頁 53、《攈古》卷 2 之 2 頁 57、《古餘》卷上頁 47、《周金》卷 2 頁 46、《韡華》（乙）頁 26、《小校》卷 1 頁 79、《三代》卷 3 頁 43、〈戰國題銘概述〉、〈試論三晉兵器的國別和年代及其相關問題〉、丘光明〈試論戰國容量制度〉（《文物》西元 1981 年第 10 期）、《中國古代度量衡圖集》頁 362、《嚴集》（二）頁 486、《殷周金文集成》（五）頁 44、〈三晉銅器的國別年代與相關制度問題〉。其名稱有〈大梁鼎〉、〈漢大梁鼎〉、〈廿七年鼎〉、〈梁廿七年鼎〉、〈廿七年大梁司寇鼎〉、〈廿七年大梁司寇肖無智鼎〉、〈梁廿七年四鼎〉。其銘文一周十七字（器銘圖 134），隸定爲：

梁廿又七年大梁司寇亡智鑄，爲量容四分。

「梁廿又七年」是魏惠王廿七年（西元前 343 年）。〔註124〕「趙亡智」與上述〈梁十九年鼎〉之「亡智」是同一人。此銘文語譯爲魏惠王廿七年魏國司寇趙亡智鑄造上鼎，其容量爲 1/4 𩰬，約 1800 毫升。

5. 梁廿七年半𩰬鼎——此鼎著錄於《上海博物館藏寶錄》頁 20、〈試論三晉兵器的國別和年代及其相關問題〉、《中國古代度量衡圖集》頁 358、《嚴集》（二）頁 487、《殷周金文集成》（五）頁 44、《銘文選》（四）901、〈三晉銅器的國別年代與相關制度問題〉。其名稱有〈大梁鼎〉、〈廿七年大梁鼎〉、〈梁廿七年上官鼎〉、〈梁廿七年半𩰬鼎〉、〈廿七年大梁司寇鼎〉、〈廿七年大梁司寇肖無智鼎〉，此鼎現藏於上海博物館。其銘文一周廿字（器銘圖 135），隸定爲：

　　梁廿又七年大梁司寇肖（趙）亡智鈽（鑄），爲量膚𢀽（半）𩰬，下
　　官。

「梁廿又七年」是魏惠王廿七年（西元前 343 年）。「爲量膚𢀽𩰬」即容量爲半𩰬，此鼎容積爲 3570 毫升。「下官」是第二次所刻，是用器之處。此銘文有鑄造時間、地點、監造者及容量，此鼎與上述〈梁廿七年四分鼎〉僅是容量差異而已，其銘文語譯爲在梁惠王廿七年大梁司寇趙亡智鑄造此鼎，此鼎容量爲半𩰬。

6. 三十年虒鼎——此鼎著錄於《小校》卷 2 頁 98、《錄遺》頁 522、〈戰國題銘概述〉、《嚴集》（一）頁 445、《殷周金文集成》（四）頁 325、〈三晉銅器的國別年代與相關制度問題〉。其名稱有〈卅年釜〉、〈卅年鼎〉、〈卅年虒鼎〉、〈卅二年鼎〉。蓋器同銘，銘文有二行十四字（器銘圖 136），隸定爲：

　　卅年虒端（令）癰眂（視）吏
　　駧，冶巡鑄，庸（容）四分。

「廿」下有「二」，黃盛璋以爲「非二字，乃表合文」，且以爲「卅年」是魏惠王卅年（西元前 340 年）。「𠦜」是从厂从虍，黃盛璋隸定爲「虒」，春秋時爲晉地，《左》昭八年（西元前 534 年）有「虒祁之宮」，「虒祁」地在今山西侯馬市附近。「鈽」，于省吾隸定爲「釜」；黃盛璋隸定爲「鈽」，是「鑄」字簡寫；按黃氏之言爲是。此銘文有鑄造時間、地點、監造者、主辦者、製造者及容量，其語譯爲魏惠王卅年虒命名癰、監造者名駧、冶工名巡鑄造此

〔註124〕吳榮光誤認爲「漢梁王之器」，其詳見《筠清》卷 5 頁 54。

鼎，其容量爲 1/4 䰿。

7. 卅五年瘪鼎——此鼎著錄於丘光明〈試論戰國容量制度〉、〈三晉銅器的國別年代與相關制度問題〉。此鼎現藏於北京故宮博物院，其銘文二行十八字（器銘圖 137），隸定爲：

　　　卅五年瘪命（令）周共，眂（視）吏

　　秋，冶期鑄，庸（容）半䰿。下官。

此鼎銘文格式與〈卅年瘪鼎〉類似，僅年代、人名、容量有異而已，其語譯爲魏惠王卅五年（西元前 335 年）瘪令名周共、視事者名秋、冶工名期鑄造此鼎，其容量爲 3600 毫升。

8. 信安君鼎——西元 1979 年 6 月陝西省武功縣游鳳公社浮沱村社員鄭峰在村旁取土，挖掘一件〈信安君鼎〉，[註125] 其鼎著錄於羅昊〈武功縣出土平安君鼎〉（《考古與文物》西元 1981 年第 2 期）、裘錫圭〈武功縣出土平安君鼎〉（《考古與文物》西元 1982 年第 2 期）、《嚴集》（二）頁 531、《殷周金文集成》（五）頁 166、〈三晉銅器的國別年代與相關制度問題〉、李學勤〈論新發現的魏信安君鼎〉（收錄於《新出青銅器研究》），此鼎現藏於陝西省武功縣文化館。此鼎器銘有七行廿五字，蓋銘六行廿四字（器銘圖 138），隸定爲：

器　銘	蓋　銘
詢（信）安君私	詢（信）安君私官
官庸（容）伞（半），眂	庸伞，眂（視）吏
吏司馬䭾	䭾，冶痃
冶王石，	十二年受
十二年受	二益六釿
九益，	下官庸（容）伞（半）。
下官庸（容）伞（半）。	

「㝊」，羅昊隸定爲「評」，通「平」；裘錫圭、黃盛璋隸定爲「詢」，通「信」；按裘、黃二氏所言爲是，「信安君」蓋爲魏襄王之近親，《戰》卷廿三，

〔註125〕羅昊、李學勤以爲此鼎是衛國器，其詳見羅昊〈武功縣出土平安君鼎〉（《考古與文物》西元 1981 年第 2 期），李學勤〈秦國文物的新認識〉（《文物》西元 1980 年第 9 期）。裘錫圭、黃盛璋以爲是魏國器，其詳見裘錫圭〈武功縣出土平安君鼎讀后記〉（《考古與文物》西元 1982 年第 2 期）。李學勤在〈論新發現的魏信安君鼎〉（收錄在《新出青銅器研究》，改此鼎是魏國器）。

有記載其事。〔註 126〕「⿰宀⿱厶口」即私官合文，同于〈長信侯鼎蓋〉之「私官」，魏封君設有私官，可以造器。「⿱八十」即「半」字，今實測此鼎容積 3569.75 毫升。「眂吏」即視事，職官。「⿰司」爲司馬合文，司馬是姓氏，蓋銘省去「司馬」二字。「十二年受九益」爲第二次續刻，此「十二年」係指魏襄王十二年（西元前 307 年）。「⿱爫又」，羅昊、黃盛璋隸定爲「受」；裘錫圭、李學勤隸定爲「再」；〔註 127〕按：此暫取羅、黃二氏之說。「益」即「鎰」，是重量單位，此鼎實測爲 2842.5 克，故「一鎰」爲 315.85 克。「釿」是小於「鎰」之重量單位，若以十進位計算，「一鎰」等於十釿，上鼎蓋有「二益六釿」，實測此鼎蓋有 787.3 克，一釿爲 30.28 克。「下官庸⿱八十」是第三次續刻，其銘文記載轉交于用器之地點。此銘文語譯爲信安君所設立之私官、視事者名司馬攽、冶工名王石（另有一冶工名疢）鑄造此鼎，其容量有半齏；魏襄王十二年記載此鼎其重量爲九鎰（鼎蓋爲二鎰六釿）；此鼎又轉用於下官，記載其容量爲半齏。

　　9. 垣上官鼎──此鼎著錄於《殷周金文集成》（四）頁 135、〈新發現之戰國銅器與國別〉（《文博》西元 1989 年第 2 期）。此鼎現藏於上海博物館。其銘文五字（器銘圖 139），隸定爲：

　　　　垣上官胸（容）斛。

　　「垣」字橫刻，「垣」原爲魏地，魏武侯二年（西元前 394 年）與十四年（西元前 392 年）兩次曾於此建城。魏昭王四年（西元前 292 年）秦將白起攻魏取垣，又以垣還魏，六年（西元前 290 年）秦以垣易蒲阪、皮氏兩地，七年（西元前 289 年）秦左更錯攻取垣，蓋垣自此入秦。垣地在今山西垣曲縣東南。「上官胸斛」四字是橫刻，「胸」通「容」，「斛」見於〈安邑下官鍾〉，是容量單位，鼎一斛之容量多少有待實測。

　　10. 卅六年私官鼎──西元 1966 年四月陝西省咸陽塔兒坡出土一件〈卅六年私官鼎〉，此鼎著錄於〈陝西咸陽塔兒坡出土的銅器〉（《文物》西元 1975 年第 6 期）、〈試論戰國容量制度〉、《嚴集》（二）頁 516、《殷周金文集成》（五）頁 77、〈三晉銅器的國別年代與相關制度問題〉。此鼎現藏於咸陽市博物館。蓋銘有二字，器銘有二十字（器銘圖 140），隸定爲：

〔註 126〕《戰》卷廿三：「秦召魏相信安君，信安君不欲往，蘇代爲說秦王曰……夫魏王之愛習魏信也，甚矣。……。」，魏信可能是信安君之名。

〔註 127〕裘氏以爲「再」即「稱」字，有「稱量輕重」之意，其詳見〈武功縣出土平安君鼎讀后記〉。

私官（蓋銘）。

卅六年工師（師）瘨，工疑，一斗半正，十三斤八兩十四朱（器銘）。

「私官」掌飲食之食官，「私官」與「上官」、「下官」均爲魏國職官。器銘二十字，係入秦後所校刻。「卅六年」，黃盛璋以爲秦昭王卅六年（西元前271 年），此爲魏安釐王六年。「工師」與「工」是秦之官制。「一斗半正」，此鼎用水測量 3000 毫升，一斗均爲 2000 毫升。「十三斤八兩十四朱」，此鼎之重量 3500 克，以此計算一斤爲 258 克。此鼎銘文語譯爲魏安釐王六年，工師名瘨、冶工名疑鑄造此鼎，此鼎容量是一斗半，重量是十三斤八兩十四朱。

11. 享陵鼎——此鼎著錄於《殷周金文集成》（五）頁 100、黃盛璋〈魏享陵鼎銘考論〉（《文物》西元 1989 年第 11 期）。其名稱有〈享陵鼎〉、〈廿三年槀朝鼎〉，此鼎現藏於上海博物館。器銘刻在先，有十二字，蓋銘刻在後，有十二字（器銘圖 141），隸定爲：

十九年邛弋爲亯（享）陵肦（鼎），脑（容）半齋（器銘）

廿三年槀朝爲亯（享）脑（容）半齋□（蓋銘）

「邛」，黃盛璋以爲「邛是姓，邛姓當與邛城有關」，《玉篇》邛字下曰山陽邛成縣，「邛成」在今山東武城縣東南，春秋屬衛，地近齊國，戰國時衛爲魏之附庸，故邛成亦當屬魏。「弋」其旁銹掩不清，黃盛璋隸定是「弋」，以爲「叔」之一部分，「邛叔」是人名，爲邛成之顯貴官員。「享陵」是魏王陵墓；在墓中建置供祭享之所在，謂之「享堂」。〔註128〕「肦」從月才聲，魏器除此鼎有「肦」字外，尚見於其他三器中，如〈二年寧鼎〉、〈梁十九年鼎〉、〈廿八年平安君鼎〉，肦是鼎之異名。「齋」是魏遷都大梁後所用量制。「槀」，黃盛璋以爲是「高」。此鼎銘文年代有「十九年」與「廿三年」，魏遷都大梁後，在位廿三年以上之魏王有魏惠王（51 年，西元前 369 年至西元前 319 年）、魏襄王（23 年，西元前 318 年至西元前 296 年）、魏安釐王（34 年，西元前276 年至西元前 243 年），是以目前尚無法確認屬於那一王。此銘文語譯爲在魏王十九年任享陵之官邛叔鑄造此鼎，其容量爲半齋，魏王廿三年任享陵之官高朝再使用此鼎，又重新記載其容量是半齋。

12. 廿八年平安君鼎——西元 1978 年冬河南省泌陽縣官莊村北崗出土一

〔註128〕黃盛璋曾舉出三例戰國有享陵制度，一爲 1950 年輝縣趙固三座魏國大墓；二爲 1978 年河北平山戰國中山錯墓葬出土〈兆窆圖〉；三爲近年在邯鄲與永年二縣發現五處墓葬；其詳見〈魏享陵鼎銘考論〉。

件〈廿八年平安君鼎〉，此鼎著錄於〈河南泌陽秦墓〉（《文物》西元 1980 年第 9 期）、〈試論戰國容量制度〉、《嚴集》（二）頁 530、《殷周金文集成》（五）頁 186、〈三晉銅器的國別年代與相關制度問題〉、《銘文選》（四）頁 798。其名稱有〈平安邦鼎〉、〈坪安君鼎〉、〈平安君鼎〉、〈平安君銅鼎〉、〈廿八年平安君鼎〉。此鼎現藏於河南省駐馬店文管會。蓋銘二組，一組為十行廿三字，又一組為八行十六字；器銘二組，一組為八行十八字，又一組為七行十六字（器銘圖 142），隸定為：

蓋　　銘		器　　銘	
廿八年	卅三年	廿八年	卅三年
平安	單父	平安	單父
邦冶	上官	邦冶	上官
客肵（鼏）	宰翼	客肵（鼏）	宰翼
四分鬴	所受	四分鬴	所受
一益	平安	六鎰	平安
十釿	君者	半釿	君者也。
夲（半）釿	也。	之冢（重）。	
四分釿			
之冢（重）。			

「廿八年」，黃盛璋以為「魏安釐王廿八年（西元前 249 年）」。〔註129〕「平安邦」是平安君所封之地。「肵」通鼏，此鼎實測容量為 6700 毫升，故「四分鬴」是 1675 毫升，此與一般魏器「1/4 鬴是 1800 毫升」略微差異。「益、釿」均為重量單位，鼎蓋重實測是 600 克，器重實測是 6800 克，黃盛璋測量一鎰是 297 克，一釿是 38.56 克。「單父」地名，戰國初屬衛，魏安釐王十六年（西元前 261 年）長平戰後，為魏所得，至秦統一天下，故單父是魏東面重鎮，僅次於大梁，地在今山東省曹縣境。「𩇨」，馬承源隸定為「宰」，是庖宰之省，翼其名。此鼎在「廿八年」第一次刻，「卅三年」轉用於單父又續刻。

〔註129〕李學勤、丘光明以為此鼎是衡器，故鼎銘「卅三年」是衛嗣君（孝襄侯）卅三年（西元前 292 年），其詳見李學勤〈秦國文物的新認識〉（《文物》西元 1980年第 9 期）與丘光明〈試論戰國容量制度〉（《文物》西元 1981 年第 10 期）。

此銘文語譯爲廿八年平安邦之冶工名客鑄造此鼎，其容量爲 1/4 斎，重量爲一益 10¾鈢，卅三年在單父上官處任庖宰名奠，從平安君手中接受此鼎。

13. 梁上官鼎——此鼎著錄於《攈古》卷 1 之 3 頁 41、《愙齋》（六）頁 19、《愙賸》（下）頁 8、《奇觚》卷 11 頁 8、《古餘》卷上頁 15、《周金》卷 2 頁 63、《韡華》（乙）頁 40、《簠齋吉金錄》鼎類 22、《小校》卷 2 頁 37、《三代》卷 2 頁 53、〈戰國題銘概述〉、〈試論戰國容量制度〉、《中國古代度量衡圖集》頁 360、《巖集》（一）頁 294、《殷周金文集成》（四）頁 288、〈三晉銅器的國別年代與相關制度問題〉、《銘文選》（四）頁 899。其銘稱有〈梁鼎〉、〈品分鼎〉、〈梁上官鼎〉、〈上官鼎〉、〈漢上官鼎〉，此鼎現藏於北京故宮博物院。器銘一行七字，蓋銘二行六字（器銘圖 143），隸定爲：

　　宜訁（信）冡子庸（容）三分。（器銘）

　　梁上官（蓋銘）

　　庸（容）三分

「宜訁冡子庸三分」是第一次刻，「宜訁」即宜信，魏地，封地於宜信稱爲宜信君，此名見於馬王堆帛書《戰國縱橫家》二六。「冡子」爲上官之長官。「容三分」即容量爲 1/3 斎，此鼎實測爲 2381 毫升，一斎 7143 毫升。「梁上官庸三分」是第二次刻，上官是用器之處。此銘文語譯爲在宜信任冡子之官鑄造此鼎，其容量爲 1/3 斎，後轉用於上官，其容量亦是 1/3 斎。

14. 內黃鼎——此鼎著錄於《清乙》卷 4 頁 15、《寶蘊樓彝器圖錄》頁 33、《通考》頁 305、《中華文物集成》（一）頁 21、〈三晉銅器的國別年代與相關制度問題〉。其名稱有〈黃鼎〉、〈周黃鼎〉、〈內黃鼎〉、〈漢弦紋鼎〉，此鼎舊藏於清宮，今藏於台北故宮博物院。蓋銘二字，器之左耳銘文三字，器之右耳三字（器銘圖 144），隸定爲：

　　黃（蓋銘）

　　內黃庸（容）半（半）斎（器銘）

《清乙》以爲此鼎是漢器，黃盛璋以爲「內黃，戰國屬魏」，故宜屬魏器；按：內黃在河南省陽陰縣東，戰國魏黃邑，〔註130〕漢置內黃縣，以陳留郡有外黃，故加「內」字。故銘文語譯爲此鼎爲內黃之地所造，其容量有半斎。

〔註130〕《史·趙世家》趙肅侯十七年（西元前 333 年）趙「圍魏黃不克」，正義：「黃城在魏州」。

15. 弗官鼎——此鼎著錄於《尊古齋金石集》、〈試論戰國容量制度〉、《中國古代度量制度》、《中國古代度量衡圖集》、《殷周金文集成》（四）頁 212、〈三晉銅器的國別年代與相關制度問題〉。其名稱有〈弗官鼎〉、〈十年弗官容齋鼎〉。此鼎現藏於中國歷史博物館。鼎耳有銘刻一行六字（器銘圖 145），隸定爲：

十年弗官庸（容）齋。

《路史・國名紀》丁：「弗，費也，一作郮，今河南緱氏滑都也」，弗在春秋是滑國地，戰國是宋地，宋滅後則屬魏，地在今河南偃師縣南。「弗官」，黃盛璋以爲「弗上（下）官之略」。「庸齋」是容量一齋，實測爲 7190 毫升。此銘文語譯魏王十年時，弗地官員鑄造此鼎，其容量是一齋。

16. 卅二年平安君鼎——此鼎著錄於《恒軒》（上）頁 21、《愙齋》（六）頁 19、《愙贉》（下）頁 19、《韡華》（乙）頁 44、《小校》卷 3 頁 11、《三代》卷 4 頁 20 之 1、〈戰國題銘概述〉、《上海博物館藏寶錄》頁 110、《中國古代度量衡國集》頁 364、《嚴集》（三）頁 596、《殷周金文集成》（五）頁 156、〈三晉銅器的國別年代與相關制度問題〉、《銘文選》（四）頁 799。其名稱有〈平安鼎〉、〈平安君鼎〉、〈卅二年坪安君鼎〉、〈卅二年平安君鼎〉，此鼎現藏於上海博物館。此鼎銘文是兩次刻成，第一次所刻有腹銘八行廿一字，蓋銘八行九字，第二次所刻有腹銘八行十六，蓋銘二行二字（器銘圖 146），隸定爲：

第　一　次		第　二　次	
腹　銘	蓋　銘	腹　銘	蓋　銘
卅二年平安邦冶客庸（容）四分齋、五益六釿半釿四分釿	平安邦冶客膚四分齋	卅三年單父上官宰奠所受平安君者也	上官

此鼎銘文與上述（12）〈廿八年平安君鼎〉相類似，僅是有「廿八年」與「卅二年」之差別，故宜屬同一時之器，「卅二年」是魏安釐王卅二年（西元前 245 年）。此鼎實測容量是 1400 毫升，「四分齋」即 1/4 齋，其容量爲 5600 毫升，與一般魏器容量有 7200 毫升頗有懸殊。此鼎實測重量是 1980 克，「五益六釿半釿四分釿」即五益 6.75 釿，一益有 348.5 克，此與〈廿八年平安君鼎〉實測重量一益是 297 克，略有出入。此銘文語譯爲卅二年平安邦之冶工名客，鑄造此鼎，其容量爲 1/4 齋，卅三年在單父上官處任庖宰名奠，從平安君手中接受此鼎。

17. 十三年梁上官鼎——此鼎著錄於《愙齋》（六）頁 20、《愙贉》（下）

頁 17、《陶齋》卷 5 頁 10、《周金》卷 2 頁 47、《小校》卷 2 頁 75、《尊古》卷 3 頁 49、《三代》卷 3 頁 40 之 4、〈戰國題銘概述〉、〈試論戰國容量制度〉、《嚴集》（二）頁 472、《殷周金文集成》（五）頁 31、〈三晉銅器的國別年代與相關制度問題〉。其名稱有〈上官鼎〉、〈梁陰鼎〉、〈秦上官鼎〉、〈十三年上官鼎〉、〈十三年梁上官鼎〉，此鼎現藏於北京故宮博物院。銘文一周十七字（器銘圖 147），隸定爲：

　　　　十三年梁陰命（令）率，上官冢子疾冶乘鑄庸半（半）。

　　「梁陰」，地名。「冢子」爲職官之名，即〈二年寧鼎〉之「冢子」。此鼎實測爲 3614 毫升，每秉合爲 7228 毫升。此銘文語譯爲十三年時梁陰令名率，上官冢子名疾，冶工名乘鑄造此鼎，其容量爲半秉。

　　18. 上樂床鼎——此鼎著錄於《三代》卷 2 頁 53 之 7、《貞松》卷 2 頁 30、《通考》頁 305、〈戰國題銘概述〉、《積微》頁 236、〈試論戰國容量制度〉、《嚴集》（二）頁 294、《殷周金文集成》（四）頁 167、〈三晉銅器的國別年代與相關制度問題〉。其名稱有〈上樂鼎〉、〈上樂床鼎〉、〈上樂床三分鼎〉。此鼎現藏於北京故宮博物院，銘文一周六字（器銘圖 148），隸定爲：

　　　　上樂床庸（容）三分。

　　「上樂」，黃盛璋以爲「宮名」，「床」即廚字。「三分」即 1/3 秉，此鼎實測爲 2480 毫升，一秉合算爲 7440 毫升。

　　19. 上員床鼎——此鼎著錄於〈戰國題銘概述〉、《嚴集》（二）頁 295、《殷周金文集成》（四）頁 167、〈三晉銅器的國別年代與相關制度問題〉。其銘文一周六字（器銘圖 149），隸定爲：

　　　　上員床庸（容）四分。

　　「上員」，黃盛璋以爲「宮室名」。「床」與上述〈上樂床鼎〉之「床」同，即「廚」字。「四分」即 1/4 秉。

　　20. 四分鼎——此鼎著錄於《武英》頁 32、《小校》卷 2 頁 36、《三代》卷 2 頁 36 之 2、《嚴集》（一）頁 190、《殷周金文集成》（四）頁 83、〈三晉銅器的國別年代與相關制度問題〉。其銘文有二行四字，第一字模糊不清，隸定爲「□庸四分」，此爲容量 1/4 秉之鼎。

　　21. 中私官鼎——此鼎著錄於《貞續》（上）頁 20、《三代》卷 2 頁 53、〈戰國題銘概述〉、《嚴集》（一）頁 286、〈三晉銅器的國別年代與相關制度問題〉、《殷周金文集成》（四）頁 166。其名稱有〈中○官鼎〉、〈中厶官鼎〉、〈中私

官鼎）。蓋與器銘文各有二行五字（器銘圖 150），隸定爲：

　　　中私官

　　　庸夲（半）。

　　「中私官」與「上官」、「下官」蓋爲置器之處。「夲」（半）當指半齏。此銘文語譯爲中私官處所置用之鼎，其容量爲半齏。

　　22. 私官□鼎——西元 1956 年陝西臨潼縣斜口地窰村出土一件〈私官□鼎〉，西元 1964 年十月送交陝西省博物館收藏。此鼎著錄於〈介紹陝西省博物館收藏的幾件戰國時期的秦器〉（《文物》西元 1966 年第 1 期）、《嚴集》（一）頁 203、《殷周金文集成》（三）頁 330、〈三晉銅器的國別年代與相關制度問題〉。其名稱有〈私官鼎〉、〈私官□鼎〉、〈○官𤦡鼎〉。其銘文三字（器銘圖151），隸定爲：

　　　　私官𤦡

　　「私官」寫法與上述〈中私官鼎〉相同。「𤦡」，黃盛璋以爲「鼎字異文」。故此鼎爲私官所置用之鼎。

　　23. 長信侯鼎蓋——此鼎著錄於《恒軒》（上）頁 22、《嚴集》（一）頁 358、〈三晉銅器的國別年代與相關制度問題〉。其銘文有八字（器銘圖 152），隸定爲：

　　　　長信侯私官𤦡己己

　　「𨋕」从「言身」，是「𨋕」，即「信」字，此字與〈梁上官鼎〉之「諪」相同。「長信侯」，郭沫若以爲「魏安釐王相」；按：《史·秦始皇本紀》：「八年（西元前 239 年）……嫪毐封爲長信侯，予之山陽地，令毐君居之」，《括地志》「山陽故城，在懷州修武縣西北太行山東南」，山陽在今河南省修武縣，此地在戰國屬魏，魏王以此地封長信侯，至於「長信侯」是否爲「魏安釐王相」尚待詳考。「𤦡」，隸定爲「覒」，此蓋爲私官之名。

　　24. 廿七年寧皿——此皿著錄於《清乙》卷 16 頁 35、《寶蘊樓彝器圖錄》頁 95、《貞松》卷 11 頁 8、《三代》卷 18 頁 15、《通考》頁 481、《通論》頁61、〈中華文物集成〉頁 42、〈試論三晉兵器的國別和年代及其相關問題〉、《嚴集》（八）頁 3275、〈三晉銅器的國別年代與相關制度問題〉。其名稱有〈寧皿〉、〈寧鈕〉、〈周寧鈕〉〈廿七年鈕〉、〈廿七年寧皿〉、〈廿七年寧鈕〉、〈漢獸環瓿〉。此皿現藏於台北故宮博物院。銘文一周六字（器銘圖 153），隸定爲：

　　　　廿七年寧爲鈕。

「廿七年」與〈梁廿七年四分鼎〉「梁廿又七年」文字相同，黃盛璋以爲此皿與〈梁廿七年四分鼎〉爲同時器，故屬於魏惠王廿七年（西元前 343 年）。「寧」是魏冶鑄業中心，寧地所鑄之器尚有〈二年寧鼎〉。「鈿」即皿字，《說文》五篇（上）：「皿，飲食之用器也，象形，與豆同意」，此從金猶壺之從金作鍾、盂之從金作錳、盌之從金作錇、盤之從金作鎜、匜之從金作鉈。此銘文語譯爲魏惠王廿七年在寧地鑄造此皿。

25. 魏公毗壺──此壺著錄於《銘文選》（四）頁 898，又名〈魏公鈲〉，現藏於北京故宮博物院。銘文六行八字，隸定爲：

　　　魏公鈲三斗二升取。

「魏公」係指三家分晉以前之魏氏。「鈲」字旁「从」或作「比」，東周青銅器有自名爲「鈚」或「鈲」，劉心源以爲鈚即餅，容庚以爲餅是瓶，朱鳳翰以爲鈚之形制近于壺，作盛酒用。斗、升爲容量單位。此銘文語譯是魏公所鑄造之壺，其容量三斗二升。

26. 卅五年虒盉──此盉著錄於《彙編》（五）頁 362、《嚴集》（六）頁 2474、〈三晉銅器的國別年代與相關制度問題〉、《書道》卷 1 頁 100。此盉現藏於美國芝加哥博物館。銘文在肩上，刻有二行十九字（器銘圖 154），隸定爲：

　　　卅五年虒命（令）周共，眂（視）吏
　　　盉䣁，冶期鑄，庸（容）半齎，朝爽。

此盉銘文與前述 7〈卅五年虒鼎〉同，僅是多「盉、朝爽」三字，黃盛璋、巴納以爲「器眞銘僞」，銘文爲後人所刻，因尚無確證，故暫列於此。此銘文語譯爲魏惠王卅五年（西元前 355 年）虒令名周共、視事者名䣁、冶工名期鑄造此盉，其容量爲半齎。

27. 安邑下官鍾──西元 1966 年陝西咸陽塔兒坡出土一件〈安邑下官鍾〉，此鍾著錄於〈陝西咸陽塔兒坡出土的銅器〉、〈試論戰國容量制度〉、《中國古代度量衡圖集》頁 354、《嚴集》（七）頁 3211、《中國美術全集‧青銅器》（下）頁 44、〈三晉銅器的國別年代與相關制度問題〉、《中國文物精華大全》。此鍾現藏於陝西省咸陽博物館。此鍾銘文前後刻有兩次，第一次在腹部與頸部，腹部銘文爲「安邑下官鍾七年九月府嗇夫戠、冶吏翟歊（造）之，六斛斗一益少半益」，頸部銘文爲「至此」（並刻有一橫畫，表示至此處爲標記），第二次刻在口沿處，其銘文爲「十三斗一升」（蓋入秦後所刻）（器銘圖 155）。

「安邑」原爲魏國國都，魏惠王九年（西元前 361 年）遷都大梁（今河

南開封縣），魏昭王十年（西元前 286 年）魏獻安邑於秦，黃盛璋以爲此鍾第一次刻銘是在未遷都大梁前，第二次刻銘是在入秦以後。「安邑下官」是魏都安邑飲食管理機構，「府嗇夫」與「冶吏」是魏國銅器鑄造管理下級官吏。斛、斗、益以十進位計算，則「六斛斗一益少半益」是 11.13 斗，實際測量至頸部之容量是 24600 毫升，以此折算一斗是 2211 毫升。實際測量至口沿之容量是 25900 毫升，以「十三斗一升」折算爲一斗之值是 1971.1 毫升，此與秦一斗正合。此銘文語譯爲魏王七年九月在安邑下官處，府嗇夫名載、冶工名翟鑄造此鍾，其容量至頸部爲 11.13 斗，至口沿爲 13.1 斗。

28. 番下官鍾——此鍾著錄於《三代》卷 18 頁 19、〈三晉銅器的國別年代與相關制度問題〉，其名稱有〈下官鍾〉、〈番下官鍾〉。其銘文三字，隸定爲「番下官」。「番」，黃盛璋隸定爲「番」，以爲地名，在蘄縣西（今安徽省宿縣），此地是楚魏交界。此鍾爲番地下官處所鑄造。

29. 朝歌鍾——此鍾著錄於《彙編》（六）頁 559（作〈朝訶壺〉）、〈三晉銅器的國別年代與相關制度問題〉（作〈朝歌鍾〉）。銘文一周七字（器銘圖 156），隸定爲：

朝訶（歌）下官朔（半）重（鍾）。

《左》襄廿三年（西元前 550 年）「齊侯逐伐晉，取朝歌」，朝歌春秋屬晉，地在今河南淇縣，戰國時屬魏，秦王政六年（西元前 241 年）秦取朝歌。「下官朔」即下官名朔。「重」即「鍾」。此銘文語譯爲在朝歌地下官名朔鑄造此鍾，其容量爲半龠。

30. 梁府稱幣權、半稱幣權——天津歷史博物館所藏魏之稱幣權有二件，一爲〈梁府稱幣權〉，上有陽文鑄款「梁府」二字；一爲〈半稱幣權〉，上有陽文刻款「半」字。「梁」爲大梁，魏國都。「府」與「府」同，是製造儲藏器物之官府，杜金娥以爲「權是梁地錢幣督造機構檢驗釿布之專用法碼」。〔註 131〕〈梁府稱幣權〉重量是 22.9 克，〈半稱幣權〉是〈梁府稱幣權〉一半，10 克重。

31. 魏國兵器——魏國兵器有銘文戈 20 件、矛 4 件、劍 4 件，由於黃盛璋曾發表〈試論三晉兵器的國別和年代及其相關問題〉（《考古學報》西元 1974 年第 1 期）一文，對魏國兵器有所論述，故此將黃氏所列之魏國兵器及新出土之魏國兵器合併製表，依戈、矛、劍之順序加以陳述：

〔註 131〕杜金娥以爲東周鑄幣有大量釿布，釿是布幣之幣值單位，其詳見〈談西漢稱錢衡的法碼〉，此文刊於《文物》1982 年第 8 期。

編號	器名	著錄	件數	銘文	時期	現藏處	備註
1	陰晉左庫戈	《積古》卷 10 頁 3 《周金》卷 6 頁 29 《小校》卷 10 頁 43 之 1 〈試論三晉兵器的國別和年代及其相關問題〉 《殷周金文集成》（十七）頁 276	1	陰晉左庫冶**畜**	戰國早期		1.陰晉，在今陝西華陰，此地亦爲魏國鑄幣之地。 2.「**畜**」是冶工之名。
2	朝歌戈	《貞松》卷 11 頁 32 《三代》卷 19 頁 46 之 1 〈戰國題銘概述〉（中）頁 61 〈試論三晉兵器的國別和年代及其相關問題〉 《中國古文字學通論》 《嚴集》（十）頁 4346 《殷周金文集成》（十七）頁 313	1	朝訶（歌）右庫工師戕	同上		1.朝歌在今河南淇縣，同爲「朝歌」之魏器有〈朝歌鐘〉。 2.工師是百工之長，「戕」是工師之名。
3	五年龏**端**寧戈	《殷周金文集成》（十七）頁 435 〈試論三晉兵器的國別和年代及其相關問題〉	1	五年龏**端**（令）寧，左庫工市（師）長克虘冶數□		北京故宮博物院	龏在今河南輝縣
4	九年**戈**丘戈	《貞松》卷 12 頁 7 《三代》卷 20 頁 22 之 1 〈戰國題銘概述〉 《中國古文字學通論》 〈試論三晉兵器的國別和年代及其相關問題〉 《嚴集》（十）頁 4392 《殷周金文集成》（十七）頁 413	1	九年**戈**丘命（令）雍，工市（師）□冶得高望	戰國早期		1.**戈**丘在今河南民權。 2.高望是入秦以後所刻，是屬於戈之用地。
5	卅二年業戈	《奇觚》卷 10 頁 27 《周金》（下）卷 6 頁 7 《簠齋》（二）40 之 19 《小校》（三）卷 10 頁 52 之 3 《三代》卷 20 頁 52 之 3 〈試論三晉兵器的國別和年代及其相關問題〉 《中國古文字學通論》 《嚴集》（十）頁 4393 《殷周金文集成》（十七）頁 412	1	卅二年業**端**（令）口口，右庫工市（師）臣，冶山	同上		1.卅二年可能是魏惠王卅二年（西元前 338 年）或魏安釐王卅二年（西元前 245 年）。 2.業在今河北磁縣。
6	十四年口州戈	《貞松》卷 11 頁 33 《小校》卷 10 頁 47 之 2 〈試論三晉兵器的國別和年代及其相關問題〉 《嚴集》（十）頁 4359 《殷周金文集成》（十七）頁 380	1	十四年口州王市（師）明、冶无	戰國早期		州在今河南沁陽

7	魏十四年鄴下庫戈	《湖北出土商周文字輯證》	1	十四年鄴下庫	魏惠王前十四年（西元前357年）	湖北省沙市博物館	1.此戈出土於湖北江陵縣，1980年流落於沙市，蓋爲魏國所造之戈流落於楚。 2.鄴在今河北磁縣。
8	絑戈	《湖北出土商周文字輯證》	1	廿五年陽黽（春）嗇夫絑工帀（師）殼冶韌	魏惠王廿五年（西元前345年）		1.陽春係爲地名。 2.嗇夫是官名，又見於〈梁十九年鼎〉。
9	卅三年大梁左庫丑戈	〈衡陽市發現戰國紀年銘文銅戈〉 《中國古文字學通論》 《嚴集》（十）頁4385 《殷周金文集成》（十七）頁422 〈湖南戰國兵器銘文選釋〉	1	卅三年大梁左庫工師丑，冶刃	魏惠王卅三年（西元前337年）	衡陽市博物館	1.大梁是魏國都在今河南開封，此戈是魏國所鑄造，流落於楚國。 2.左庫是魏都城市兵器作坊管理機構之一。
10	卅四年頓丘戈	〈湖北江陵拍馬山楚墓發掘簡報〉 〈試論三晉兵器的國別和年代及其相關問題〉 《中國古文字學通論》 《嚴集》（十）頁4388 《殷周金文集成》（十七）頁418 《湖北出土商周文字輯證》	1	卅三（四）年邨（頓）丘命（令）奘（燮）左工帀（師）晢（誓）冶梦	魏惠王卅四年（西元前336年）	湖北省博物館	1.1971年湖北江陵紀南公社太暉四隊拍馬山M5楚墓出土。 2.頓丘即今河南濬縣。
11	廿三年郚命（令）垠戈	〈試論三晉兵器的國別和年代及其相關問題〉 《中國古文字學通論》 《殷周金文集成》（十七）頁400 〈湖南戰國兵器銘文選釋〉	1	廿三年郚命（令）垠右工帀（師）口冶良	魏襄王廿三年（西元前296年）	中國歷史博物館	郚在今河南許昌
12	口年亡命司馬伐戈	《錄遺》580 〈試論三晉兵器的國別和年代及其相關問題〉 《中國古文字學通論》 《嚴集》（十）頁4394 《殷周金文集成》（十七）頁431	1	口亡命（令）司馬伐右庫工帀（師）高反，冶口	戰國晚期		1.亡讀爲芒，芒縣在今河南省永城縣東北三里。 2.此戈銘文是用長方形印戳打印，令之名是打印後刻上。 3.印戳打印說明此地兵器是成批生產，令之名空缺不刻，故可知此種印戳是作長期之用。
13	四年咎奴戈	《三代》卷20頁25之2 〈試論三晉兵器的國別和年代及其相關問題〉 《中國古文字學通論》 《嚴集》（十）頁4394 《殷周金文集成》（十七）頁429	1	四年咎奴嗇命（令）壯嚚，工帀（師）口疾，冶問	同上		咎奴在今陝西鄜縣

14	八年言命戈	〈遼寧建昌普查中發現的重要文物〉《文物》西元 1983 年第 9 期》《中國古文字學通論》《殷周金文集成》（十七）頁 432	1	八年言命（令）團轄，左庫工師佗口具，冶戊	同上	朝陽市博物館	1.1979 年在遼寧建昌玲瓏塔公社出土。2.「言」與上述 12〈口年言命司馬伐戈〉之「言」同地。
15	三年蒲子戈	〈燕下都城址調查報告〉《考古》西元 1962 年第 1 期》〈試論三晉兵器的國別和年代及其相關問題〉	1	三年蒲子……工市（師）……		中國歷史博物館	1.此戈在河北省易縣出土，銘文多爲銹蝕，所識僅知 6 字。2.蒲子在今山西隰縣。
16	廿一年君封端鵝戈	〈遼寧新金縣后元台發現銅器〉〈旅大市所出启封戈銘的國別地理及其相關問題〉《中國古文字學通論》《殷周金文集成》（十七）頁 405	1	廿一年君封端（令）鵝工師金冶者	戰國晚期	旅順博物館	1.1974 年冬遼寧新金縣后元台出土。2.启封是魏國都邑，即開封，在大梁南五十里，此兩次是後刻。3.「廿一年」可能是魏襄王廿一年（西元前 298 年）或魏安釐王廿一年（西元前 256 年）。
17	信陵君戈	《周金》卷 6 頁 23《韓華》癸 1《小校》卷 10 頁 42	1	信陵君左庫戈	同上		信陵君即魏公子無忌，魏安釐王時人。
18	十八年鄉左庫戈	《小校》卷 10 頁 47 之 4〈試論三晉兵器的國別和年代及其相關問題〉	1	十八年鄉左庫口口			鄉在今河南修武。
19	廿九年高都令戈	《周金》（下）卷 6 頁 9《貞松》卷 11 頁 34《小校》卷 10 頁 52 之 2〈戰國題銘概述〉〈試論三晉兵器的國別和年代及其相關問題〉《彙編》（六）頁 477《中國古文字學通論》（中）《嚴集》（十）頁 4391《殷周金文集成》（十七）頁 402	1	廿九年高都命（令）陳愈工師華冶无	魏安釐王廿九年（西元前 248 年）		高都在今山西晉城，高都又見於方足布。
20	梁口庫戈鐓	〈試論三晉兵器的國別和年代及其相關問題〉《三代》卷 20 頁 59 之 3	1	梁恖庫			
21	七年邦司寇富無矛	《貞補》中 33《三代》卷 20 頁 40 之 5〈戰國題銘概述〉〈試論三晉兵器的國別和年代及其相關問題〉《中國古文字學通論》《嚴集》（十）頁 4472	1	七年邦司寇富無，上庫工師戌間，冶箸	約在梁惠王後元七年（西元前 328 年）		1.司寇是兵器監造者，邦司寇是大梁司寇。司寇又見於〈梁廿七年四分鼎〉、〈梁廿七年半齋鼎〉。

22	十二年邦司寇野弟矛	《筠清》卷5頁41 《攈古》卷2之2頁36 《周金》卷6頁82 《小校》卷10頁74 《三代》卷20頁41之1 〈戰國題銘概述〉 〈試論三晉兵器的國別和年代及其相關問題〉 《中國古文字學通論》 《嚴集》（十）頁4473	1	十二年邦司寇野弟，上庫工帀（師）司馬癀冶廁	約在梁襄王十二年（西元前307年）		1.此「邦司寇」與前述〈七年邦司寇富無矛〉之「邦司寇」同。
23	七年宅陽令矛	《小校》卷10頁74之6 〈戰國題銘概述〉 〈新鄭出土戰國兵器中的一些問題〉 〈試論三晉兵器的國別和年代及其相關問題〉 《嚴集》（十）頁4474	1	七年宅陽命（令）隰餕，右庫工帀（師）夜疨，冶趄歔			1.宅陽在今河南滎陽，宅陽又見於方足布。 2.「歔」即「造」字。
24	元年閏矛	〈元年閏矛〉《文物》西元1987年第11期）	1	元年閏再十二月丙口口	魏安釐王元年（西元前276年）	濟南市博物館	1.1983年二月濟南市博物館揀選此矛。 2.此矛銘文有「閏」是研究曆法重要器物。
25	十二年邦司寇劍	〈試論三晉兵器的國別和年代及其相關問題〉 《中國古文字學通論》	1	十二年邦司寇肖（趙）新，武庫工帀（師）口孫，冶巡執齊	約在梁襄王十二年（西元前307年）		1.此「邦司寇」與前述21、22之「邦司寇」同。 2.「執齊」是趙國兵器銘文格式。
26	十二年寧右庫劍	《小校》卷10頁99 《錄遺》頁590 〈試論三晉兵器的國別和年代及其相關問題〉 《嚴集》（十）頁4504	1	十二年寧右庫卅五	梁惠王十二年（西元前358年）		1.寧在今河南獲嘉。 2.魏器有「寧」地另有二件〈廿七年寧鈚〉、〈二年寧鼎〉。 3.「卅五」是兵器件數編號。
27	廿九年高都令劍	《陶齋》卷5頁29 《錄遺》596 〈試論三晉兵器的國別和年代及其相關問題〉 《嚴集》（十）頁4508	1	廿九年高都命（令）陳愈工帀（師）華冶无	魏安釐王廿九年（西元前248年）		1.高都在今山西晉城，高都又見于方足布。 2.此劍銘文與前述20〈廿九年高都令戈〉同。
28	陰晉縊左庫劍	《小校》卷10頁101	1	陰晉縊左庫書之造戎劍其實用			1.陰晉在今陝西華陰。 2.此劍之銘文與上述之兵器有所不同，除敘述鑄造之地，且說明要善加實用。

第七節　趙國青銅器銘文釋義

戰國時期趙國之有銘文青銅器，與魏國相似，除飪食器、酒器、生活用具、雜器外，大半多爲兵器，由於可知戰國時期的確是戰爭頻仍之時代，此將趙國有銘文之青銅器依序臚列於下：

1. 十一年庫鼎——此鼎著錄於《貞續》（上）頁24、《貞圖》（上）頁23、《三代》卷3頁43、黃茂琳〈新鄭出土戰國兵器中的一些問題〉（《考古》西元1973年第6期）、《嚴集》（二）頁486、《殷周金文集成》（五）頁43、〈試論三晉兵器的國別和年代及其相關問題〉、〈三晉銅器的國別年代與相關制度問題〉。其名稱有〈十一年鼎〉、〈十一年庫鼎〉、〈十一年庫嗇夫鼎〉。其銘文十八字（器銘圖157），隸定爲：

　　　十一年庫嗇夫肖（趙）不茲賈（周）氏□娣

　　　所爲，空（容）二斗

「庫」是三晉銅器鑄造之機構。「嗇夫」見於上述魏器 3.〈梁十九年鼎〉、27.〈安邑下官鍾〉，嗇夫是銅器之主造者。「□娣」蓋爲周氏之名。此器雖未能實測其容量，然從「二斗」可知爲趙國銅器之容量單位。此銘文語譯爲：在趙王十一年庫嗇夫名趙不茲負責鑄造此鼎，由周氏完成此鼎之鑄造，其容量爲二斗。

2. 四年昌國鼎——此鼎著錄於《世界美術全集》（七）、《殷周金文集成》（四）頁302、黃盛璋〈新出戰國金銀器銘文研究〉（《古文字研究》第12輯）、〈三晉銅器的國別年代與相關制度問題〉。其銘文十三字（器銘圖158），隸定爲：

　　　四年昌國尋工師翟伐，冶更所爲。

「四年」蓋爲趙孝成王四年（西元前262年）或趙悼襄王四年（西元前241年）。「昌國」是燕國昌國君樂毅或樂閒，昌國在今山東省淄川縣東北。〔註132〕「尋工師」，黃盛璋以爲「尋工是工府之名，等于考工之類，尋工師即尋工之工師」。「㓝」即「冶」字，是三晉寫法。此鼎蓋爲樂毅或樂閒奔趙後，仍以「昌國君」之名義所鑄造，其銘文語譯爲趙王四年，在昌國君處負責工師一職名爲翟伐，負責督導鑄鼎之事，由冶工名更鑄造此鼎。

3. 襄陰鼎——此鼎著錄於〈三晉銅器的國別年代與相關制度問題〉。其銘

〔註132〕《史‧樂毅傳》：燕昭王封樂毅於昌國，號爲昌國君；燕惠王立，樂毅畏誅，遂西降趙，趙封樂毅於觀津，號曰望諸君，燕王又以樂毅子樂閒爲昌國君。

文有五字（器銘圖 159），隸定爲：

　　　　稟二斗，戲陰（陰）

　　「稟」有「容」意。「襄陰」屬定襄郡，黃盛璋以爲襄陰必在陰山山脈之南，距成樂不遠，約在今內蒙古自治區和林格爾之北。襄陰又見於方尖方足方跨布、圓錢、璽印。黃盛璋以爲此鼎「必在趙武靈王（西元前 325 年至西元前 299 年）以後，屬戰國晚期」。

　　4. 魚鼎匕——相傳在民國廿年代山西渾源出土此匕，此匕著錄於《貞松》卷 11 頁 10、《小校》（三）卷 9 頁 98、《貞圖》（中）頁 209、《三代》卷 18 頁 30 之 1、《通考》頁 373、《金文選讀》頁 111、《嚴集》（七）頁 1950、《殷周金文集成》（三）頁 223、《中國美術全集》頁 24、《金文選釋》頁 110。其名稱有〈魚鼎匕〉、〈蚘匕〉，此匕現藏於遼寧省博物館。通體有錯金銘文，正反共存卅七字（器銘圖 160），隸定爲：

　　　　曰徣又蚘匕，述王魚顚。曰
　　　　欽哉出斿，水虫，下民
　　　　無智，參之蝄蚘，命帛命
　　　　入欹，藉入藉出，毋處其所。

　　「徣」，楊樹達以爲「遂」字，用於兩事之間。「蚘」，羅振玉以爲「以匕形似虫，故以虫爲喻」。「顚」，羅振玉以爲借爲「鼎」。「欽哉」，欽，敬也；哉，表示感歎語氣。「參」，金文用作數詞，通「三」。「無智」，指沒有思想沒有知識。「蝄蚘」，容庚曰：「蚘，《說文》所無，《廣韻》『人腹中長蟲也』，《集韻》『蝄蚘，古諸侯號，通作尤』」。欹，于省吾曰：「欹即庚，通羹，《爾雅·釋草》『覆盜庚』，《釋文》庚本又作羹同」。藉，《說文》所無，郭沫若《金文叢考》：「依句法而言，可爲『載入載出』、『乍入乍出』、『稍入稍出』，疑藉即古藉字，用爲稍。」此鼎蓋用於盛魚，因魚肉爛熟，故用圓匕取肉與羹。由於銘文前後有殘缺，是以其上下文意難以通曉。

　　5. 原氏扁壺——上海博物館在西元 1960 年代曾收集一件〈原氏扁壺〉，此壺著錄於〈記上海博物館新收集的青銅器〉（《文物》西元 1964 年第 7 期）、《上海博物館藏寶錄》、《嚴集》（七）頁 3191、〈三晉銅器的國別年代與相關制度問題〉。其名稱有〈帚氏扁壺〉、〈原氏扁壺〉。此壺現藏於上海博物館。其銘文刻於壺肩上有三行共十八字，分兩次刻成。第一次所刻是「原氏三斗少半斗」，第二次所刻是「今三斗二升少半斗，▼（重）十六斤」。（器銘圖 161）「原氏」，

黃盛璋以爲「原氏即元氏，戰國係趙地」，在今河北省正定縣南。「少半斗」即小半斗，爲1/3斗。此壺實測容量爲6400毫升，「三斗少半斗」，折算每斗之數是1920毫升，「三斗二升少半斗」，折算每斗之數是1980毫升。此壺實測重量爲4300克，「十六斤」，折算每斤之數是268克。

6. 土軍扁壺（土匀錍）——山西省太原電解銅廠和山西省文物工作委員會在廢銅中撿到一件錍。此錍著錄於〈太原檢選到土匀錍〉（《文物》西元1981年第8期）、〈試論戰國容量制度〉、《嚴集》（七）頁3142、〈三晉銅器的國別年代與相關制度問題〉。其名稱作〈土匀錍〉、〈土匀壺〉、〈土匀錍壺〉、〈土軍扁壺〉。此壺現藏於山西省博物館，頸部刻有篆書銘文1行6字（器銘圖162），隸定爲：

土匀容四斗錍

「土匀」，胡振祺以爲即「土均」、「土軍」，戰國時是趙國冶鑄業之城邑，在今山西石樓，土匀又見於方尖方足方跨布。「錍」容器名，是「甀」之異體字，「卑」字說明其體爲扁圓。以壺實測容量爲7000毫升，「四斗」，折算每斗爲1750毫升。

7. 五年司馬成公權——此權著錄於《錄遺》頁540、黃盛璋〈司馬成公權的國別年代與衡制問題〉（《中國歷史博物館館刊》西元1980年）、《中國古代度量衡圖集》頁212、《嚴集》（十）頁4585、《銘文選》（四）頁896、〈三晉銅器的國別年代與相關制度問題〉。此權現藏於中國歷史博物館。其銘文四行卅字，合文二字，隸定爲：

五年司馬成公朔，叚（委）事，

命（令）校□尉與下庫工帀（師）

孟關師四人目（以）禾石半石甾平石。

「權」即今之法碼。黃盛璋以爲此權與東周〈公朱左自鼎〉，同有「命」字，是以此權年代與〈公朱左自鼎〉（東周安王十一年西元前391年）極爲接近，若此說可信，則「五年」蓋爲趙烈侯五年（西元前404年）或趙敬侯五年（西元前382年）。「司馬」合文，官職。成公是複姓，朔是名。「叚事」等於立事、蒞事。「司馬成公叚事」是監造者。「校口尉」與「下庫工師孟」是主造者。「關師」，黃盛璋以爲製造者。「工師」合書，工官之長。「庫」製造藏器之所。「禾石」即秅。秅之重量與石同，字亦可通。「半石甾」是盛半石糧食之標準盛糧器。「平」即正，有標準之意。「半石甾平石」即兩個半石甾，亦是一石之標準重量。此銘文語譯是趙王五年司馬成公朔擔任監造者，命令校口尉與下庫工師孟爲主造

者，以關師爲製造者鑄造此權，此權以石計算，作爲一石之標準重量。此權除敘述造權者外，亦說明權之重量及稱權之標準，是研究戰國衡制之實物。

8. 公芻半石權——《金文分域篇》記載：西元 1932 年山西介休縣出土一件〈公芻半石權〉。此權著錄於《貞續》（下）頁 24、《尊古》卷 3 頁 36、《三代》卷 18 頁 33、《嚴集》（十）頁 4584、〈三晉銅器的國別年代與相關制度問題〉，其名稱有〈公芻權〉、〈公芻半石權〉、〈公芻半石銕權〉。其銘文有四字（器銘圖 163），隸定爲：

公芻半石

「芻」，草也。「公芻」，繳納給公家之芻藁。此權是以「半石」稱量繳給公家之芻藁。

9. 三興權（侯興權）——此權著錄於《錄遺》頁 539、《中國古代度量衡圖集》頁 157。此權現藏於中國歷史博物館。在鼻紐刻銘 6 字，隸定爲：

侯興朌（鑄）半畵三

「侯興」是人名，「半畵」是重量名稱。「畵」，疑爲「甾」字。此權爲侯興所鑄之量器。

10. 中府杖首——此杖首著錄於《十二家》雙 6 頁 31、《衡齋》（下）頁 1、《三代》卷 18 頁 31、《積微》頁 156、《嚴集》（十）頁 4620、〈試論三晉兵器的國別和年代及其相關問題〉。其名稱有〈三年杖首〉、〈中府杖首〉、〈三年錯銀鳩杖首〉。其銘文九字（器銘圖 164），隸定爲：

三年中府丞肖（趙）許冶澤

「中府」是藏器與鑄器之所，〈春成侯鍾〉有「中府」。《易林·革之井》：「杖鳩扶老，衣食百口，曾孫壽考，凶害不起」，此蓋先秦時年長者授之以玉杖，杖首飾以鳩首形，故此杖首宜作如此之用。〔註 133〕此銘文語譯爲趙王三年中府丞名趙許負責監督此杖首，冶工名澤鑄造此器。

11. 趙國兵器——趙國兵器有銘文戈十件、矛八件、劍十八件，此與魏國兵器相較，則戈少於魏戈，劍多於魏劍，由於可知戰國時期銅兵器驟增是自然現象。由於黃盛璋曾論述三晉銅兵器，故此仿照魏國兵器，依戈、矛、劍之順序製表加以論述。

〔註 133〕《續漢書·禮儀志》注：「孟秋之月，道縣皆按戶比民，年七十者，授之以玉杖。玉杖長九尺，端以鳩爲之飾。鳩者，不噎之鳥也，欲老人不噎之義也。」。

編號	器名	著　錄	件數	銘　文	時期	現藏處	備　註
1	鸞左庫戈	《積古》卷 8 頁 17，《金石索》（上）頁 216 《攈古》卷 1 之 2 頁 43 《綴遺》卷 30 頁 17 《周金》（下）卷 6 頁 43 《小校》卷 10 頁 28 《三代》卷 19 頁 33 之 1 〈試論三晉兵器的國別和年代及其相關問題〉 《嚴集》（十）頁 4272 《殷周金文集成》（十七）頁 170	1	鸞左庫	戰國時期		1.鸞即晉卿欒書之欒，春秋時爲晉地，戰國時爲趙地，在今河北欒城。
2	邯鄲上庫戈	〈試論三晉兵器的國別和年代及其相關問題〉 《殷周金文集成》（十七）頁 211	1	甘丹（邯鄲）上庫	戰國早期	北京故宮博物院	
3	邯鄲上戈	〈試論三晉兵器的國別和年代及其相關問題〉 〈河北邯鄲百家村戰國墓〉 《嚴集》（十）頁 4280 《殷周金文集成》（十七）頁 186	1	甘丹（邯鄲）上	戰國早期	河北省博物館	1.1957年或 1959 年河北省邯鄲百家村 3 號墓出土。
4	十二年趙令戈	〈戰國題銘概述〉 黃茂琳〈新鄭出土戰國兵器中的一些問題〉（《考古》西元 1973 年第 11 期） 〈試論三晉兵器的國別和年代及其相關問題〉 林素清〈談戰國文字的簡化現象〉（《大陸雜誌》第 72 卷第 5 期） 《中國古文字學通論》頁 545 《嚴集》（十）頁 4407 《殷周金文集成》（十七）頁 430	1	十二年肖（趙）令邯鄲口，右庫工師翠紹，冶倉歔（造）。	戰國早期		1.相傳爲河北邯鄲出土。 2.黃盛璋以爲「此戈趙令爲監造，應在以相邦爲監造之前」。 3.高明以此戈爲僞刻。 〔註 134〕
5	元年郤命戈	《錄遺》頁 582 〈試論三晉兵器的國別和年代及其相關問題〉 《嚴集》（十）頁 4405 《殷周金文集成》（十七）頁 442	1	元年郤端（令）夜跠，上庫工帀（師）口，冶	趙惠文王元年（西元前 298 年）		黃盛璋以爲「郤」是「郪」。「郪」在今山西神池。

〔註 134〕高明以四點理由證明此戈僞刻：1.趙器銘文是紀年、地令、人名，然此戈是紀年、人姓、地名；2.趙器銘文最後是「執齊」，但此戈是「冶倉歔」；3.「冶」字寫法不同於三晉兵器寫法；4.此戈銘文書體風格與趙銅器有所不同；有關高明之論詳見《中國古文字學通論》頁 545。

6	廿九年相邦趙口戈	《貞松》卷12頁10之2 《小校》卷10頁57 《安徽通志金石古物考稿》 〈試論三晉兵器的國別和年代及其相關問題〉 《中國古文字學通論》 《嚴集》（十）頁4418 《殷周金文集成》（十七）頁461	1	廿九年相邦肖（趙）口，邦右庫工帀（師）鄭番，冶口，執齊（劑）	趙惠文王廿九年（西元前270年)		1.執齊即執劑，意爲掌握青銅器中銅、錫之比例。
7	十七年邢令戈	李學勤〈北京揀選青銅器的幾件珍品〉《文物》西元1982年9月） 《殷周金文集成》（十七）頁447	1	十七年茟（邢）倫（令）吳芋，上庫工帀（師）宋叚，冶庳執齊	趙孝成王十七年（西元前249年)		1.邢即今河北邢台。
8	八年举氏令戈	〈戰國題銘概述〉 《中國古文字學通論》 〈試論三晉兵器的國別和年代及其相關問題〉 《殷周金文集成》（十七）頁419	1	八年举氏令吳庶下庫工師張武			1.举氏在今山西汾陽。 2.举氏出現於尖肩方足布與平肩尖足布。
9	上黨武庫戈	《小校》卷14頁4 〈試論三晉兵器的國別和年代及其相關問題〉 儀眞〈從考古發現談儒法鬥爭的幾個問題〉《文物》西元1974年第6期）	1	上黨武庫			1.上黨在今山西長子與長治之間，因其地甚高，古有與天爲黨之說，故以爲名。
10	宜安戈（王何戈）	〈三晉銅器的國別年代與相關制度問題〉 《殷周金文集成》（十七）頁422 陶正剛〈山西臨縣窰頭古城出土銅戈銘文考釋〉《文物》西元1994年第4期）	1	王何立事㝵冶對厔教馬重（董）史（正面） 宜安（背面）	趙惠文王元年至卅二年之間（西元前299～266年)		1.1976年山西臨縣窰頭村出土。 2.王何是趙惠文王。 3.「立事」即涖國執政或涖事任職。 4.「㝵」黃盛璋以爲趙工府，蓋爲管理兵器制造之機構。 5.「教馬」是教管與訓馭馬之官吏。 6.宜安在今河北藁城。
11	三年建邿君矛	《周金》（下）卷6頁1503 〈戰國題銘概述〉 〈試論三晉兵器的國別和年代及其相關問題〉 《嚴集》（十）頁4476	1	三年相邦建邿君邦左庫工帀（師）郍㝵，冶君（尹）月（胡）執齊	趙悼襄王三年（西元前242年)		1.建邿君即《戰‧趙策》之建信君。

12	八年建 邨君矛	《周金》（下）卷6頁1504 《小校》卷10頁75之3 〈戰國題銘概述〉 〈試論三晉兵器的國別和年代及其 相關問題〉 《嚴集》（十）頁4477	1	八年相邦建 邨君邦右庫 工市（師）肖 （趙）煇，冶 胥（尹）口執 齊	趙悼襄 八　年 (西元 前237 年)	
13	元年春 平侯矛	《周金》（下）卷6頁1503 〈戰國題銘概述〉 〈試論三晉兵器的國別和年代及其 相關問題〉 《嚴集》（十）頁4475	1	元年相邦春 平侯，邦右庫 工師趙痽，冶 韓幵執齊	趙孝成 王元年 (西元 前265 年)	1.黃盛璋以爲 「元年」是趙 孝成王元年。 2.春平侯名鄗尋 是趙相邦。 〔註135〕
14	二年春 平侯矛	《小校》卷10頁75之1 〈試論三晉兵器的國別和年代及其 相關問題〉	1	二年相邦春 平侯，邦右庫 工市（師）口 口（冶）口執 齊	趙孝成 王二年 (西元 前264 年)	
15	八年春 平侯矛	《小校》卷10頁75之2 〈試論三晉兵器的國別和年代及其 相關問題〉	1	八年相邦春 平侯，邦右庫 工市（師）肖 （趙）口冶口 口執齊	趙孝成 王八年 (西元 前258 年)	
16	十五年 春平侯 矛	《周金》卷6頁1504 〈戰國題銘概述〉 〈試論三晉兵器的國別和年代及其 相關問題〉 《嚴集》（十）頁4475	1	十五年相邦 春平侯，邦左 佼（校），工 市（師）長蕫 冶粠執齊	趙孝成 王十五 年(西 元前 251年)	1.趙國以左右校 爲督造，略等 於韓國司寇。 2.以左右校爲督 造，有左右庫 直接屬於左右 校。 3.有「邦左、右 校」爲督造 時，「左、右庫」 則可省略不 寫，僅有工師 之名。
17	十七年 春平侯 矛	《三代》卷20頁41之2 〈戰國題銘概述〉 黃茂琳〈新鄭出土戰國兵器中的一些 問題〉 〈試論三晉兵器的國別和年代及其 相關問題〉	1	十口年相邦 春平侯，邦左 庫工師長蕫 ，冶馬執齊	趙孝成 王十七 年（西 元前 249年）	
18	上黨武 庫矛	〈試論三晉兵器的國別和年代及其 相關問題〉	1	上黨武庫		中國歷 史博物 館

〔註135〕春平侯文獻作「春平君」，屢見於《史・趙世家》、《戰・趙策》、《列女傳・趙
　　　　悼倡后》。

19	十五年守相圶波劍	《貞松》卷10頁22之3 《三代》卷20頁47之4 《中國古文字學通論》 〈戰國題銘概述〉 《嚴集》(十)頁4513	1	十五年守相圶波邦右庫工市(師)韓亥冶巡執齊大攻君(尹)公孫桴	趙惠文王十五年(西元前284年)		1.圶波即趙相廉頗。 2.「大攻君(尹)」即大工尹,工尹管理手工業之官吏,高於工師。
	囗囗年守相圶波劍	《貞松》卷12頁21之1 《三代》卷20頁47之2 〈戰國題銘概述〉	1	囗囗年守相圶波邦右庫工師庆徙冶巡執齊大攻君(尹)公孫桴	同上		
	十五年守相圶波劍	〈試論三晉兵器的國別和年代及其相關問題〉	1	十五年守相圶波邦左庫工市(師)采隄冶石執齊。大攻君(尹)公孫桴	同上		1.1964年河北承德出土。
20	元年春平侯劍	《小校》卷10頁102之4 〈試論三晉兵器的國別和年代及其相關問題〉	1	元年相邦春平侯,邦囗	趙孝成王元年(西元前265年)		
21	二年春平侯劍	《陶齋》卷5頁33 《周金》(下)卷6頁1527 〈戰國題銘概述〉 《嚴集》(十)頁4511	1	二年相邦春平侯邦左庫工師……執齊	趙孝成王二年(西元前264年)		1.相邦督造之器物,其工師屬於邦之左右庫。
22	三年春平侯劍	《小校》卷10頁103 〈試論三晉兵器的國別和年代及其相關問題〉 《中國古文字學通論》	1	三年相邦春平侯,邦左庫工市(師)肖(趙),冶韓囗執齊	趙孝成王三年(西元前263年)	上海博物館	
23	四年春平侯劍	《貞松》(下)卷12頁23 〈試論三晉兵器的國別和年代及其相關問題〉 《嚴集》(十)頁4520	1	四年春平相邦鄁導、邦右庫工市(師)奬輅徒,冶臣成執齊。	趙孝成王四年(西元前262年)		
		〈旅大地區發現趙國銅劍〉(《考古》西元1973年第6期) 〈試論三晉兵器的國別和年代及其相關問題〉 《中國古文字學通論》 《嚴集》(十)頁4516	1	四年相邦春平侯邦左庫工師岳身冶匋沴執齊,大攻君(尹)肖(趙)間			1.1970年秋遼寧旅大市庄河縣桂雲花山出土。
24	十三年守相申毋劍	《三代》卷20頁48之1 〈戰國題銘概述〉 〈試論三晉兵器的國別和年代及其相關問題〉 《嚴集》(十)頁4523	1	十三年右……守相申毋官……邦右……韓伙,冶醥執齊。攻君(尹)韓嵩	趙孝成王十三年(西元前253年)		1.守相即代理相邦,亦是假相國。

25	十五年春平侯劍	《貞松》（下）卷12頁23〈試論三晉兵器的國別和年代及其相關問題〉	1	十五年相邦春平侯，邦右庫工帀（師）口口，冶疾執齊，大攻君（尹）韓耑	趙成王十五年（西元前251年）		
		《錄遺》600〈試論三晉兵器的國別和年代及其相關問題〉《中國古文字學通論》《嚴集》（十）頁4519 黃茂琳〈新鄭出土戰國兵器中的一些問題〉（《考古》西元1973年第6期）	1	十五年相邦春平侯邦左佼（校）□工帀（師）長蕫，冶旬執齊		上海博物館	1.「左佼（校）」曾見於〈十五年春平侯矛〉。
26	十六年守相劍	《小校》卷10頁104〈試論三晉兵器的國別和年代及其相關問題〉	1	十六年守相口口口邦右庫口口（工帀）口，冶口執齊。大攻君（尹）韓口	韓孝成王十六年（西元前250年）		1.「韓」下缺一字可能是「耑」字。
27	十七年春平侯劍	〈試論三晉兵器的國別和年代及其相關問題〉《中國古文字學通論》	4	十七年相邦春平侯邦左佼（校）□工帀（師）長蕫冶朝執齊。大攻君（尹）韓耑	韓孝成王十七年（西元前249年）	有三件藏於上海博物館一件藏於中國歷史博物館	
		《陶齋》頁33《小校》卷10頁105《錄遺》602《嚴集》（十）頁4520〈試論三晉兵器的國別和年代及其相關問題〉	1	十七年相邦春平侯邦左佼（校）□工帀（師）長蕫，冶朝執齊		上海博物館	
28	十八年相口邦劍	〈試論三晉兵器的國別和年代及其相關問題〉	1	十八年相口（邦）口口口，口（邦）佼口口，工帀（師）析論，冶口執齊。大攻君（尹）肖（趙）口			1.此劍可能是趙惠文王十八年（西元前281年）或趙孝成王十八年（西元前248年）
29	三年建邨君劍	《小校》卷10頁103之4〈試論三晉兵器的國別和年代及其相關問題〉	1	三年相邦建邨君邦右庫工帀（師）口口，口口（冶君）口，口口（執齊）	趙悼襄王三年（西元前242年）		1.建邨君已見於上述〈三年建邨君矛〉、〈八年建邨君矛〉。

30	八年建郥君劍	《夢郼續》頁 35 《周金》（下）卷 6 頁 1528 《貞松》（下）卷 12 《小校》卷 10 頁 102 之 2 《三代》卷 20 頁 46 之 3 〈戰國題銘概述〉 《中國古文字學通論》 《嚴集》（十）頁 4512	1	八年相邦建郥君邦左庫工師郙驛，冶肙（尹）明（胡）執齊。大攻肙（尹）韓耑	趙悼襄王八年（西元前 237 年）		1.「大攻肙韓耑」又見於〈十三年守相申毋劍〉、〈十五年春平侯劍〉、〈十七年春平侯劍〉。
31	王立事劍	《周金》卷 6 頁 1526 《小校》卷 10 頁 102 《錄遺》599 〈戰國題銘概述〉 〈試論三晉兵器的國別和年代及其相關問題〉 《嚴集》（十）頁 4514	1	王立事蔔傷（陽）倫（令）瞿卯左庫工帀（師）司馬部冶导執齊			1.「王立事」曾見於〈宜安戈〉，然此「王」不詳。
		〈試論三晉兵器的國別和年代及其相關問題〉	1	王立吏（事）設令肖（趙）口，上庫工帀（師）樂臬冶朗執齊			1.河北磁縣白陽城遺址出土。
32	三年武平劍	《小校》卷 10 頁 103 之 1 〈試論三晉兵器的國別和年代及其相關問題〉	1	三年武平命（令）司馬闐右庫工師吏秦，冶疾執齊			1.武平在今河北文安
33	三年䜌倫劍	〈試論三晉兵器的國別和年代及其相關問題〉 《中國古文字學通論》	1	三年䜌倫（令）楢唐，下庫工帀（師）孫口，冶洦執齊			1.䜌是今河北欒城。
34	六年安平守劍	《銘文選》（四）897	1	六年安平守畋疾，左庫工帀（師）㪤澌冶余執齊			

第八節　韓國青銅器銘文釋義

戰國時期韓國有銘文青銅禮器，比魏國較少，僅是飪食器與酒器而已；至於銅兵器形式或數量，則與魏國趙國相似，尤其西元 1971 年在河南新鄭白廟範村所發掘一批韓國窖藏之兵器，此爲魏、趙所無。此將韓國有銘文之青銅器依序陳述於下：

1. 貴朕鼎——此鼎著錄於《愙齋》（六）頁 18、《愙賸》（下）頁 10、《奇觚》卷 11 頁 8、《韡華》（乙）頁 40、《周金》卷 2 頁 64、《簠齋》鼎之 20、《小校》卷 2 頁 38、《三代》卷 2 頁 54、〈戰國題銘概述〉、〈試論戰國容量制度〉、

《殷周金文集成》、〈三晉銅器的國別年代與相關制度問題〉。其名稱有〈眉脒鼎〉、〈眉殊鼎〉、〈貴脒鼎〉、〈漢貲脒鼎〉。其銘文器有五字，蓋有一字（器銘圖 165），隸定爲：

　　貴脒一斗（器）

　　商（蓋）

「𧈒」，吳大澂、柯昌濟、鄧實、劉體智、鄒安、羅振玉皆隸定爲「眉」，劉心源隸定爲「貲」，黃盛璋隸定爲「貴」，按：「𧈒」，此暫取黃氏之說，「貴」宜爲韓國地名，「貴脒」爲貴地之官廚，是置用鼎之處。「伞」是半斗。「商」字乃漢後人所刻。

　　2. 右脒鼎——此鼎著錄於《陶齋》卷 5 頁 4、《小校》卷 2 頁 36、《尊古》卷 3 頁 48、《三代》卷 2 頁 53、〈戰國題銘概述〉、〈試論戰國容量制度〉、《嚴集》（一）頁 285、《殷周金文集成》（四）頁 208、〈三晉銅器的國別年代與相關制度問題〉。其名稱有〈右脒鼎〉、〈亐脒鼎〉、〈秦右殊鼎〉，此器現藏於北京故宮博物院。其銘文有五字（器銘圖 166），隸定爲：

　　亐脒三伞𡳪

「亐」蓋爲韓國地名，「脒」即廚，「右脒」是右地之廚。「三半」即三個半斗，此鼎實測爲 2570 毫升，以一斗半計算，每斗是 1713 毫升。「𡳪」字不識。

　　3. 宜陽右倉鼎——此鼎著錄於《殷周金文集成》（四）頁 134、黃盛璋〈新發現之戰國銅器與國別〉（《文博》西元 1989 年第 2 期）。其銘文四字刻款，隸定爲：

　　宜陽右倉

「宜陽」在今河南宜陽縣西，戰國時是韓國都城，〔註136〕宜陽亦見於方肩方足方跨布。戰國倉廩府庫不僅是藏器之所，亦是鑄器之所，「宜陽右倉」可能是此鼎置用之所。

　　4. 韓氏冒鼎——此鼎僅著錄於《銘文選》（四）頁 902，此鼎現藏於上海博物館。其蓋銘三字，器銘二字，隸定爲：

　　韓氏冒（蓋銘）

〔註136〕宜陽屢見於《戰・韓策》、《史・蘇秦傳》、《史・甘茂傳》、《史・秦本紀》、《史・魏世家》，韓襄王五年（西元前 307 年，即秦武王四年）秦甘茂拔韓宜陽，斬首六萬，故此鼎年代之下限不宜超過此年。

韓嬭（器銘）

「昌」，《說文》所無，或爲機關府署之名。「韓嬭」蓋爲器主之名。

5. 鄭東倉銅器——此鼎著錄於《綴遺》卷 28 頁 10（作〈鄭東盒〉）〔註137〕、〈三晉銅器的國別年代與相關制度問題〉（作〈鄭東倉銅器〉）。其銘文五字（器銘圖 167），隸定爲：

奠（鄭）東蒼（倉）仝（半）酓（䨮）。

「鄭」即新鄭，韓國故城，河南新鄭出土國兵器銘文之「奠」，即「鄭」字，是韓國國都。「東倉」是藏器或鑄器之所。「半䨮」是魏國計容單位。

6. 宜陽右倉簋——此簋著錄於程長新〈北京市揀選的春秋戰國青銅器〉（《文物》西元 1987 年第 11 期）、《殷周金文集成》（六）頁 148，現藏於首都博物館，其銘文四字（器銘圖 168），隸定爲「宜陽右倉」，此四字已見〈宜陽右倉鼎〉之解釋。

7. 盛季壺（鄭右襄壺）——此壺著錄於《貞松》卷 2 頁 27、《貞圖》（上）頁 43、《三代》卷 11 頁 8 之 2、〈戰國題銘概述〉、〈新鄭出土戰國兵器中的一些問題〉、《嚴集》（七）頁 3143、〈三晉銅器的國別年代與相關制度問題〉。其銘文二行六字（器銘圖 169），隸定爲：

奠（鄭）右寫（場）

盛季壺

「右寫」是制器之作坊，與倉稟庫同是制器冶鑄之處。〔註138〕「盛季」是用器者。此銘文語譯是此壺爲韓國都城新鄭右場所鑄造，用器者是盛季。

8. 長陵盉（少府盉）——此盉著錄於《上海博物館藏寶錄》、《中國古代度量衡圖集》、《嚴集》（六）頁 2478、〈三晉銅器的國別年代與相關制度問題〉。此器現藏於上海博物館，其銘文共有四十字（器銘圖 170），共分三次刻成，第一次所刻是底部刻銘「受左吏奉銅，銅要鋸銤足，母緒，有盍（蓋），鑫緝」「……銅，銅要鋸銤足，母緒，有盍（蓋），鑫緝，一斗二益」「少府」。第二次所刻是「長阡（子）」。第三次所刻是「長陵一斗一升」（疑爲漢時加刻）。「左吏」當屬

〔註137〕此器原僅著錄於《綴遺》，方濬益據銘文最後一字「盒」，以爲是「盒」，黃盛璋以爲「盒」宜隸定爲「䨮」，且推測此器可能是「鼎」，故暫列於此。

〔註138〕黃盛璋以爲「寫」即「場」之異體字，場是無屋露天之平地，寫則有屋頂覆蓋，不論陰晴可於屋內工作。

少府主管造器之官吏，「少府」是韓國造兵器或其他容器之處。〔註 139〕「益」
當與「升」屬同一量級，此盉實測容量為 2325 毫升，以一斗二益（升）折算一
升是 194 毫升。「長子」屢見於《史·趙世家》、《戰·齊策》、《戰·周策》、《竹
書紀年》，初為韓地，曾歸屬趙，終為韓地，屬上黨。〔註 140〕此銘文語譯是在
長子少府之處，左吏負責鑄造有蓋之盉，其容量為一斗二益。

9. 春侯成鍾——此鍾著錄於《貞松》卷 11 頁 9、《貞圖》（中）頁 40、《三
代》卷 18 頁 19 之 3、《嚴集》（七）頁 3165、黃盛璋〈新出戰國金銀器銘文
研究〉（《古文字研究》第 13 輯）、〈三晉銅器的國別年代與相關制度問題〉。
其名稱有〈旻成矦鍾〉、〈尋成侯鍾〉、〈㠱成矦鍾〉、〈春成侯鍾〉。在腹部有銘
文十一字（器銘圖 171），隸定為：

> 春成侯中膚（府）半（半）重（鍾）勻（冢）十八益。

「春成侯」是韓國封君。「中府」猶少府，應為鑄器與藏器之所。「半」
是半齎。「鍾、冢、益」宜為容量單位，因無法實測此鍾，故其容量為何，難
以確知。

10. 韓國兵器——有關韓、趙、魏三國有銘文兵器之數目如下表：

兵器 ＼ 國別	魏	趙	韓
戈	20	10	33
矛	4	8	13
劍	4	16	3
戟			3

由此表可知韓戈與矛之數量最多，而戟又為魏、趙所無，此與《戰·韓
策》蘇秦遊說韓王：「天下之強弓勁弩皆自韓出。」完全符合。可見韓國在戰
國時期鑄造各種不同之兵器。此仿照魏、趙二國兵器，依戈、矛、劍、戟之
順序製表加以論述。

〔註 139〕《戰·韓策》：「天下之強弓勁弩皆自韓出，谿子、少府、時力、距來皆射百
　　　　步之外」，此為少府造兵之明證。〈少府銀器〉：「少府肖（胸、通「容」字）
　　　　二益」，此為少府造容器之明證。
〔註 140〕《史·趙世家》韓懿侯五年（西元前 370 年、趙成侯五年），韓以長子與趙；
　　　　《竹書紀年》韓昭侯五年（西元前 358 年），韓取屯留、尚子、涅，尚子即長
　　　　子。

編號	器名	著　　錄	件數	銘　文	時期	現藏處	備　註
1	鄭右庫戈	郝本性〈新鄭鄭韓故城發現一批戰國銅兵器〉(《文物》西元 1972 年第 10 期)(以下引述此文,則簡稱〈郝文〉)《中國古文字學通論》《嚴集》(十)頁 4278《殷周金文集成》(十七)頁 186	1	鄭右庫	戰國早期	河南省博物館	1.1971 年河南新鄭縣白廟范村窖藏。2.此戈僅記地名與庫名。
2	鄭左庫戈	〈長沙柳家大山古墓葬清理簡報〉(《文物》西元 1960 年第 3 期)〈試論三晉兵器的國別和年代及其相關問題〉《嚴集》(十)頁 4278《殷周金文集成》(十七)頁 186	1	鄭左庫	同上	湖南省博物館	1.1959 年五月至九月湖南省長沙市東郊柳家大山出土。
3	鄭武庫戈	《奇觚》卷 10 頁 14《周金》(下)卷 6 頁 54《小校》卷 10 頁 28《三代》卷 19 頁 32 之 2〈戰國題銘概述〉〈郝文〉〈試論三晉兵器的國別和年代及其相關問題〉《中國古文字學通論》《嚴集》(十)頁 471《殷周金文集成》(十七)頁 185	1	鄭武庫	同上		
4	鄭生庫戈	〈郝文〉《中國古文字學通論》《嚴集》(十)頁 4279《殷周金文集成》(十七)頁 185	1	奠(鄭)生庫	同上		1.韓國兵器刻辭有四庫:左庫、右庫、武庫、生庫。
5	鄭武庫冶口戈	《三代》卷 18 頁 31 之 1〈戰國題銘概述〉	1	奠(鄭)武庫冶期	同上		
6	闡輿戈	《殷周金文集成》(十七)頁 152 陶正剛〈山西臨縣窯頭古城出土銅戈銘文考釋〉(《文物》西元 1994 年第 4 期)	1	闡輿		山西省博物館	1.1976 年山西省臨縣窯頭村出土。2.闡輿在今山西和順縣西北。
7	口公之造戈	邊成修〈山西長治分水嶺 126 號墓發掘簡報〉《殷周金文集成》(十七)頁 251	1	口公之造戈	同上	山西省考古研究所晉東南工作站	1.1965 年山西省長治分水嶺 M126 墓出土。
8	王三年鄭令韓熙戈	〈郝文〉〈新鄭出土戰國兵器中的一些問題〉《嚴集》(十)頁 4404《殷周金文集成》(十七)頁 441	1	王三年奠(鄭)帝(令)韓熙右庫工帀(師)史矣(狄)冶口	韓桓惠王三年(西元前 270 年)	河南省博物館	1.1971 年河南新鄭縣白廟范村窖藏。2.韓熙見《戰‧韓策》與趙孝成王相邦建信君同時。

9	六年鄭令韓熙戈	《三代》卷 19 頁 52 之 1〈戰國題銘概述〉〈新鄭出土戰國兵器中的一些問題〉〈試論三晉兵器的國別和年代及其相關問題〉《中國古文字學通論》《嚴集》（十）頁 4377《殷周金文集成》（十七）頁 425	1	六年鄭令韓熙右庫工師司馬雎，冶狄	韓桓惠王六年（西元前 267 年）		
10	七年俞氏戈	〈試論三晉兵器的國別和年代及其相關問題〉《中國古文字學通論》《殷周金文集成》（十七）頁 419	1	七年俞氏命（令）韓口，工市（師）榮原，冶口	不得遲于韓桓惠王七年（西元前 266 年）		1.俞氏即河南登林。2.俞氏見於方肩方足方跨布。
11	十四年鄭令趙距戈	〈郝文〉《嚴集》（十）頁 4414《殷周金文集成》（十七）頁 459	1	十四年奠（鄭）命（令）肖（趙）距司寇（寇）王牆武庫工市（師）盟（鑄）章冶口	韓桓惠王十四年（西元前 259 年）	河南省博物館	1.1971 年河南新鄭縣白廟范村窖藏。
12	十五年鄭令趙距戈	〈郝文〉《嚴集》（十）頁 4414《殷周金文集成》（十七）頁 461	1	十五年奠（鄭）倫（令）肖（趙）距司寇（寇）彭璋右庫工市（師）墮（陳）平土（平）冶赣	韓桓惠王十五年（西元前 258 年）	同上	同上
13	十六年鄭令趙距戈	〈郝文〉《嚴集》（十）頁 4414《殷周金文集成》（十七）頁 461	1	十六年奠（鄭）命（令）肖（趙）距司寇（寇）彭璋生庫工市（師）皇佳冶瘝	韓桓惠王十六年（西元前 257 年）	河南省博物館	1.1971 年河南新鄭縣白廟范村窖藏。
14	十七年鄭令坴恒戈	〈郝文〉《嚴集》（十）頁 4414《殷周金文集成》（十七）頁 451	1	十七年奠（鄭）命（令）坴（茲）恒司寇彭璋武庫工市（師）皇冐冶狙	韓桓惠王十七年（西元前 256 年）	同上	同上
15	十八年庖宰韓矰戈	《殷周金文集成》（十七）頁 452李學勤〈湖南戰國兵器銘文選釋〉（《古文字研究》第 12 輯）	1	十八年鄰（庖）宰軹（韓）矰邦庫嗇夫 大湯、冶舍歔（造）	韓桓惠王十八年（西元前 255 年）	湖南省博物館	1.庖宰是掌管飲食之官。
16	廿年鄭令韓恙戈	〈郝文〉《中國古文字學通論》	1	廿年奠（鄭）倫（令）韓恙司寇（寇）吳	韓桓惠王廿年（西元	河南省博物館	1.1971 年河南新鄭縣白廟范村窖藏。

		《嚴集》（十）頁 4409 《殷周金文集成》（十七）頁 451		裕左庫工帀（師）張阪冶贛	前 253 年)		
17	廿一年鄭從鈦口戈	〈郝文〉 〈新鄭出土戰國兵器中的一些問題〉 《嚴集》（十）頁 4415 《殷周金文集成》（十七）頁 451	1	廿一年奠（鄭）命（令）鈦口司筏（寇）吳裕左庫工帀（師）吉忘冶緵	韓桓惠王廿一年（西元前 252 年)	同上	同上
18	廿四年邺陰命戈	《積古》卷 9 頁 5 《金石索》（上）頁 219 《攈古》卷 2 之 2 頁 22 《古餘》卷 2 頁 8 《周金》（下）卷 6 頁 5 《小校》卷 10 頁 56 《三代》卷 20 頁 26 之 1 〈試論三晉兵器的國別和年代及其相關問題〉 《嚴集》（十）頁 4400 《殷周金文集成》（十七）頁 440	1	廿四年邺陰命（令）韓口右庫工帀（師）夏冶竪	韓桓惠王廿四年（西元前 249 年)		1.「邺」即「申」，「申」在河南南陽縣北，「邺陰」在「申」北。
19	卅一年鄭令椙涫戈	〈郝文〉 《嚴集》（十）頁 4415 《殷周金文集成》（十七）頁 467	1	卅一年奠（鄭）命（令）椙涫司筏（寇）肖（趙）它坒庫工帀（師）皮釚冶君（尹）启。	韓桓惠王卅一年（西元前 242 年)	河南省博物館	1.1971 年河南新鄭縣白廟范村窖藏。 2.此戈銘文有界格。 3.「椙涫」又見於〈卅二年鄭令椙涫矛〉、〈卅四年鄭令椙涫矛〉、〈元年鄭令椙涫矛〉、〈二年鄭令椙涫矛〉、〈三年鄭令椙涫矛〉、〈卅三年鄭令椙涫劍〉。
20	四年鄭令韓半戈	〈郝文〉 〈新鄭出土戰國兵器中的一些問題〉 《中國古文字學通論》 《嚴集》（十）頁 4419 《殷周金文集成》（十七）頁 459	1	四年奠（鄭）侖（令）韓半，司筏（寇）長（張）朱武庫工帀（師）弗悆冶君（尹）歃造	韓王安四年（西元前 235 年)	同上	1.「長（張）朱」又見於〈五年鄭令韓口戈〉與〈五年鄭令韓口矛〉。
21	五年鄭令韓口戈	〈郝文〉 〈新鄭出土戰國兵器中的一些問題〉 《中國古文字學通論》 《嚴集》（十）頁 4419 《殷周金文集成》（十七）頁 459	1	五年奠（鄭）侖（令）韓半司筏（寇）張朱，右庫工帀（師）皀高冶君（尹）蠕造	韓王安五年（西元前 234 年)	同上	1.1971 年河南新鄭縣白廟范村窖藏。
22	六年鄭令冼矕	〈郝文〉 《嚴集》（十）頁 4419	1	六年奠（鄭）侖（令）冼矕	韓王安六年	同上	1.「冼矕」又見於〈八年鄭令

	戈	《殷周金文集成》（十七）頁467		司徥（寇）向口左庫工币（師）全（倉）庆冶君（尹）口造	（西元前233年）		衮豐戈〉、〈七年鄭令衮豐矛〉。
23	八年鄭令衮豐戈	〈郝文〉《嚴集》（十）頁4419《殷周金文集成》（十七）頁459	1	八年奠（鄭）倫（令）衮豐司徥（寇）史堅右庫工币（師）皂高冶君（尹）口造	韓王安八年（西元前231年）	同上	1.1971年河南新鄭縣白廟范村窖藏。
24	三年脩余令韓謹戈	《貞松》卷12頁7《小校》卷10頁54之3《三代》卷20頁25之1〈戰國題銘概述〉〈試論三晉兵器的國別和年代及其相關問題〉《彙編》（六）頁450《貞圖》（中）頁70《中國古文字學通論》《嚴集》（十）頁4378《殷周金文集成》（十七）頁416	1	三年脩余命（令）韓謹工币（師）肖瘠，冶竈	戰國晚期	上海博物館	1.脩余即脩魚，在今河南原陽。
25	四年令韓謹戈	《錄遺》579〈試論三晉兵器的國別和年代及其相關問題〉《嚴集》（十）頁4386《殷周金文集成》（十七）頁415	1	四年命（令）韓謹右庫工币（師）矦冶口	戰國晚期	中國歷史博物館	
26	十七年彘令解朝戈	《小校》卷10頁59之5〈新鄭出土戰國兵器中的一些問題〉〈試論三晉兵器的國別和年代及其相關問題〉《嚴集》（十）頁4420《殷周金文集成》（十七）頁457	1	十七年彘倫（令）解肖（朝）司寇夐（鄭）客，左庫工币（師）啲口，冶睪歔（造）	同上	同上	1.彘即山西霍縣。
27	十六年喜令韓於戈	《貞松》卷12頁10《三代》卷20頁27之2《劍吉》（下）頁34〈試論三晉兵器的國別和年代及其相關問題〉《中國古文字學通論》《嚴集》（十）頁4406《殷周金文集成》（十七）頁436	1	十六年喜倫（令）韓於左庫工币（師）司馬裕冶何	同上	北京故宮博物院	
28	鄭口敬口口口戈	〈太原揀選一件韓國銅戈〉	1	鄭口敬口口口口	同上		1.1983年底山西省博物館從太原電解銅廠揀選此戈。2.此戈銘文模糊不清，所能辨識僅二字。

29	八年新城大令韓令戈	《錄遺》581〈試論三晉兵器的國別和年代及其相關問題〉《戰國題銘概述》《中國古文字學通論》《嚴集》（十）頁 4402《殷周金文集成》（十七）頁 432	1	八年新城大命（令）韓定工帀（師）宋費冶拧			1.此戈於 1942 年安徽壽縣出土。2.新城即河南伊川，新城見方足布。
30	王二年鄭令韓口戈	〈郝文〉《嚴集》（十）頁 4389《殷周金文集成》（十七）頁 422	1	王二年奠（鄭）命（令）韓……右庫工帀（師）		河南省博物館	1.1971 年河南新鄭縣白廟范村窖藏。
31	六年格氏令戈	《殷周金文集成》（十七）頁 422 李學勤〈湖南戰國兵器銘文選擇〉（《古文字研究》第 12 輯）	1	六 年 格 氏 命（令）執（韓）與工帀（師）恒宮，冶口		湖南省博物館	1.格氏在今河南滎陽。
32	王三年陽人命卒戈	《小校》卷 10 頁 53 之 1〈試論三晉兵器的國別和年代及其相關問題〉	1	王三年陽人命（令）卒止，左庫工帀（師）口，冶口			1.陽人即河南伊川。
33	鄭右庫矛	〈郝文〉《嚴集》（十）頁 4459	1	奠（鄭）右庫	戰國早期		
34	鄭左庫矛	〈郝文〉	1	奠（鄭）左庫	同上		
35	鄭坐庫矛	〈郝文〉《嚴集》（十）頁 4462	1	奠（鄭）坐庫扅（戟）束（刺）	同上		1.「戟束」表示矛之刺部。
36	九年鄭令向疆矛	〈郝文〉《中國古文字學通論》《嚴集》（十）頁 4474	1	九年奠（鄭）倫（令）向疆司寇（寇）霎商，武庫工帀（師）盥（鑄）章，冶狙	韓桓惠王九年(西元前 264 年)		1.盥章見於〈十四年鄭令趙距戈〉。
37	十九年冢子口口矛	寇玉海〈新鄭發現一件刻款戰國銅矛〉（《中原文物》西元 1992 年第 3 期）	1	十九年冢子口口上庫嗇夫吏（史）口庫吏高冶亢	韓惠王十九年(西元前 254 年)		1.1985 年河南新鄭縣徵集此矛。2.此矛與〈呂不韋矛〉(秦王政四年西元前 243 年近似)。3.嗇夫是兵器之工匠名，嗇夫見趙器〈十一年庫鼎〉。
38	卅二年鄭令栖潘矛	〈郝文〉《中國古文字學通論》《嚴集》（十）頁 4478	1	卅二年奠（鄭）倫（令）栖潘司寇（寇）肖（趙）它，坐庫工師皮耴冶君（尹）皴。	韓桓惠王卅三年(西元前 241 年)		

39	卅四年鄭令楁潲矛	〈郝文〉《中國古文字學通論》《嚴集》（十）頁 4480	1	卅四年奠（鄭）倫（令）楁潲司叏（寇）肖（趙）它，生庫工帀（師）皮耴，冶君（尹）竤造	韓桓惠王卅四年(西元前239年)		1.冶君（尹）是職位略高冶人。
40	元年鄭令楁潲矛	〈郝文〉《中國古文字學通論》《嚴集》（十）頁 4478	1	元年奠（鄭）倫（令）楁潲司叏（寇）芊庆，生庫工帀（師）皮耴君（尹）貞造	韓王安元年(西元前298年)		
41	二年鄭令楁潲矛	〈郝文〉《嚴集》（十）頁 4480	1	二年奠（鄭）倫（令）楁潲司叏（寇）芊庆，生庫工帀（師）皮耴冶君（尹）竤造戎（戟）束（刺）	韓王安二年(西元前237年)		1.此矛是先鑄後刻，所增刻是冶尹名及兵器名。
42	三年鄭令楁潲矛	〈郝文〉《嚴集》（十）頁 4479	1	三年奠（鄭）倫（令）楁潲司叏（寇）芊庆左庫工帀（師）邶斳冶君（尹）弜造	韓王安三年（西元前236年）		
43	五年鄭令韓口矛	《貞松》卷 12 頁 16《三代》卷 20 頁 40 之 5〈戰國題銘概述〉〈試論三晉兵器的國別和年代及其相關問題〉《中國古文字學通論》《嚴集》（十）頁 4472	1	五年鄭命（令）口口司寇長朱左庫工師陽偪冶君（尹）狚敚（造）	韓王安五年（西元前234年）		
44	四年口雍命韓匡矛	〈新鄭出土戰國兵器中的一些問題〉〈試論三晉兵器的國別和年代及其相關問題〉《中國古文字學通論》《嚴集》（十）頁 4481	1	四年口雍命（令）韓匡司寇刦它，左庫工帀（師）刑秦，冶口敚（造）戎（戟）朿（刺）		中國歷史博物館	1.雍即河南禹縣。
45	六年安陽令韓望矛	《陶續》卷 2 頁 25《周金》（下）卷 6 頁 91〈戰國題銘概述〉〈新鄭出土戰國兵器中的一些問題〉《中國古文字學通論》〈試論三晉兵器的國別和年代及其相關問題〉《嚴集》（十）頁 4481	1	六年安陽命（令）韓望司寇口卹右庫工帀（師）若父冶口敚（造）戎（戟）朿（束）		北京故宮博物院	1.安陽即河南陝縣。

46	鄭武庫冶劍	《陶齋》卷 5 頁 30〈試論三晉兵器的國別和年代及其相關問題〉	1	奠（鄭）武庫冶口			
47	卅年鈹	朱京葛〈河南長葛出土一件戰國銅鈹〉	1	卅年塚（冢）子韓擔，吏韜大官上庫嗇（夫）口口，庫口口口征歔（造）	韓桓惠王卅年（西元前 243 年）		1.1972 年河南長葛縣官亭鄉孟寨村出土。2.「冢子」、「嗇夫」見〈十九年冢子口口矛〉。
48	卅三年鄭令桓洀劍	〈郝文〉《中國古文字學通論》《嚴集》（十）頁 4480	1	卅三年奠（鄭）命（令）桓洀司侂（寇）肖（趙）它生庫工市（師）皮耴，冶君（尹）戶造	韓桓惠王卅三年（西元前 240 年）		1.此劍銘文是刻款。
49	宜口之乘戟	〈山西省長治市分水嶺古墓的清理〉《考古學報》西元 1957 年第 1 期〈新鄭出土戰國兵器中的一些問題〉張頷〈韓鍾鑸鎗考釋〉《古文字研究》第 5 輯《殷周金文集成》（十七）頁 259	1	宜口之乘戟	戰國晚期	山西省考古研究所晉東南工作站	1.1955 年山西省長治市分水嶺 M14 墓出土。
50	寅之戟	〈山西省長治市分水嶺古墓的清理〉《殷周金文集成》（十七）頁 190	1	寅之戟	同上	山西省博物館	同上
51	吳它戟	〈山西省長治市分水嶺古墓的清理〉	1	吳它			

第五章　結　論

　　馬承源以為青銅器研究之對象，有青銅禮器、青銅樂器、青銅兵器、青銅
生產工具、銘文、青銅藝術、青銅鑄造技術等，其研究之任務：青銅禮器在於
探索商周禮制，由器物組合與數量以判定其人之身分與地位；青銅樂器在於研
究商周音律聲學，青銅兵器在於透過兵器形制而了解商周戰爭之情況；青銅生
產工具在於憑藉商周之農具工具以了解當時生產狀況；銘文在於探討商周之史
事，且運用銘辭以了解當時文字之特色與變化；青銅藝術在於分析器物造型與
紋飾圖案，以顯現商周藝術特質；青銅鑄造技術在於探究商周青銅鑄造方法與
合金成分比例。〔註1〕晉系青銅器研究無不以上述諸項為軸點，其終極之意義
在於深曉晉系青銅器所具有之特徵。是以本章乃依據前三章所論述，而歸結出
晉系青銅器形制特徵、紋飾特徵、銘文字體特徵、鑄造制度特徵、及在中國文
化歷史之價值等五項，以肯定它在中國青銅器史之地位。

第一節　晉系青銅器形制特徵

　　晉系青銅器器類，蓋可分為飪食器、酒器、水器、樂器、兵器、車馬器、
生活用具與與農工具、雜器等八項，由於各器類在不同時期有不同之形制，
而本文已在第三章論述過。本節欲從飪食器、樂器、酒器、水器、兵器、車
馬器在各階段出現之狀況，以了解其形制之特徵。

　　兩周時期晉系飪食器與樂器出現狀況，如下之示意圖，其中有「ˇ」號，
表示此器物在此階段有出現過。

〔註1〕有關馬承源之說法，詳見《中國青銅器》頁7至19；在研究對象中，馬承源
　　　　尚論及華夏族以外之青銅器。

表一：兩周時期晉系飪食器與樂器出現示意圖

時期＼器形	西周時期			春秋時期			戰國時期		
	早期	中期	晚期	早期	中期	晚期	早期	中期	晚期
鼎	∨	∨	∨	∨	∨	∨	∨	∨	∨
鬲	∨	∨	∨	∨		∨	∨		∨
甗	∨	∨	∨	∨		∨	∨		
簋	∨	∨	∨	∨	∨	∨	∨	∨	
盨	∨		∨	∨					
簠		∨	∨	∨		∨	∨	∨	
敦						∨	∨	∨	
豆		∨	∨	∨		∨	∨	∨	
盂			∨						
匕						∨	∨	∨	
甂						∨	∨		
鐘		∨	∨	∨	∨	∨	∨		
鎛						∨	∨	∨	
鐸			∨						
鉦			∨						
鈴				∨		∨	∨	∨	∨

　　由此圖之顯示，其意義有二：1.從縱向來看，鼎、鬲、甗、簋、簠、鐘在各時期出現機率很高，尤其鼎在兩周時期皆有，可知鼎在禮樂器是重要器物，亦是形成器物組成之主要成分，而件數多寡亦可考量此殉葬墓主之身分與位階。至於盨、敦、豆、盂、匕、甂、鎛、鐸、鉦、鈴出現機率較少，且集中在某一時期，甚者有彼此交替之現象，如盨集中出現在西周早、晚期與春秋早期，敦集中出現春秋晚期和戰國早、中期，基於當時禮器組合之需要，盨不受重用，因而由敦取代。2.從橫向來看，各階段禮樂器出現不一，如西周晚期有鼎、鬲、甗、簋、盨、簠、豆、盂、鐘、鐸、鉦，春秋晚期和戰國早期有鼎、鬲、甗、簋、簠、敦、豆、匕、甂、鐘、鎛、鈴；此均為禮樂器出現最多之階段。西周早期鼎、鬲、甗、簋、盨，戰國晚期出現鼎、鬲、鈴；此均為禮樂器出現最少之階段。由出現之多寡，可知當時器物流行盛消之狀況。

　　晉系銅鼎在兩周時期之基本形制：口有斂口、弇口、折沿、平沿；蓋有

三環鈕（蓋在春秋晚期才出現）；耳有長方形耳、環耳、侈耳，立在口沿上或腹側；腹有淺腹、深腹、圓腹、鼓腹、圓底、平底；足有三柱足、三蹄足；其中具有殊異之特徵，如帶流小鼎、匜形鼎、敦形鼎、鬲形鼎、鑊鼎〔註2〕、升鼎，甚至在蓋上有蛇、鴨、牛、狗之不同狀況之鈕。

　　晉系銅鬲在兩周時期之基本形制：口有平口、斂口、寬平沿、折沿；有雙耳，亦有無耳；腹有淺腹、鼓腹、圓腹、弧襠、平襠；足有圓柱足、三蹄足；戰國晚期銅鬲有蓋，上有環鈕或臥鳥鈕。〔註3〕

　　晉系銅甗在兩周時期之基本形制：甑部口有敞口、大口、小口、平口；雙耳立於口沿上或口沿下，有另作鋪獸銜環；腹有圓形、方形；足有圈足，內有長條形箅孔。鬲部口有直口、平口、小口、束口；肩旁有兩耳或雙環；腹有圓形、方形、袋形、弧襠、平襠；足有三蹄足、四蹄足、圓柱足、袋形足、三矮足。晉系銅甗有甑鬲合體（即聯體甗）、甑鬲分體。〔註4〕

　　晉系銅簋在兩周時期之基本形制：口有侈口、斂口、敞口、子母口；西周中期以前無蓋，西周晚期以後有蓋，上有圈足式、花瓣形、喇叭形之捉手，可覆於器上，腹側有雙耳，呈雙環狀或獸首形；腹有圓腹、鼓腹、淺腹、深腹、圓底、平底；足是圈狀，下有方座。其中有二簋之形制殊異，一為西元1961年山西侯馬上馬村 M13 之簋，其形制與敦近似，一為〈宜陽右倉簋〉是融合簋豆之形制。楚系銅簋基本形制是圈足簋與方座簋，此與晉系銅簋近似，唯一最大不同之處，楚系方座簋下之方座，四面皆有鏤孔，而晉系銅簋則少見。

　　晉系銅盨在兩周時期之基本形制：口有弇口；蓋與器同體，有橢圓形或長方形，蓋頂有四環鈕或四個矩形鈕；腹兩側有獸首形耳；圈足四週有缺口，其中〈晉侯靫盨〉之圈足下是人體裸體之蹲式，是饒有藝術之造型。晉系銅盨僅流行西周中、晚期，自春秋中期以後則未見，是以在楚系銅器未見盨器。

〔註2〕　楚系銅鼎亦有鑊鼎，如安徽壽縣楚幽王墓有一件高113厘米、口徑87厘米、重400公斤銅鼎，劉彬徽當作「鼐」，即折沿鼎。此鼎功用，郭寶鈞以為「熟牲之用」。此鼎詳見劉彬徽《楚系青銅器研究》頁111至113。

〔註3〕　劉彬徽以為中原地區銅鬲，在各時期演變中最明顯在於鬲足不斷退化縮短，此與楚系鬲足保持一定高度是有所不同。其詳見《楚系青銅器研究》頁140。

〔註4〕　劉彬徽以為楚系銅甗與楚鼎、楚鬲共同特徵，在於足部，時期愈晚愈高，而中原地區則相反，愈晚愈矮，此為兩系銅甗易於辨識之處。其詳見於《楚系青銅器研究》頁143。

晉系銅簠在兩周時期之基本形制：口有侈口、敞口；器與蓋同形，是長方體；腹兩側有獸首耳或雙環耳；腹有直腹、淺腹；矩形圈足，四邊中間各有一個缺口。楚系銅簠基本形制是口、底為長方形，腹壁有直、斜之分，在春秋時期、戰國早中期之斜壁與直壁兩者有2：1比例，但至戰國晚期腹部已趨於直壁，形成明顯長方體之器物；晉系銅簠雖是長方體，然其腹部未如楚系銅簠之直峭。

晉系銅敦在兩周時期之基本形制：蓋與器同形，結成圓形或卵圓形；蓋與器之左右各有雙環耳，上下有三蹄足、三環足或短圈足。劉彬徽將楚文化區之銅敦分為盆體敦（即盞）、圓體敦（即敦），此二敦在春秋中期逐漸演變形成，晉系銅敦大體而言以圓體敦居多。〔註5〕

晉系銅豆在兩周時期基本形制：口有敞口、斂口、子母口、平沿；在西周晚期無蓋，春秋晚期以後有蓋，呈覆缽形、環鈕形，上有圓捉手。腹側有雙環耳，腹有圓腹、淺腹、圓底；柄有粗炳、短柄；另有喇叭形圈足，下有方座。其中有一豆極為新穎，即西元1957年河南省陝縣上村嶺M1704出土「獸形豆」，上有豆，下有獸，其狀貌栩栩鮮活。以出土數量而言，晉系銅豆多於楚系銅豆；以形制而言，楚系有兩點異於晉系，一為楚系有方豆，二為楚系銅豆之足部愈後期後高，此與該系銅鼎相同；以禮器組合而言，楚系銅豆未如晉系銅豆是構成禮器組合之基本器種。

晉系銅匕僅出現於春秋晚期、戰國早期、中期，其基本形制：勺部呈橢圓形，柄部細長，柄首有作鳥形。〔註6〕

晉系銅鐘在兩周時期之基本形制有甬鐘與鈕鐘之分，甬鐘與鈕鐘共同形制有舞、鉦（有卅六枚）、篆、鼓、于、銑，所不同者是甬鐘在舞之上有甬、衡、旋，鈕鐘在舞之上有長方形鈕。晉系甬鐘與鈕鐘皆成套為編鐘，件數有八、九、十件不等，有多至十六件。楚系編鐘仍以甬鐘與鈕鐘為主，出土件數不一，少者一件如〈王孫遺者鐘〉，多者有廿六件〈王孫誥鐘〉（屬於甬鐘）、六十四件〈曾侯乙鐘〉（甬鐘四十五件、鈕鐘十九件）、卅六件〈隨擂M2鐘〉

〔註5〕 劉彬徽將銅敦分佈地點區分為三處：一為楚文化區、二為東方齊文化區、三為北方中原文化區，且以為「中原地區的圓體敦當是接受楚文化區的影響而出現」（《楚系青銅器研究》頁164）。由於目前晉系銅敦出土量有限，無強而有力之證據來證明此事。

〔註6〕 楚系曾侯乙墓出土一件匕，長有158米，通體鑄雙鈎蟠螭紋，蓋為目前所見最長之匕，此極為別致。

（屬於甬鐘）。晉系編鐘數量未有如楚系編鐘之多。

　　晉系銅鎛出現於春秋晚期、戰國早期、中期，其形制與甬鐘、鈕鐘不同之處有三：一為鐘體較大，二為銜梁式鈕有夔龍對峙，三為于部平整。目前晉系銅鎛皆成套出土，少者有四件，多者有十四件。〔註7〕

　　兩周時期晉系酒器與水器出現狀，如下之示意圖，其中有「ｖ」號，表示此器物在此階段有出現。

表二：兩周時期晉系青銅酒器與水器出現示意圖

時期 器形	西周時期			春秋時期			戰國時期		
	早期	中期	晚期	早期	中期	晚期	早期	中期	晚期
爵	ｖ		ｖ	ｖ					
斝	ｖ								
尊	ｖ		ｖ			ｖ			
方彝		ｖ		ｖ					
卣	ｖ		ｖ	ｖ					
罍				ｖ	ｖ	ｖ	ｖ		
缶						ｖ			ｖ
皿									ｖ
方壺		ｖ	ｖ	ｖ		ｖ	ｖ	ｖ	
圓壺			ｖ			ｖ	ｖ	ｖ	ｖ
扁壺						ｖ	ｖ		ｖ
穿帶壺				ｖ	ｖ				
匏壺						ｖ	ｖ		
鈁							ｖ		
觶	ｖ		ｖ	ｖ					
鍪						ｖ			
勺				ｖ		ｖ	ｖ		
舟				ｖ	ｖ		ｖ	ｖ	

〔註7〕劉彬徽以同一時期楚系與晉系之甬鐘、鎛鐘比較，發現晉系甬鐘、鎛鐘之重量、大小均不如楚系，由此看出兩區域在音樂文化之水準，其詳見《楚系青銅器研究》頁244至246。

罐		✓			✓	✓		
盉	✓	✓	✓		✓	✓		✓
鍾							✓	
盤	✓	✓	✓	✓	✓	✓	✓	✓
匜		✓	✓	✓	✓	✓	✓	
鑑					✓	✓	✓	✓
洗							✓	
簠					✓			

由此圖可看出各器物在不同時期流行消長之情況，其意有二：1.從縱向來看，壺之形制特多，有方、圓、扁、穿帶、匏等，與盉、盤、匜在各時期均有出現，而普遍流行之器物，常與上述之禮器、樂器作基本組合，如鼎、簋、壺、盤、匜是晉系禮器最常見之組合方式；其他器物僅出現於某一時期，如爵、尊、方彝、卣、觶流行於西周時期與春秋時期，罍、勺、舟、鑑流行於春秋時期與戰國時期。2.從橫向來看，各階段酒器與水器出現不一，如西周晚期有爵、尊、方彝、卣、方壺、圓壺、觶、罐、盉、盤、匜，春秋早期有爵、尊、方彝、卣、罍、方壺、穿帶壺、觶、勺、舟、盉、盤、匜，春秋晚期有尊、罍、方壺、圓壺、扁壺、匏壺、鉠、勺、舟、罐、盉、盤、匜、鑑、**簠**，戰國早期有罍、方壺、圓壺、扁壺、匏壺、鈁、勺、舟、罐、盉、盤、匜、鑑，此均為酒器水器出現較多之階段。西周中期有方壺、觶，春秋中期有罍、缶、穿帶壺、舟、盤、匜，此為酒器水器出現較少之階段。

晉系銅爵集中出現於西周時期與春秋早期，春秋中期以後未見，其基本形制：前有流、後有尾，口上有雙柱成菌狀，腹側有獸形鋬，長腹，圓底，三棱形錐足。由於楚系青銅器皆集中在東周時期，是以在酒器中未有「爵」，此為晉系酒器多於楚系酒器之一明證。

晉系銅尊基本形制是敞口、深腹、圈足，然而其中亦別具風貌之銅尊，如「觚形尊、小尊、兔尊、鳥尊」。楚系楚國、蔡國之尊，腹部較扁（有學者稱之為扁腹尊），此與晉系銅尊有所不同。

晉系方彝僅出現在西周晚期與春秋早期，其形制為長方體，上有蓋，呈四面坡形，四角有扉棱或臥獸，器身是長筒狀，四角有扉棱或臥獸，下有方圈足。楚系酒器未見有銅方彝。

晉系銅卣僅出現在西周時期與春秋早期，其形制：口有斂口、直口；有

蓋，上有捉手；頸部有雙耳，上有提梁；腹有圓腹、垂腹，下有圈足。楚系酒器未見有銅卣。

　　晉系銅罍盛行於春秋時期與戰國早期，其基本形制：口有斂口、敞口、小口、平口；圓肩，上有雙環耳；腹有圓腹、鼓腹、圓底、平底，下有圈足。楚系水器有一類名「浴缶」，其形制器體矮胖、小口、頸極短、雙耳、圓鼓腹，劉彬徽以爲此「浴缶」即晉系銅罍。〔註8〕

　　晉系銅缶現知僅有春秋中期〈欒書缶〉，此缶劉彬徽稱之爲「尊缶」（即器身高），且以爲「〈欒書缶〉雖然爲晉器，從形態學特徵應屬於楚系尊缶範疇」（《楚系青銅器研究》頁184）。由於楚系尊缶出土數量不少，且〈欒書缶〉器形與東周四期（春秋中晚期）淅川下寺M11出土之尊缶極爲類似，此爲中原文化區與楚文化區交流之明證。

　　晉系銅方壺在兩周時期普遍盛行，其形制：口爲方口，有敞口、弇口；蓋由圈足式捉手演變成透雕蓮花瓣狀；腹側有獸耳銜環，成龍首狀；腹有圓腹、方腹、垂腹；足有透雕高圈足、喇叭形方座。晉系與楚系之銅方壺最大不同之處，在於楚系腹部有四個寬十字形凸帶。

　　晉系銅圓壺盛行於春秋晚期與戰國時期，其形制：口有小口、侈口、敞口、子母口；頸有束頸、長頸、短頸、細頸；蓋有蓮花瓣、三環鈕；肩部兩側有獸面銜環；腹有鼓腹、深腹、圓腹、平底；足有高圈足、低圈足。楚系鋪首壺（短頸深腹）基本形制未如晉系銅圓壺變化之多，如晉系銅圓壺之蓋作瓣形，此在楚壺尚未見過。

　　晉系銅壺除常見圓壺、方壺外，尚有扁壺、穿帶壺、匏壺。晉系銅扁壺盛行於春秋晚期與戰國時期，其形制：口有斂口、敞口；束頸，肩部兩側有環形耳，腹寬扁、平底；足有方足、圈足；楚系銅壺未有見過扁壺。晉系穿帶壺不多見，其形制與圓壺略似，僅是肩側有雙耳可穿帶提攜；楚系提鏈壺即是穿帶壺，其形式多樣精美，如曾侯乙墓之提鏈壺，此在晉系銅壺中少見。晉系銅匏壺僅流行於春秋晚期與戰國早期，其形制頗爲殊異，尤其太原金勝村M251之匏壺，是楚系銅壺所未見。

　　晉系銅鈁目前僅出現於戰國早期、中期，其形制：侈口，蓋有四環鈕，短

〔註8〕劉彬徽以爲「楚文化區大墓出浴缶而罕見罍……罍是屬於中原文化系統的器類，浴缶是南方楚文化系統的器類，這是楚文化區別于中原地區文化在銅器上的一個顯著標示之一。」（《楚系青銅器研究》頁210）。

頸，肩部有鋪首銜環，鼓腹，平底，圈足，楚系酒器未有銅鈁。晉系銅觶僅流行於西周時期及春秋早期，由於出土數量不多，其形制所知有限，大抵爲侈口、鼓腹、高圈足，楚系將此類爲「尊」。晉系銅鉶僅有春秋晚期〈哀成叔鉶〉，其器身低矮，蓋和底各有四個小蹄狀足，圓腹，腹側有一對環形耳，劉彬徽以爲銅鉶是中原地區所特有，而楚系有銅鉶，乃由中原仿制而成，由此可知晉系銅器對楚系銅器亦有相當之影響力。晉系銅勺基本形制爲柄端有鋬，勺身橢圓形、淺腹、圓底，楚系銅勺與此近似，唯一不同之處是柄端呈龍首形或蛇形。

晉系銅舟盛行於東周時期，其基本形制：口有敞口、侈口，作橢圓形，腹深有雙環耳，腹有淺腹、深腹、鼓腹、平底、圜底，腹下有矮圈足，楚系銅器有「盤尊」之名，即尊置於盤中，此盤即尊下台，亦是「舟」。晉系銅舟與楚系銅舟最大不同點在於晉系銅舟器身是橢圓形，下腹內收，而楚系銅舟器身是圓形。

晉系銅罐基本形制器身作圓筒狀，口有侈口、敞口、斂口，有蓋，短頸，腹有圓腹、鼓腹、圜底、平底。楚系曾侯乙墓出土一罐，其形制爲平蓋、平肩、平底，腹爲寬筒形，此與晉系銅罐有所殊異。晉系銅盉在兩周時期之基本形制：口有小口、斂口；前有流，作龍首形、鳳首形，夔龍狀；腹側有鋬；有蓋，上有提梁；腹有鼓腹、圓腹、圜底、平底；足有三棱足、三蹄足、獸蹄足；其中有一盉形制極爲獨特別致，即爲西元 1993 年山西曲沃縣曲村鎮北趙村 M3 之盉。楚系銅盉形制之演變與晉系銅盉相似，如先無提梁，後有提梁；流部作不同之獸形。晉系銅鍾僅流行於戰國中期，其形制與圓壺相似。

晉系銅盤流行於兩周時期，其形制：口有敞口、平口、直口；折沿、方唇；腹側有雙耳或銜環鋪首；腹有深腹、淺腹、平底、圜底；足有四足、三獸蹄足、圈足；其中有一盤造型精美清麗，即西元 1965 年山西省長治市分水嶺 M126 之銅犧立人擎盤，此爲楚系銅盤不足與之相媲美。晉系銅匜盛行於兩周時期，其形制：前有流，作方形、瓦形或獸頭狀；後有獸形鋬；腹有長腹、扁腹、淺腹、圓底、平底；足有四扁足、四蹄足、三尖足、三環足；器身有橢圓形、長方形、桃形、瓢形。楚系銅匜型式變化與晉系銅匜大體一致。晉系銅鑑流行於春秋晚期與戰國早、中期，其基本形制：口有敞口、平口、斂口、直口；口沿外折，沿旁有四獸耳銜環；腹有圓腹、鼓腹、深腹圜底、平底；腹下有矮圈足。楚系銅鑑之形制與晉系銅鑑相類似，惟一差別是楚系銅鑑有蓋，蓋頂有環紐。晉系銅洗僅有一見，出土時已破碎，是以其形制不明，

楚系銅洗亦僅一見，因形制較小，故謂之小鑑。晉系銅**盥**僅有〈晉公盤〉，楚系水器無名「**盥**」，此**盥**形制與「鑑」相似，或許楚系將「腹寬下收、平底」之「**盥**」歸納於「鑑」中。

　　兩周時期晉系青銅兵器與車馬器出現狀況，如下之示意圖，其中有「ˇ」，表示此器物在此階段有出現過。

表三：兩周時期晉系青銅兵器與車馬器出現示意圖

時期 器形	西周時期			春秋時期			戰國時期		
	早期	中期	晚期	早期	中期	晚期	早期	中期	晚期
戈	∨	∨	∨	∨	∨	∨	∨	∨	∨
戟						∨	∨	∨	∨
矛	∨		∨		∨	∨	∨	∨	∨
鈹									∨
鉞						∨		∨	
劍		∨	∨	∨		∨	∨		
鏃		∨	∨	∨	∨	∨	∨	∨	∨
書	∨	∨	∨	∨	∨	∨	∨	∨	
轄		∨							
軸頭			∨		∨	∨	∨	∨	
鑾		∨	∨						
衡		∨	∨	∨	∨	∨	∨	∨	∨
鑣			∨	∨	∨	∨			
當盧	∨					∨	∨	∨	

　　由於車馬器附屬配件極多且又零碎，故此以七項常見之車馬器為例。由此圖可知兵器與車馬器流行之狀況，其意有二：1.由縱向來說，戈、矛、劍、鏃、書、軸頭、衡在各時期出現，其他器物僅出現於某一時期，如轄、鑾僅出現於西周時期，鈹僅出現於戰國時期。2.由橫向來說，各階段兵器與車馬器出現不一，如西周晚期有戈、矛、劍、鏃、書、軸頭、鑾、衡、鑣；春秋晚期有戈、戟、矛、鉞、劍、鏃、書、軸頭、衡、鑣、當盧；戰國早期有戈、戟、矛、劍、鏃、書、軸頭、衡、當盧；戰國中期有戈、戟、矛、鉞、鏃、書、軸頭、衡、當盧；此均為兵器、車馬器出現較多之階段。西周早期有戈、矛、書、當盧，此為兵器及車馬器出現最少之階段。

綜歸禮器、樂器、酒器、水器、兵器、車馬器在兩周時期之狀況，大致可知晉系青銅器在西周晚期和春秋早期、春秋晚期和戰國早期與中期是形制最多之階段；至於其他階段則較少，此與兩周青銅器演變發展之軌跡完全吻合，由此可確信晉系青銅器絕非脫離此大環境而獨立發展，而是在此大環境受其薰染影響，除有共同之形制外，且另謀其區域之特徵。

第二節　晉系青銅器紋飾特徵

晉系青銅器紋飾蓋可從動物紋飾、幾何圖案、植物紋飾、人物圖像、浮雕狀花紋、錯金銀花紋、素面等來探討。由於各紋飾在不同時期有不同之圖案，而本文已在第三章已論述過。本節欲從上述諸紋飾在各階段出現之狀況及各器類所顯示之圖案，作相互之比較以了解其特徵。

兩周時期晉系動物紋飾演變及出現，如下之示意圖，其中有「ˇ」號，表示此紋飾在此階段有出現過。

表一：兩周時期晉系動物紋飾演變示意圖

時期 紋飾	西周時期			春秋時期			戰國時期		
	早期	中期	晚期	早期	中期	晚期	早期	中期	晚期
饕餮紋	ˇ	ˇ	ˇ		ˇ	ˇ	ˇ	ˇ	
龍　紋	ˇ	ˇ	ˇ	ˇ	ˇ	ˇ	ˇ	ˇ	ˇ
夔　紋	ˇ	ˇ	ˇ	ˇ		ˇ	ˇ		
象首紋			ˇ			ˇ	ˇ		
蟠虺紋				ˇ		ˇ	ˇ	ˇ	
鳥　紋	ˇ	ˇ	ˇ			ˇ	ˇ		
蛙　紋						ˇ	ˇ		
貝　紋						ˇ	ˇ	ˇ	
蟬　紋						ˇ			
目　紋		ˇ	ˇ	ˇ					
鱗　紋		ˇ	ˇ	ˇ	ˇ	ˇ		ˇ	
竊曲紋		ˇ	ˇ	ˇ		ˇ	ˇ		
獸頭紋			ˇ			ˇ		ˇ	
虎　紋			ˇ			ˇ	ˇ		

　　由此圖可知有兩種現象：1.饕餮紋、龍紋、夔紋、象首紋、鳥紋、鱗紋、竊曲紋、獸頭紋、虎紋普遍出現於兩周時期，蟠虺紋、蛙紋、貝紋、蟬紋出現於東周時期，目紋出現於西周時期與春秋時期。由晉系動物紋飾出現狀況，可知在晉系動物紋飾中，饕餮紋（獸面紋）和龍紋為主要紋飾，且其流行時期最多亦最長，此與楚系獸面紋有所不同。〔註9〕另外具體寫實之動物紋飾如蛙紋、貝紋、蟬紋集中出現在春秋晚期以後，由此可知晉系紋飾自西周早期抽象奇異之紋樣，逐漸演變成現實具體可見之紋樣，亦即由幻想至寫實，此為晉系紋飾發展之軌跡。2.在西周中期與晚期、春秋早期與晚期、戰國早期出現紋樣甚多，由此現象可知此當時青銅器盛行有關，由於青銅器盛行，自然在器表上之紋樣則力求樣式多且富有變化，是以由此可窺見中國青銅器在兩周時期演變發展之端倪。

　　兩周時期晉系幾何圖案和植物紋飾演變與出現，如下之示意圖，其中有「ˇ」號，表示此紋飾在此階段有出現過。

表二：兩周時期晉系幾何圖案和植物紋飾演變示意圖

紋飾＼時期		西周時期			春秋時期			戰國時期		
		早期	中期	晚期	早期	中期	晚期	早期	中期	晚期
幾何圖案	圓周紋			ˇ	ˇ		ˇ	ˇ	ˇ	
	渦　紋	ˇ		ˇ	ˇ		ˇ	ˇ	ˇ	
	雲　紋	ˇ	ˇ	ˇ	ˇ	ˇ	ˇ	ˇ	ˇ	ˇ
	雷　紋	ˇ	ˇ	ˇ	ˇ	ˇ	ˇ	ˇ	ˇ	ˇ
	三角紋						ˇ	ˇ	ˇ	ˇ
	弦　紋	ˇ	ˇ	ˇ	ˇ	ˇ			ˇ	ˇ
	絢　紋						ˇ	ˇ	ˇ	ˇ
	瓦　紋			ˇ	ˇ	ˇ	ˇ			
	菱形紋						ˇ	ˇ	ˇ	ˇ
	波帶紋		ˇ	ˇ	ˇ				ˇ	
	線　紋						ˇ			
	曲折紋			ˇ	ˇ			ˇ	ˇ	ˇ

〔註9〕劉彬徽說：「獸面紋在楚銅器上已退居很次要地位，而在中原晉地，還出現在作為主紋的蟠螭紋（蟠繞龍紋）中，如山西太原金勝村 M251 編鐘的鼓部和晉〈智君子鑑〉腹龍紋中都有，侯馬陶範中也有。證明晉區獸面紋盛行不衰，亦為楚與晉紋樣不同的又一標志之一。」（《楚系青銅器研究》頁 282）。

植物紋飾	梅花紋									✓
	柿蒂紋								✓	✓
	花瓣紋							✓	✓	
	穀　紋								✓	
	葉　紋			✓			✓	✓	✓	

　　由此圖可知有兩種現象　1.圓圈紋、渦紋、雲紋、雷紋、弦紋、波帶紋、曲折紋普遍出現於兩周時期；三角紋、綯紋、菱形紋、線紋、花瓣紋、葉紋出現於東周時期；瓦紋出現於西周晚期與春秋時期；梅花紋、柿蒂紋、穀紋出現於戰國時期。由晉系幾何紋飾與植物紋飾出現狀況，可知在晉系幾何紋飾中以渦紋、雲紋、雷紋、弦紋、波帶紋爲主要紋飾，且其流行時間最多亦最長；晉系植物紋飾出現之種類不多，以花與葉爲主要紋飾，且集中出現在春秋晚期至戰國中期，此與楚系植物紋飾相較，〔註10〕更能顯示晉系植物紋飾頗具有變化性。2.在西周晚期、春秋早期與晚期、戰國時期出現幾何圖案與植物紋飾甚多，此與動物紋飾出現甚多之時期略爲相似，由此亦可知在這階段中皆爲晉系青銅器頗爲盛行。

　　晉系紋飾在各種器類中有不同的紋樣，在晉系青銅禮器、樂器所出現的紋飾之狀況，如下之對照表，其中有「ˇ」號，表示此紋飾在此器類有呈現過。

表三：晉系青銅禮器、樂器與紋飾對照表

時期＼紋飾	鼎	鬲	甗	簋	盨	簠	敦	豆	盂	匕	瓿	鐘	鎛	鐸	鉦	鈴
饕餮紋	✓	✓	✓	✓			✓					✓				
龍　紋	✓	✓	✓	✓	✓		✓					✓	✓			
夔　紋	✓	✓	✓	✓	✓			✓								
象首紋		✓										✓				
蟠虺紋	✓		✓				✓	✓				✓				
鳥　紋	✓			✓				✓				✓				
蛙　紋																
貝　紋	✓		✓			✓	✓									
蟬　紋	✓															

〔註10〕劉彬徽說：「楚器上的植物紋少見……植物紋作平雕狀的未見。在曾侯乙鑒缶龍形耳的尾部有立雕的花葉形裝飾。」（《楚系青銅器研究》頁274）。

紋飾													
目　紋			v	v									
鱗　紋	v	v		v	v	v		v			v		
竊曲紋	v	v	v	v	v			v			v		
獸頭紋	v		v	v		v		v					
虎　紋													
圓圈紋	v								v	v			
渦　紋	v			v					v		v		
雲　紋	v	v	v	v		v		v		v	v	v	
雷　紋	v		v	v		v	v		v	v	v		
三角紋	v	v						v			v		
弦　紋	v	v	v			v				v			
絢　紋	v	v	v			v					v		
瓦　紋			v	v									
菱形紋	v								v				
波帶紋	v		v			v		v			v		
線　紋	v								v				
曲折紋	v												
梅花紋		v											
柿蒂紋				v				v					
花瓣紋									v	v			
穀　紋													
葉　紋	v		v			v				v			

　　由此表來看，有二項特點：1.從橫向而言，在動物紋飾方面，如饕餮紋、龍紋、夔紋、蟠虺紋、鱗紋、竊曲紋出現在禮器與樂器較多，尤其龍紋出現率最多，此與楚系以龍紋爲主要紋樣有相同之處；在幾何圖案方面如雲紋、雷紋、弦紋、絢紋出現在禮器與樂器較多，尤其以雲紋、雷紋出現率最多，此與商周時期幾何圖案中流行雷紋、雲紋完全相吻合；在植物紋飾方面，因其紋樣少，且非相當重要之紋飾，故在禮器與樂器作陪紋，與其他動物紋飾或幾何圖案相搭襯。2.從縱向而言，在禮器方面，以鼎、鬲、甗、簋、簠、敦、豆、鐘出現紋樣最多，由此可知諸器在當時是重器，亦即在禮器組合中，上述諸器宜爲必需之器物，由於是重器，因在器表必力求紋飾多變化與特色。

　　晉系青銅酒器、水器所出現紋飾之狀況，如下之對照表，其中有「ˇ」號，表示此紋飾在器類有呈現過。

表四：晉系青銅酒器、水器與紋飾對照表

時期　　　紋飾	爵	斝	尊	方彝	卣	罍	缶	皿	方壺	圓壺	扁壺	穿帶壺	鎣壺	鈁	觶	鍬	勺	舟	罐	盉	鍾	盤	匜	鑑	洗	盨
饕餮紋	✓		✓																	✓	✓		✓	✓	✓	
龍　紋									✓	✓	✓		✓					✓		✓	✓	✓	✓	✓		
夔　紋									✓			✓														
象首紋												✓														
蟠虺紋									✓	✓			✓							✓			✓	✓		
鳥　紋			✓						✓	✓	✓	✓								✓			✓			
蛙　紋									✓			✓														
貝　紋										✓													✓	✓		
蟬　紋																										
目　紋									✓																	
鱗　紋			✓	✓	✓	✓			✓			✓			✓					✓		✓	✓	✓		
竊曲紋									✓										✓			✓	✓			✓
獸頭紋									✓										✓			✓	✓			
虎　紋												✓								✓						
圓圈紋			✓						✓	✓										✓			✓	✓	✓	
渦　紋			✓						✓	✓										✓			✓			
雲　紋	✓		✓	✓		✓	✓		✓	✓	✓						✓	✓	✓	✓	✓	✓	✓	✓		
雷　紋	✓		✓		✓				✓	✓			✓				✓		✓			✓		✓		
三角紋			✓																							
弦　紋			✓		✓				✓	✓	✓									✓		✓	✓	✓		
綯　紋			✓		✓					✓	✓	✓	✓							✓		✓	✓	✓		
瓦　紋																							✓	✓		
菱形紋										✓																
波帶紋									✓													✓				
線　紋																			✓					✓		
曲折紋									✓		✓															
梅花紋																										
柿蒂紋																										
花瓣紋																										
穀　紋																			✓							
葉　紋																						✓				

　　由此表來說，有二項特點：1.在橫向而言，動物紋飾方面，如龍紋、蟠虺紋、鳥紋、鱗紋出現在酒器與水器較多，其中鱗紋與龍紋出現率較高，此與禮器、樂器之動物紋飾相似，此說明在當時流行之紋飾必普遍裝飾於重要器之上。幾何圖案方面，如雲紋、雷紋、弦紋、絢紋出現在酒器與水器較多，其中以雲紋出現率居多，此與幾何圖案在禮器、樂器之狀況相似。植物紋飾方面出現在酒器與水器頗少，僅見舟有穀紋，盤有葉紋，此與植物紋飾在禮器及樂器之狀況相似，可見在東周時期之晉系青銅器非普遍有裝飾植物紋樣。2.在縱向而言，晉系青銅酒器與水器因其流行之狀況不一，故採用之紋飾亦不一致，如爵、斝、卣、缶、皿、鈁、觶、鉶、勺、鍾、洗、盤，在晉系青銅器中，算出土量是較少，是以所能見到之紋飾亦少，至於如尊、方壺、圓壺、盉、盤、匜、鑑等出土量多，是以其紋飾亦多，普遍皆有裝飾動物紋飾與幾何圖案。

　　晉系青銅兵器、車馬器所出現紋飾之狀況，如下之對照表，其中有「ˇ」，表示此紋飾在器類有呈現過。

表五：晉系青銅兵器、車馬器與紋飾對照表

時期 紋飾	戈	戟	矛	鈹	鉞	劍	鏃	書	轄	軸頭	鑾	銜	鑣	當盧
饕餮紋	ˇ		ˇ			ˇ		ˇ						
龍　紋	ˇ					ˇ		ˇ		ˇ				ˇ
夔　紋														
象首紋														
蟠虺紋	ˇ							ˇ						ˇ
鳥　紋	ˇ							ˇ						
蛙　紋														
貝　紋														
蟬　紋														
目　紋													ˇ	
鱗　紋	ˇ		ˇ					ˇ					ˇ	
竊曲紋														
獸頭紋														
虎　紋														

圓圈紋	✓					✓					
渦　紋				✓		✓					
雲　紋	✓			✓	✓	✓					✓
雷　紋						✓	✓				✓
三角紋											
弦　紋				✓		✓		✓		✓	
絢　紋	✓	✓				✓	✓			✓	✓
瓦　紋											
菱形紋											
波帶紋											
線　紋				✓							
曲折紋											✓
梅花紋											
柿蒂紋											✓
花瓣紋											
穀　紋				✓							
葉　紋							✓				

　　由於兵器與車馬器之器體較小，又非重器，是以其紋飾較少，由此表大致可知動物紋飾在兵器或車馬器出現不多，然仍以饕餮紋、龍紋、蟠虺紋、鱗紋居多，此與當時紋飾之流行有密切關連。至於幾何圖案出現於車馬器與兵器遠甚於動物紋飾，其中以雲紋、絢紋出現機率最高。有關植物紋飾出現於兵器與車馬器之狀況，與酒器、水器相同，均非很普及。以兵器與車馬器之形制來論，戈、劍、胄，當盧，裝飾動物紋飾或幾何圖案較多，尤其劍、軸頭、當盧有出現植物紋飾。

　　劉彬徽曾以「楚系銅禮器幾乎件件有紋飾，素面無紋者罕見」、「楚系紋飾龍紋表現方式多種多樣」、「楚器紋飾特別著力于繁飾」（《楚系青銅器研究》頁586）三點，評論中原地區紋飾遠不如楚系紋飾。其實晉系紋飾亦有其特徵，如刻劃成不同人物圖案之圖象紋，此為楚系紋飾所無；如晉系青銅禮器、樂器有植物紋飾，但在楚系青銅禮器、樂器則少見植物紋飾。故可知兩周時期各地之青銅器常隨區域文化之發展，有其形制與紋飾之特徵，難以形制紋飾之特徵而評騭其優劣。

第三節　晉系銘文字體特徵

　　西周時期銘文隨著政治統一而穩定，其格式由簡銘而長銘，其內容有訓誥、冊命、宴饗、田獵、盟誓等；東周時期因列國分立，銘文運用自然呈現多元化，有其特徵，即如郭沫若云：「以楚、徐爲中心的南文尙華藻，字多秀麗」（《兩周》（三）初序），胡小石云：「齊書整齊，整齊者流爲精嚴；楚書流麗，流麗者則至于奇詭不可復識」（《胡小石論文集》頁 171）；尤其戰國時期「物勒工名」之兵器刻銘，又有別於西周時期之鑄銘。晉系銘文源自西周鑄銘，至春秋以後隨政局變革，自成其區域性之體系，其銘文之演變亦自有其軌轍與風格。是以本節欲從書寫格式、通篇佈局及字體結構等三方面探討晉系銘文之特徵。

　　晉系銘文書寫格式可從書寫方式與排列方式兩點論述。西周、春秋時期青銅器流行鑄銘，少有刻銘，而戰國時期盛行刻銘，鑄銘則少見。晉系青銅器銘文書體形成方式，亦遵循此原則而開展。晉系青銅餁食器、酒器、水器、樂器、兵器在春秋時期以前多爲鑄銘，晉國如〈晉姜鼎〉、〈晉叔家父方壺〉、〈晉公盦〉、〈邵鐘〉、〈吉日劍〉、〈呂大叔斧〉等，衛國如〈孫林父殷〉、〈康伯壺蓋〉等，鄭國如〈哀成叔鼎〉、〈召叔山父簠〉、〈鄭井叔康旅盨〉、〈哀成叔豆〉、〈鄭井叔鐘〉等，虢國如〈城虢遣生旅殷〉、〈虢仲盨〉、〈虢季子組卣〉、〈虢季子白盤〉、〈虢叔旅鐘〉等，虞國如〈虞侯政壺〉、〈虞司寇壺〉等，荀國如〈荀伯大父盨〉、〈荀侯匜〉等，賈國如〈賈子匜〉，蘇國如〈蘇冶妊鼎〉、〈蘇公子殷〉、〈蘇甫人匜〉等，皆爲鑄銘。戰國時期晉系青銅餁食器、酒器、兵器絕大多數爲刻銘，東周西周如〈公朱左官鼎〉、〈公胅左官鼎〉、〈徸公右官鼎〉、〈滑孝子鼎〉、〈笨鼎〉、〈東周左官壺〉等，魏國如〈二年寧鼎〉、〈十七年平陰鼎蓋〉、〈梁十九年鼎〉、〈信安君鼎〉（分三次刻成）、〈垣上官鼎〉（橫刻）、〈卅六年私官鼎〉、〈享陵鼎〉、〈廿八年平安君鼎〉（二次刻成）、〈弗官鼎〉、〈卅二年平安君鼎〉、〈十三年梁上官鼎〉、〈上樂床鼎〉、〈上員床鼎〉、〈卅五年虒盉〉、〈安邑下官鍾〉（二次刻成）等，趙國如〈襄陰鼎〉、〈原氏扁壺〉（二次刻成）、〈土軍扁壺〉等，韓國如〈貴胅鼎〉、〈宜陽右倉簋〉、〈盛季壺〉、〈少府盉〉（分三次刻成）等，皆爲刻銘。晉系銘文書體除上述不同時期有不同形成方式外，尙有特殊個案，如晉國〈晉侯蘇編鐘〉二套共十六件，屬於西周晚期器物，依理而言，其書體宜爲鑄銘，今所發現者竟是以利器契鑿而成之刻銘；東周西周之〈周王戈〉書體是鑄銘陰文，與一般見之陰文有異；韓戈

〈二年鄭令榿湸矛〉銘文是先鑄後刻，所增刻是冶尹名及兵器名；魏戈〈口年吂命司馬伐戈〉銘文是用長方形印戳打印，「令」之名空缺不刻，待令名打印後再刻，此種印戳作長期之用，且為大量生產此類兵器。由此可知晉系銘文形成非單一方式，而是隨器物發展與時代所需，而有不同之狀況。晉系銘文不論是長銘或簡銘，其排列方式一般是由右而左，然亦有特殊情況，即由左而右，如〈長子騹臣簠〉、〈欒書缶〉、〈子犯編鐘〉乙套第六鐘、〈呂太叔之子斧〉、〈虞司寇壺〉、〈虞侯政壺〉、〈寬兒鼎〉、〈穌子叔作鼎〉，此種讀法在西周晚期至戰國晚期其他器銘亦是可見。〔註 11〕由此可知西周時期銘文排列，有由右而左與由左而右，此情況至秦始皇統一文字後，始正式確定由右而左之排列。

　　晉系銘文通篇佈局蓋可從鑄刻位置、制式規格、整體風格三點深論。兩周時期青銅器銘文常隨器物特性及形制所需，鑄刻於器物內外不同之部位。一般飪食器如鼎、簋、簠、盨，酒器如壺、尊，水器如盉、匜、盤、鑑，常承襲晚商與西周之風鑄於器內隱蔽處，是以晉系青銅器如〈自鼎〉、〈伯郄父鼎〉、〈晉姜鼎〉、〈晉侯靯鼎〉、〈晉侯邦父鼎〉、〈哀成叔鼎〉、〈晉侯斷簋〉、〈鼄休簋〉、〈沬司徒逤簋〉、〈賢毁〉、〈孫林父毁〉、〈長子騹臣簠〉、〈晉侯靯盨〉（器蓋對銘）、〈晉侯樊馬圓壺〉、〈晉侯樊馬方壺〉、〈晉叔家父方壺〉、〈晉侯斷壺〉、〈康伯壺蓋〉、〈晉公盞〉、〈智君子鑑〉、〈晉侯喜父盤〉等，均鑄銘於器內。〔註 12〕至於樂器、酒器、兵器、車器之銘文常鑄刻於器外顯著處，晉系青銅樂器如〈晉侯穌編鐘〉、〈子犯編鐘〉、〈邵鐘〉、〈鳳羌鐘〉，酒器如〈欒書缶〉（蓋銘在蓋內，腹銘在腹外）、〈趙孟介壺〉、〈嗣子壺〉，兵器如〈吉日劍〉、〈韓鍾劍〉、〈邵太叔斧〉、〈趙簡子戈〉與三晉之戈、戟、矛、劍，車器如〈晉父車器〉均鑄刻銘文於器外。晉系銘文不論在器內或器外，整體而言，其字體大小或上下排列，常因鑄刻有所差異。春秋時期以前之晉系鑄銘，在彝器限有空間上，其字體大小或左右上下均排列整齊勻稱，頗有規律感，如〈晉侯靯盨〉、〈鄭姜伯鼎〉、〈哀成叔鼎〉、〈虢叔簠〉、〈虢叔旅鐘〉，甚者

〔註11〕西周晚期〈屍敖簋蓋〉、〈楚公逆鎛〉、〈雍伯原鼎〉，春秋早期〈番ノ叱伯者君鼎〉、〈江小中母生鼎〉、〈薛侯匜〉、〈齊太宰歸父盤〉，春秋晚期〈徐王義楚盤〉、〈鄎子行盆〉，戰國中期〈陳賊簋蓋〉，戰國晚期〈鄲王職戟〉。

〔註12〕春秋時期前銅鼎鑄銘於器內，在戰國時期為便於書寫，常刻銘於器外，如東周〈公朱左官鼎〉在腹外一側橫刻銘文，魏國〈弗官鼎〉在耳上刻銘六字。此銘文契刻方式在戰國時期楚系銅鼎亦是常見如〈正陽鼎〉、〈巨苣鼎〉。

有些鑄銘畫有方格或線條，形成制式之規格，如〈鬳羌鐘〉、〈鬳氏鐘〉、〈欒書缶〉、〈晉叔家父方壺〉、韓戈〈卅一年鄭令棺潘戈〉，此爲鑄款之愼重，先畫方格或線條，再鑄文字，此種銘文有整齊畫一之感，爲後世書法之起源。〔註13〕戰國時期之晉系刻銘，一般有兩種情況，一爲承襲春秋時期風尙，字體仍是排列整齊大小一致，如〈梁十九年鼎〉、〈卅五年虒鼎〉、〈盛季壺〉，二爲趨向於草率，即字體大小不一，排列凌亂，如〈原氏扁壺〉、〈安邑下官鍾〉、〈十七年平陰鼎蓋〉。由此可知晉系銘文字體在不同時期有不同之風貌。晉系銘文書藝風格蓋可從字體大小高長平正、字距行距疏密、左右上下排列、用筆肥瘦方圓等方面作了解，由此可透露出整幅銘文之氣勢與風韻。晉系銘文整體風格蓋可分爲七項，1.爲逸宕典雅——筆畫橫直皆爲勻稱，較爲細瘦，字體大小隨筆畫多寡而定，有高長、扁平、碩大、細小等不同之字體，如〈長子騧臣簠〉、〈虢季子白盤〉、〈虢宣公子白鼎〉、〈召叔山父簠〉、〈鄭義羌父簠〉、〈鄭登叔盨〉、〈鄭井叔康旅盨〉、〈鄭大師小子甗〉、〈虢叔尊〉、〈鄭井叔鐘〉、〈蘇冶妊盤〉、〈虢叔作叔殷穀簠〉、〈吳彣父殷〉、〈荀伯大父盨〉、〈蘇公子殷〉。2.爲端莊渾樸——上下左右排列整齊，字體大小均勻，筆畫肥瘦一致，筆畫轉折有圓筆與方筆，如〈伯郜父鼎〉、〈晉姜鼎〉、〈鬳羌鐘〉、〈虢叔旅鐘〉、〈自鼎〉、〈鱗休簠〉、〈晉侯邦父鼎〉、〈晉侯靮盨〉、〈晉侯斷簠〉、〈晉侯斷壺〉、〈晉侯喜父鑑〉、〈沫司徒逆簠〉、〈鄭姜伯鼎〉、〈鄭同媿鼎〉、〈鄭戚句父鼎〉、〈鄭大內史叔上匜〉、〈虢季氏子組盤〉、〈虢叔大父鼎〉、〈虢仲盨〉、〈鄭虢仲鼎〉、〈鄭虢仲殷〉、〈虢叔作叔殷穀鬲〉、〈虢仲簠〉、〈虢姜作寶障殷〉、〈賈子匜〉。3.爲雄強博厚——結體壯碩，筆畫肥粗，整體有剛勁之氣勢，與唐代顏眞卿書體相似，如〈晉侯靮鼎〉、〈晉侯穌鼎〉、〈晉侯僰馬圓壺〉、〈晉叔家父方壺〉、〈虞司寇壺〉、〈虢金氏孫作寶盤〉、〈晉侯喜父盤〉、〈孫林父殷〉、〈鄭饔邍父鼎〉、〈鄭子石鼎〉、〈鄭伯荀父甗〉、〈虢季子組卣〉、〈虢文公子㕎鼎〉、〈蘇冶妊鼎〉。4.爲挺拔瘦勁——字體筆畫瘦長，行距布白均勻，尤其契刻之字體更能顯現剛硬之風骨，如〈嗣子壺〉、〈梁十九年鼎〉、〈晉侯穌編鐘〉、〈垣上官鼎〉、〈享陵鼎〉、〈梁廿七年半齍鼎〉、〈卅五年虒鼎〉、〈卅五年虒盃〉、〈弗官鼎〉、〈朝歌鍾〉、〈十一年庫鼎〉。5.爲頎長俊秀——字體以高長爲主，直畫中豐末銳，此爲晉國、鄭國銘文特徵之一，與南方楚系鳥蟲書

〔註13〕 此舉在商周彝銘中不多見，僅見於西周孝王時之〈克鼎〉，春秋早期鄁國之〈鄁娶簠〉、〈鄁娶盤〉，戰國時期河北平山中山王墓出土銅器是工整之篆書。

有所不同，如〈趙孟介壺〉、〈吉日劍〉、〈智君子鑑〉、〈子犯編鐘〉、〈寬兒鼎〉、〈哀成叔鼎〉、〈哀成叔鎛〉。6.爲纖細精妙——字體巧小扁方無高長，行距字距較爲緊密，整體有紮實無鬆散之感，如〈邵鐘〉、〈晉侯僰馬方壺〉、〈賢𣪯〉、〈鄭伯筍父鬲〉、〈十三年梁上官鼎〉。7.爲婉麗流美——結體上下相倚，左右齊整，疏密相間，字體以高長秀麗爲主，有圓潤秀潤之氣，如〈欒書缶〉。晉系銘文整體風格除上述七項情況外，尚有一項頗爲特殊，即鑲嵌錯金之銘文，如〈欒書缶〉、〈鳥尊〉、〈吉日劍〉、〈韓鍾劍〉、〈魚鼎匕〉，此銘文均能顯示端莊輝煌之氣韻，此風創始於晉國，對南方楚系銘文產生極大之影響。〔註14〕

晉系銘文字體結構與現行楷書有所差異，大致可歸類六項，1.爲簡化——所謂簡化，即偏旁減少與筆劃減少，〔註15〕偏旁減少如下表：

正體字	器　　　　名	簡化字體
仲	虢姜作寶障𣪯、虢仲盨	中
祐	虢姜作寶障𣪯	右
祿	虢姜作寶障𣪯	彔
純	虢姜作寶障𣪯、嗣子壺、虢叔旅鐘	屯
叔	虢叔簠、呂大叔斧、哀成叔鼎，鄭叔蒦父鬲，召叔山父簠	尗
饗	虢季子白盤，荀侯盤	卿
鉞	虢季子白盤	戉

〔註14〕 容庚〈鳥書考〉著錄四十五器，其中有廿二器均爲錯金，戰國時期楚系〈鄂君啓節〉與〈曾侯乙墓編鐘〉均爲錯金銘文。

越國五器	〈越王者旨於賜鐘〉、〈越王者旨於賜矛〉、〈越王者旨於賜戈〉、〈越王兀北古劍〉、〈越王州勾矛〉。
吳國二器	〈王子于戈〉、〈吳季子之子逞之劍〉
楚國二器	〈楚王孫漁戈〉、〈楚王盦璋戈〉
蔡國四器	〈蔡侯产戈〉、〈蔡侯产劍〉、〈蔡侯产劍二〉、〈蔡侯产劍三〉
宋國二器	〈宋公欒戈〉、〈宋公得戈〉
不知國名有七器	〈舞公劍〉、〈𠬝口戈〉、〈玄鏐戈〉、〈玄鏐戈二〉、〈口之用戈〉、〈之用戈〉、〈冊口帶鉤〉

〔註15〕 唐蘭論文字刪簡有三種：圖畫文字書寫費事，爲書寫整齊畫一，繁字省去某部分。其詳見《古文字學導論》（下）頁44至46。

鑾	虢季子白盤	綟
祖	吳彭父簋，晉侯斮壺，鄭虢仲鼎，邵鐘，晉公盨	且
盤	荀侯盤，虢金氏孫作寶盤	般
蘇	蘇衛改鼎，蘇公子段	穌
擇	寬兒鼎，梁十九年鼎	睪
趙	梁廿七年半齏鼎，十二年邦司寇劍，十一年庫鼎，十二年趙戈令，廿九年相邦趙口戈，八年建邨君矛，八年春平侯矛，三年春平侯劍，四年春平侯劍，十三年相口邦劍，王立事劍，十四年鄭令趙距戈，十六年鄭令趙距戈，卅一年鄭令楎濡戈	肖
鎰	信安君鼎，安邑下官鍾，卅二年平安君鼎	益
鍾	安邑下官鍾，朝歌鍾	重
邯	邯鄲上庫戈，邯鄲上戈	甘
劑	廿九年相邦趙口戈	齊
惠	虢姜作寶障段，虢叔旅鐘	重
匜	鄭伯盤	也
鄭	盛季壺，鄭子石鼎，鄭登伯鼎，鄭伯荀父鬲，鄭登叔盨	奠
寶	晉侯樊馬圓壺	钲
得	虢叔旅鐘	旱
韓	𩖞羌鐘，十八年庖宰韓增戈	草

　　筆畫減少，如「賜」，〈虢季子白盤〉簡化爲「昜」；「奠」，〈鄭叔蒦父鬲〉、〈鄭義伯匜〉簡化爲「酉」。2.爲繁化——所謂繁化是指兩個個體文字，其意義相同，然其中之一之筆畫增繁，其產生背景原因規律結果，周師虎林曰：「繁化背景可從器銘發展過程看、鑄刻文字方式看、保存銘文作用看；繁化原因有四：幫助理解、彰顯名號、增加美感、整齊結構；繁化規律有三：增加圖飾、增加筆劃、增加偏旁；繁化結果有四：繁行簡廢、去繁行簡、繁簡譌變、緟益字起。」，〔註16〕斯語確爲金科玉律，能契合銘文繁化之因果關係。晉系銘文亦有繁文，其情況可分爲三類：

〔註16〕其詳見〈金文繁體文探究〉，刊於第二屆〈中國文字學國際學術研討會論文集〉1991年三月。李孝定論漢字之演變有繁化現象，以《說文》「ㄅ、巜、丨、ㄩ、ㄎ、●」六例爲證，其說見《漢字的起源與演變論叢》頁239。何琳儀論戰國文字亦有繁化情況，其詳見《戰國文字通論》頁194至頁203。

類別	正體字	器　　　名	繁化字體	說　　　明
1. 附加 筆劃	井	鄭井叔康旅盨，鄭井叔甗，鄭井叔鐘	丼	增加一點〔註17〕
	鬲	鬲羌鐘	鬲	增加一點
	文	晉侯斷簋，鄭虢仲鼎，䚋休簋	文	增加一點
	公	哀成叔鼎，虢文公子㲃鼎	公	增加一點
	征	鬲羌鐘	征	增加一畫
	天	鬲羌鐘	天	增加一畫
	正	欒書缶	正	增加一畫
	亥	長子騾臣簠，虢季子白盤，虢季氏子組盤	亥	增加一畫
	朱	右朱鼎，貴朱鼎	朱	在「朱」字中多加一短畫
	再	鬲羌鐘	再	加二畫
2. 附加 偏旁	及	鄭虢仲殷	彶	多增「彳」旁
	尊	虢姜作寶障殷，晉侯蘇鼎，伯䢼父鼎，晉姜鼎，晉侯邦父鼎，蘇公子殷	障	多增「阜」旁
	祈	虢姜作寶障殷，子犯編鐘	旗	多增「單」旁
	豐	虢叔旅鐘	豓	多增「攴」旁
	政	虞侯政壺	敥	多增「正」旁
	萬	虞侯政壺，甫人盨	邁	多增「辵」旁
	子	長陵盉	阡	多增「阜」旁
	平	十五年鄭令趙距戈	坓	多增「土」旁
	冢	卅年鈹	塚	多增「土」旁
	公	蘇公子殷	公	多增「厶」旁
	尹	三年建邨君矛，十五年守相杢波劍，卅一年鄭令楈涽戈，四年鄭令韓半戈，五年鄭令鄭□戈	君	多增「月」旁
	命	卅年虎鼎	端	多增「立」旁
	令	四年鄭令韓半戈，五年鄭令韓□戈，十七年邢令戈	倫	多增「人」旁
	令	五年龏宁戈，卅二年業戈	端	多增「立」旁
	令	王立事劍，三年絲侖劍	倫	多增「彳」旁

〔註17〕唐蘭論文字增繁有三種：文字結構趨於整齊，增加偏旁，增加筆畫；其中論述「凡垂直筆畫中間常加・」，其詳見《古文字學導論》（下）頁46至48。康殷有一文〈古文字形中的小點〉，舉證有十六類，其詳見《古文字學新論》附錄五。周師虎林有一文〈金文中小點的演化〉，其文刊於《第三屆金石書畫學術研討會論文集》1997年五月。

	府	長陵盉	膚	多增「見」旁〈中府杖首〉、〈梁府稱幣權〉將「見」字省作「目」
	喜	驫羌鐘	𡨥	多增「宀」旁
	長	驫羌鐘	䞍	多增「立」旁
	昭	驫羌鐘	䣅	多增「邑」旁
	迓	驫羌鐘	遆	多增「攴」旁
	呂	邵鐘，邵太叔斧	邵	多增「邑」旁
	皿	廿七年寧鈲	鈲	多增「金」旁
	周	十一年庫鼎	賙	多增「貝」，「賙」字
3.增加圖飾	中	虢季匜		多增「旗幟飄揚」之線條
	元	吉日劍		多增「黑點」裝飾
	會	驫羌鐘		多增「兩口」裝飾
	沬	晉姜鼎，長子騧臣簠，邵鐘，欒書缶		多增「𦥑」裝飾，此字本為象人持皿洗面之形，即「沬」，因「沬」與「眉」音近，故假借為「眉」，金文沬壽即眉壽

3. 為合文——合文者乃將兩個字合而為一，此不僅便於書寫，且有語義相連之意。甲骨文已有左右合文與上下合文現象，左右合文如祖乙作「」，上下合文如三萬作「」、十二月作「」，晉系銘文所為上下拼合與兼體兩種，如下表：

類別	合文	說　明	器　名
1.上下拼合（筆畫不省）		「五」、「百」兩字合文	虢季子白盤
		「二」、「月」兩字合文	虢侯政壺、鄭大內史叔上匜
		「七」、「月」兩字合文	自鼎
		「小」、「子」兩字合文	鄭大師小子甗，晉公盤
		「二」、「年」兩字合文	虢季子白盤
		「五」、「十」兩字合文	晉侯穌編鐘，虢季子白盤
		「六」、「十」兩字合文	晉侯穌編鐘
		「小」、「臣」兩字合文	晉侯穌編鐘
		「十」、「二」兩字合文	信安君鼎

	屬	「私」、「官」兩字合文	信安君鼎，中私官鼎，私官口鼎，長侯鼎蓋
	罗多	「四」、「分」兩字合文	二年寧鼎，卅年虒鼎，上員床鼎，卅二年平安君鼎，廿八年平安君鼎
	亖	「四」、「匹」兩字合文	晉侯穌編鐘
	畺	「四」、「酉」兩字合文	晉公盤
	宲	「司」、「子」兩字合文	嗣子壺
	尕	「三」、「分」兩字合文	梁上官鼎，上樂床鼎
2.兼體式（兩字合併，省略筆畫）	呈二	「至」、「于」兩字合併，省略「二」，另加「二」合文符號。〔註18〕	嗣子壺
	靁	「靈」、「穌」兩字合併，省略「巫」「人」	鄭井叔鐘
	孝二	「孝」、「子」兩字合併，省略相重之「子」字	公朱右自鼎，滑孝子鼎
	天二	「工」、「師」兩字合併，省略相重之「二」〔註19〕	司馬成公權，十七年平陰鼎蓋，四年昌國鼎，十七年虒令戈，王立事劍
	司二	「司」、「馬」兩字合併，省略相重之「口」（馬字以「口」代替馬頭）〔註20〕	信安君鼎，十二年邦司寇野弟矛，王立事劍
	父人	「半」、「斗」兩字合併，省略「二」字	貴朕鼎，右朕鼎，鄭東倉銅器，春侯成鍾，梁十九年鼎，信安君鼎
	京	「齊」、「鼎」兩字合併，省略「廾」字	梁廿七年半齎鼎
	卅二	「三」、「十」兩字合併，省略「丨」字	卅十年虒鼎
	夫二	「大」、「夫」兩字合併，省略「大」字	公朱左自鼎

〔註18〕 于省吾云：「皆合文也，晚周合文，字有『二』以識之，不獨重文有之。如〈厚子壺〉至于作呈二，古鈢司工作司二，𣄰庚作靁，空同作阍，〈大良造鞅量〉大夫作夫二，秦刻石亦然，此例甚多。」（《雙劍誃圖錄》下考釋八）。

〔註19〕 林素清曾論述「工師」合文，其詳見〈論先秦文字中的"二"符〉，此文刊於《中央研究院歷史語言研究所集刊》第56本頁806。

〔註20〕 林素清曾論述「司馬」合文與合文符號，其詳見〈論先秦文字的"二"符〉。何琳儀論戰國文字有合文現象，尤其常有「二」合文符號，其詳見《戰國文字通論》頁224。

　　4. 爲重文——西周銅器銘文已出現重文符號，即在文字右下方側寫「**二**」，以表示該字或該句應重複，如〈令簋〉、〈衛盉〉，東周時期銘文亦是使用重文符號，其意與西周時期同。晉系銘文常用重文符號可分爲重複三字、二字、一字之三種情況，如下表：

類　　別	重複文字	器　　名	說　　明
1.重複三字	哀₌成₌叔₌	哀成叔鼎	
2.重複二字	子₌孫₌	晉侯邦父鼎等	「子子孫孫」重文，在晉系彝器中相當多，可見此爲常用之文例。
	斁₌彙₌	虢叔旅鐘，晉侯蘇編鐘	
	柬₌罍₌	嗣子壺	
3.重複一字	趄₌	虢季子白盤	
	王₌	虢季子白盤	
	犀₌康盨	嗣子壺	
	虩₌才上	晉公盤	
	秉德戲₌	晉公盨	
	世₌子孫	邵鐘	
	喬₌其龍	邵鐘	
	穆₌	虢叔旅鐘，梁十九年鼎	

　　5. 爲反文——即字體反書，甲骨文結構位置不固定，書寫比較自由，正反左右上下可以顛倒書寫，如「亡」，可作「ケ」，亦可作「ヒ」；「取」字可作「ᕮ」，亦可作「ᕦ」。晉系銘文亦有反文，作左右置換，如：

正體字	器　　名	反文字體	說　　明
穌	晉侯蘇鼎	穌	「魚」、「禾」左右置換
妃	虢仲乍虢妃鬲，蘇衛改鼎，蘇公毁	改	「女」、「己」左右置換
姬	虢季匜，伯䚄父鼎，鄭伯筍父鬲，虢伯鬲	敃	「女」、「臣」左右置換
祖	欒書缶	胙	「示」、「且」左右置換
寶	鄭同媿鼎，鄭姜伯鼎，鄭伯筍父鬲，召叔山父簠，鄭伯筍父甗，鄭登叔盨，蘇冶妊盤，蘇公子毁，蘇冶妊鼎	寶	「王」、「缶」左右置換
乍	晉姜鼎，荀侯匜，鄭義伯匜，鄭登伯鬲，衛夫人文君叔姜鬲	⅁	此將「乍」獨體作左右反寫

6. 同字異體——係指同一字而其結構有增損移易，甚者有裝飾性質，此種情況雖與繁文有近似，然歸結其形構亦有差異。晉系銘文同字異體甚多，其現象有筆畫點直、偏旁增加、左右互易等差異，其情況如下表：

正體字	器　名	異體字	正體字	器　名	異體字
匜	虢季匜		德	晉姜鼎	
	鄭義伯匜			虢叔旅鐘	
	蘇甫人匜			嗣子壺	
媵	蘇冶妊鼎，蘇冶妊盤		鄭	哀成叔鼎	
	虢叔尊			鄭伯筍父鬲	
鼎	伯ö父鼎，鄭姜伯鼎		鋁	吉日劍	
	晉侯邦父鼎，公朱右𠂤鼎，公朕左𠂤鼎			邵鐘	
楚	䲷羌鐘		賜	晉羌鼎	
	晉公盦			虢季子白盤	
萬	欒書缶		鋪（鐯）	吉日劍	
	甫人盨			邵鐘	
	虢叔旅鐘，蘇公子段		甬（通）	晉姜鼎	
	梁十九年鼎			虢姜作寶障段	
商	沫司徒逨簋		梁	梁十九年鼎，梁上官鼎	
	貴朕鼎			梁廿七年半釿鼎	
壺	晉侯僰馬方壺		甬	晉姜鼎	
	盛季壺			吉日劍	
黃	哀成叔鼎		祈	欒書缶	
	內黃鼎			嗣子壺	
春	欒書缶		受	虢姜作寶障段	
	春成侯鍾			廿八年平安君鼎	

葉	欒書缶	〔字形〕	孟	趙簡子戈	〔字形〕
	屬羌鐘	〔字形〕		長子騌臣簠	〔字形〕
皇	欒書缶	〔字形〕	鑄	欒書缶	〔字形〕
	虢姜作寶障段	〔字形〕		荀伯大父盨	〔字形〕
	虢宣公子白鼎	〔字形〕		公朱左自鼎	〔字形〕
	虢叔旅鐘	〔字形〕		卅年虒鼎	〔字形〕
昭	屬羌鐘	〔字形〕	季	鄭井叔甗	〔字形〕
	晉侯穌編鐘	〔字形〕		欒書缶	〔字形〕
城	屬羌鐘	〔字形〕	余	欒書缶	〔字形〕
	城虢仲簠	〔字形〕		哀成叔鼎	〔字形〕
信	梁十九年鼎	〔字形〕	冶	二年寧鼎	〔字形〕
	梁上官鼎	〔字形〕		卅五年虒盉	〔字形〕

　　由上所述，蓋可歸納晉系銘文字體結構之特徵有三：1.有承襲甲骨文書寫方式，尤其是合文反書屢有出現，可見必有相當程度受甲骨文之影響。2.依循文字演變之規律，為求得字體整齊一致，常運用簡化繁化，以使文字結體很飽實。3.同字異體特多，由於字體朝區域性發展，則有人書人異之風，使文字呈現多元化，即許慎《說文·序》曰：「其後諸侯力政，不統於王，……言語異聲，文字異形」，這種現象雖豐富書體之題材，然亦有文字隸定之困擾，故各有其利弊。若以區域性之文字來看，晉系之同字異體，更能凸顯其銘文之特徵。

第四節　三晉青銅兵器鑄造制度特徵

　　戰國時期各諸侯國為攻城掠地，常發動戰爭，為贏得勝利，開發不少武器，不論攻擊性或防禦性均超越春秋時期，尤其兵器不僅講求實用，且設置「倉」、「庫」大量生產。晉系青銅器在西周時期鑄造狀況，目前尚未有文獻或銘文記錄，是以其情況不明。西元 1960 年山西省侯馬市牛村古城新田遺

址有三萬多塊陶範與陶模，此為春秋中期晉國大量鑄造青銅器之作坊，尤其當中有兵器範，可見隨時勢演變與戰爭頻仍，大量生產兵器已是必然趨勢。戰國時期韓趙魏承繼晉國作風，在兵器鑄造上已設立鑄造機關及相關官職，以表明兵器是維繫國家強盛最主要憑藉，須由統治階層嚴加管控，〔註21〕此項資料來源，在三晉兵器銘皆有明顯之記錄，而刻銘之內容是由簡而繁，簡單者僅有地點與庫名，繁複者有年代、地點、官職（令、司寇、工師、冶尹）。此將三晉兵器刻銘由簡而繁加以論述，以了解其鑄造制度特徵。

三晉兵器刻銘最初僅有年代、地點、庫名或冶工名，其況如下表：

表一：韓國兵器銘刻格式與鑄造制度

編號	器　　名	銘　　文				
		年代	地點	庫名	冶	其他
2.	鄭左庫戈		鄭	左庫		
3.	鄭武庫戈		鄭	武庫		
4.	鄭生庫戈		奠（鄭）	生庫		
34.	鄭右庫矛		奠（鄭）	右庫		
35.	鄭左庫矛		奠（鄭）	左庫		
36.	鄭生庫矛		奠（鄭）	生庫		戟刺
5.	鄭武庫冶口戈		奠（鄭）	武庫	冶期	
47.	鄭武庫冶劍		奠（鄭）	武庫	冶口	

表二：趙國兵器銘刻格式與鑄造制度

編號	器　　名	銘　　文		
		年　代	地　點	庫　名
1.	絲左庫戈		絲	左庫
2.	邯鄲上庫戈		邯鄲	上庫
9.	上黨武庫戈		上黨	武庫
18.	上黨武庫矛		上黨	武庫

〔註21〕黃盛璋以為三晉兵器鑄造業盛行，與法家有密切關連，且舉出當時法家如李悝、申不害、韓非皆出自於法家，且《漢書・藝文志》著錄法家書籍大多來自三晉，此說頗為劀切，其詳見〈試論三晉兵器的國別和年代及其相關問題〉（《考古學報》西元1974年第1期）。

表三：魏國兵器銘刻格式與鑄造制度

編號	器　　　名	銘　　文			
		年代	地點	庫名	冶
2.	朝歌戈		朝歌	右庫工師戜	
7.	魏十四年鄴下庫戈	十四年	鄴	下庫	
15.	三年蒲子戈	三年	蒲子	口工師	
17.	信陵君戈	信陵君		左庫	
18.	十八年䣕左庫戈	十八年	䣕	左庫口口	
26.	十二年宁右庫劍	十二年	宁	右庫	
6.	十四年口州戈	十四年	口州	工師明	冶无
9.	卅三年大梁左庫丑戈	卅三年	大梁	左庫工師丑	冶刃
1.	陰晉左庫戈		陰晉	左庫	冶畗

　　由三表可知，韓國兵器鑄造重鎮在鄭（今河南新鄭），〔註22〕其庫有右庫、左庫、武庫、生庫，人名有冶工名。趙國兵器鑄造地在邯鄲、上黨、絲，庫有左庫、上庫、武庫。魏國兵器鑄造地較爲分散，未有集中於一處，庫有右庫、左庫、下庫，人名有工師名與冶工名；特別著明年代，此與韓、趙有所不同。

　　三晉兵器刻銘有提到監造者與主造者之鑄造制度，如趙國銘刻：

表一：趙國兵器銘刻格式與鑄造制度

編號	器　　名	銘　　文				
		年代	地點	令相邦（監造者）	工師（主造者）	其他
8.	八年牟氏令戈	八年	牟氏	令吳庶	下庫工師張武	
20.	元年春平侯劍	元年		相邦春平侯	邦口	
21.	二年春平侯劍	二年		相邦春平侯	邦左庫工師口	執齊

　　由此表可知趙國鑄造制度有中央與地方之分，中央由相邦（輔佐國君治理邦國之重臣，相當於相國、丞相，爲百官之長）、地方由令來負責監造，各自設立庫作爲鑄冶場所，庫有工師主其鑄造兵器之事。這種由中央或地方來主司兵器鑄造制度在三晉普遍流行，若加「冶」（冶尹）就形成所謂「三級制」，即督造者、主造者、鑄造者。三晉「三級鑄造」如下表：

〔註22〕韓哀侯二年（西元前375年）滅鄭後，遷都於鄭城；1971年發現青銅兵器窖藏就在鄭城白廟範村，可見銘文記載與出土實況完全相契合。

表一：韓國兵器銘刻格式與鑄造制度（三級制）

編號	器 名	銘 文					
		年代	地點	令相邦（監造者）	工 師（主造者）	冶（鑄造者）	其 他
8.	王三年鄭令韓熙戈	王三年	奠（鄭）	命（令）韓熙	右庫工帀史裦（狄）	冶口	
9.	六年鄭令韓熙戈	六年	鄭	令韓熙	右庫工帀司馬雎	冶伕	
10.	七年侖氏戈	七年	侖氏	命（令）韓口	口工帀榮原	冶口	
15.	十八年庖宰韓䁁戈	十八年		邻（庖）宰軖（韓）䁁	邦庫嗇夫犬湯	冶舍	暬（造）戈
18.	廿四年郫陰命戈	廿四年	郫陰	命（令）韓口	右庫工帀夏	冶堅	
24.	三年脩余韓謹戈	三年	脩余	命（令）韓謹	工帀奅瘹	冶竈	
25.	四年令韓謹戈	四年		命（令）韓謹	右庫工帀妥	冶口	
27.	十六年喜令韓於戈	十六年	喜	倫（令）韓於	左庫工帀司馬裕	冶何	
29.	八年新城大令韓定戈	八年	新城	大命（令）韓定	工帀宋費	冶拧	
32.	六年格氏令戈	六年	格氏	命（令）韓䵼	工帀恒宮	冶口	
33.	王三年陽人命卒止戈	王三年	陽人	命（令）卒止	左庫工帀口	冶口	

表二：趙國兵器銘刻格式與鑄造制度（三級制）

編號	器 名	銘 文					
		年代	地點	令相邦（監造者）	工 師（主造者）	冶（鑄造者）	其 他
4.	十二年趙令戈	十二年	邯鄲	肖（趙）令	右庫工師翠紹	冶倉	敭（造）
5.	元年郛命戈	元年	郛	耑（令）夜䢵	上庫工帀口	冶關	
6.	廿九年相邦趙令戈	廿九年		相 邦 肖（趙）口	邦右庫工帀酆番	冶□	執齊

7.	十七年邢令戈	十七年	茎（邢）	倫（令）吳芋	上庫工帀宋殳	冶麀	執齊
11.	三年建鄡君戈	三年		相邦建鄡君	邦左庫工帀邨拝	冶胥月	執齊
12.	八年建鄡君矛	八年		相邦建鄡君	邦右庫工卉肖（趙）煇	冶胥口	執齊
13.	元年春平侯矛	元年		相邦春平侯	邦右庫工帀趙瘁	冶韓扞	執齊
14.	二年春平侯矛	二年		相邦春平侯	邦右庫工帀口口	冶口	執齊
15.	八年春平侯矛	八年		相邦春平侯	邦右庫工帀肖口	冶口	執齊
16.	十五年春平侯矛	十五年		相邦春平侯	邦左校啕工師長蘁	冶私	執齊
17.	十七年春平侯矛	十七年		相邦春平侯	邦左庫工師長蘁	冶馬	執齊
22.	三年春平侯劍	三年		相邦春平侯	邦左庫工師肖口	冶韓口	執齊
23.	四年春平侯劍	四年		春平相邦鄒寽	邦右庫工師遷輅徒	冶臣成	執齊
25.	十五年春平侯劍	十五年		相邦春平侯	邦左佼啕工師長蘁	冶旬	執齊
27.	十七年春平侯劍	十七年		相邦春平侯	邦左佼啕工師長蘁	冶朝	執齊
29.	三年建鄡君劍	三年		相邦建鄡君	邦右庫工師口	冶胥口	口口
31.	王立事劍	王立事	葡陽	倫（令）瞿卯	左庫工師司馬部	冶尋	執齊
		王立事	設	令趙口	上庫工師樂咠	冶朔	執齊
32.	三年武平劍	三年	武平	命（令）司馬闌	右庫工師吏秦	冶疾	執齊
33.	三年驫敀劍	三年	驫	倫（令）楢唐	下庫工師孫口	冶洦	執齊
34.	六年安平守劍	六年	安平	守畋疾	左庫工師戲湔	冶余	執齊

表三：魏國兵器銘刻格式與鑄造制度（三級制）

編號	器 名	銘 文					
		年代	地點	司寇令 （督造者）	工 師 （主造者）	冶 （鑄造者）	其他
3.	五年龏端宁戈	五年	龏	端（令）宁	左庫工師長克虐	冶數口	
4.	九年戈丘兵戈	九年	戈丘	口（令）雍	口帀師口	冶得	高望
5.	卅二年業戈	卅二年	業	端（令）口口	右庫工師臣	冶山	
8.	絑戈	廿五年	陽春	嗇夫絑	口師斀	冶靭	
10.	卅四年頓丘戈	卅四年	頓丘	命（令）爽（燮）	左口工師晢（誓）	冶梦	
11.	廿三年郜命（令）垠戈	廿三年	郜	命（令）垠	右口帀師口	冶良	
12.	口年亯命司馬伐戈	口	亯	命（令）司馬伐	右庫工師高反	冶口	
13.	四年咎奴戈	四年	咎奴薔	命（令）壯囂	工師口疾	冶問	
14.	八年亯命戈	八年	亯	命（令）鄲轄	左庫工師佗口	冶戊	
16.	廿一年启封端癰戈	廿一年	启封	端（令）癰	工師金	冶者	
19.	廿九年高都令戈	廿九年	高都	命（令）陳愈	工師華	冶无	
27.	廿九年高都令劍	廿九年	高都	命（令）陳愈	工師華	冶无	
21.	七年邦司寇富無矛	七年	邦	司寇富無	上庫工師戌閒	冶笘	
22.	十二年邦司寇野弟矛	十二年	邦	司寇野弟	上庫工師司馬瘵	冶廁	
25.	十二年邦司寇劍	十二年	邦	司寇肖（趙）新	武庫工師口孫	冶巡	執齊
23.	七年宅陽令矛	七年	宅陽	命（令）隄鑑	右庫工師夜疵	冶起	斁（造）
29.	七年宅陽令隄鑑戈	七年	宅陽	命（令）隄鑑	右庫工師夜疵	冶起	斁（造）

　　韓國鑄造地除鄭外，尚有侖氏等地，由此可見韓國兵器鑄造由中央擴及地方。趙國中央鑄造由「相邦」負責，其中最重要人物有名「春平侯」、「建郛君」，是當時重要監造者，除中央有鑄造兵器外，地方由「令」負責監造鑄造；庫除有「左庫」、「右庫」、「上庫」、「下庫」外，另有「左佼（校）」，左佼是主造者，黃盛璋以爲是「司寇下次一級的屬官」；冶尹是直接掌管兵器鑄造與分配兵器合金比例，即工頭。魏國中央兵器鑄造由司寇〔註 23〕負責，地方鑄造由令負責；庫有右庫、左庫、上庫、下庫；「嗇夫」，《書·胤征》：「嗇夫馳」，《傳》「嗇夫，主幣之官」，三晉之「庫」除冶鑄青銅兵器外，尚有鑄造銅幣，是以嗇夫亦有督導其兵器鑄造之事。「執齊」二字大多數出現於趙兵器，魏兵器一見，韓兵器則無，故可由「執齊」二字判斷爲其國屬。

　　韓趙兵器銘文中有兩種特殊情況，一爲韓有「令」加「司寇」爲監造，此爲趙魏所無，如下表：

表一：韓國兵器銘刻格式與鑄造制度（四級制）

編號	器　　名	銘　文					
		年代	地點	令（命、督造者）	司寇（監管者）	工師（主造者）	冶（冶君）（鑄造者）	其他
11.	十四年鄭令趙距戈	十四年	奠（鄭）	命（令）趙距	司𡟈（冠）王椲	武庫工帀鹽章	冶口	
12.	十五年鄭令趙距戈	十五年	奠（鄭）	倫（令）肖（趙）距	司𡟈（寇）彭璋	右庫工帀隓平（陳平）	冶贛	
13.	十六年鄭令趙距戈	十六年	奠（鄭）	命（令）肖（趙）距	司𡟈（寇）彭璋	生庫工帀皇佳	冶瘟	
14.	十七年鄭令坒恒戈	十七年	奠（鄭）	命（令）坒（兹）恒	司寇彭璋	武庫工帀皇帠	冶狙	
16.	廿年鄭令韓羔戈	廿年	奠（鄭）	倫（令）韓羔	司𡟈吳裕	左庫工帀張阪	冶贛	
17.	廿一年鄭令舼口戈	廿一年	奠（鄭）	命（令）舼口	司𡟈吳裕	左庫工帀吉忘	冶緵	
19.	卅一年鄭令椙潘戈	卅一年	奠（鄭）	命（令）椙潘	司𡟈肖（趙）它	生庫工帀皮耴	冶君后	
20.	四年鄭令韓半戈	四年	奠（鄭）	倫（令）韓半	司𡟈長（張）朱	武庫工帀弗悲	冶君啟	造
21.	五年鄭令韓口戈	五年	奠（鄭）	倫（令）韓半	司𡟈張朱	右庫工師皀高	冶君嬬	造

〔註23〕中國古代兵與刑無別，司寇主刑罰，是以兵器由司寇負責監管，《國·晉語》：「今吾司寇之刀、鋸日斃而斧鉞不行」，故可知司寇亦負有督造兵器之職。

編號	器名	年代	地點	令	司寇	工帀	冶	其他
22.	六年鄭令癹矛戈	六年	奠（鄭）	倫（令）癹矛	司寇向口	左庫工帀全庆	冶君口	造
23.	八年鄭令癹矛戈	八年	奠（鄭）	倫（令）史堅	司寇史堅	右庫工帀皀高	冶君口	造
26.	十七年鹿令解朝戈	十七年	鹿	倫（令）解肖（朝）	司寇鄭害	左庫工帀呬口	冶㥒	斁（造）
37.	九年鄭令向疆矛	九年	奠（鄭）	倫（令）向疆	司寇晷商	武庫工帀盥章	冶狷	
39.	卅二年鄭令榙潘矛	卅二年	奠（鄭）	倫（令）榙潘	司寇肖（趙）它	生庫工帀皮耴	冶君皴	
40.	卅四年鄭令榙潘矛	卅四年	奠（鄭）	倫（令）榙潘	司寇肖（趙）它	生庫工帀皮耴	冶君皴	造
41.	元年鄭令榙潘矛	元年	奠（鄭）	倫（令）榙潘	司寇芋庆	生庫工帀皮耴	冶君貞	造
42.	二年鄭令榙潘矛	二年	奠（鄭）	倫（令）榙潘	司寇芋庆	生庫工帀皮耴	冶君皴	造戠刺
43.	三年鄭令榙潘矛	三年	奠（鄭）	倫（令）榙潘	司寇芋庆	左庫工帀邖旂	冶君弜	造
44.	五年鄭令韓口矛	五年	奠（鄭）	命（令）口口	司寇長（張）朱	左庫工帀陽倆	冶狙	斁（造）
45.	七年鄭令癹矛矛	七年	奠（鄭）	倫（令）癹矛	司寇史堅	左庫二帀全庆	冶弜	造
46.	六年安陽令韓望矛	六年	安陽	命（令）韓望	司寇口卹	右庫工帀若父	冶口	斁戠刺
49.	卅三年鄭令榙潘劍	卅三年	奠（鄭）	命（令）榙潘	司寇肖（趙）它	生庫工帀皮耴	冶君启	造

　　由上表可知，鑄地除鹿、安陽外，全爲鄭城，當時鄭城是國都，是以在銘文上述國都首長外，尚加當時中央司寇主管，與工師、冶尹成爲四級鑄造制度，其實四級中眞正執行兵器鑄造仍屬於工師、冶尹，而令與司寇僅是掛名而已。二爲趙多以相邦（守相）或再加大攻君爲監督，如下表：

表二：趙國兵器銘刻格式與鑄造制度

編號	器名	銘文					
		年代	地點	相邦守相（監造者）	工師（主造者）	冶（鑄造者）	大工尹	其他
19.	十五年守相杢波劍	十五年		守相杢波	邦右庫工師韓亥	冶巡	大攻君公孫桴	執齊
		十五年		守相杢波	邦右庫工師庆徒	冶巡	大攻君公孫桴	執齊
		十五年		守相杢波	邦左庫工師釆隔	冶石	大攻君公孫桴	執齊

23.	四年春平侯劍	四年		相邦春平侯	邦左庫工師岳身	冶沥	大攻尹趙門	執齊
24.	十三年守相申母劍	十三年		守相申母官	邦右囗韓伙	冶醅	攻尹韓耑	執齊
25.	十五年春平侯劍	十五年		相邦春平侯	邦右庫工師囗囗	冶疚	大攻尹韓耑	執齊
26.	十六年守相劍	十六年		守相囗囗囗	邦右庫囗囗囗	冶囗	大攻尹韓囗	執齊
27.	十七年春平侯劍	十七年		相邦春平侯	邦左佼工師長蕫	冶朝	大攻尹韓耑	執齊
28.	十八年相囗邦劍	十八年		相囗囗囗	囗左佼囗囗工師析論	冶囗	大攻尹趙囗	執齊
30.	八年建邨君劍	八年		相邦建邨君	邦左庫工師邥伃	冶尹明	大攻尹韓耑	執齊

　　由上表可知，此兵器均由中央鑄造，除有相邦（守相）名外，在庫名上多君「邦」字，相邦（守相）除春平侯、建邨君外，尚有廉頗、申母官，此為當時重要國臣。此兵器背面刻有大攻尹，為中央監造者，此與守相職掌相重疊，其實趙器大攻尹與韓國在令下加司寇情況相似，黃盛璋說：「大攻尹原來銘刻中並沒有他的地位，加大攻尹系出于於後來的發展」，故可知趙兵器以相邦、大攻尹、工師、冶尹合計，是屬於四級鑄造制度。

　　依三晉兵器銘文內容，黃盛璋分為簡式、繁式與最繁式。簡式僅有庫名、地名或加冶工名，此蓋實行於戰國早期；在簡式上加監造者是為繁式，其實行於戰國中期；若加兩個監造者則為最繁式，其實行已在戰國晚期；由此可見三晉兵器銘文能明確顯示其銘刻體例及鑄造制度，此有別於楚系齊系兵器。〔註24〕

第五節　晉系青銅器在中國文化史之意義

　　「中國文化史」蓋指在中國歷史長河裏所保存之典章制度、政治和社會組織、風俗習慣、學術思想、宗教信仰、文學藝術、科學技術等精神與物質層面之知識，這些知識記載於典籍文獻之中；然而先秦時代因典籍文獻所存有限，是以其文化狀況不是「缺」則是「略」，如何彌補此空窗？唯有憑藉地下「文物」作為佐證，始能洞窺此時期文化之全貌。先秦文物除甲骨片、簡牘、帛書等外，

〔註24〕楚系兵器銘文無相邦、司寇、工師這一套官名，齊系兵器銘刻一般簡短，僅記地名或監造者。

論量數頗多應屬青銅器，尤其今日在大陸各區域已有大量青銅器出土，是探討先秦時代文化最佳之「文物史料」，且已朝向各區域作縝密研究。本文已將晉系青銅器形制、紋飾、銘文及出土狀況、數量作全面性剖析，此欲進一步將銘文記載之內容反映於文化之意義再深一層評論，以了解其在文獻史料之價值。

一、晉系銘文編年

《禮・祭統》：「夫鼎有銘，銘者自名也，自名以稱揚其先祖之美，而明著之後世者也。」，其實兩周銘文內容不僅是頌揚祖德，還有賞賜冊命、盟誓契約、征伐方國、刑事訴訟、祭典訓誥、宴饗田獵、土地轉讓、異國聯婚，可見兩周銘文是當時政治、經濟、軍事、法制、禮儀等重要史料，對文獻典籍能發揮「證史訂史補史」之功效，晉系銘文與其他各系銘文在歷史文化亦是有同樣之價值。本文已在第四章考釋晉系銘文，此欲將晉系銘文加以彙整編年，以了解各國銘文在西周、春秋、戰國三時期所反映歷史之狀況。

西周早期（即武成康昭四王，西元前 1100 年至西元前 1000 年）晉系銘文所能見者僅有衛國。〈伯作段〉、〈𢓊父鼎〉、〈冈父己觶〉、〈饕餮紋尊〉、〈魚父己卣〉均為簡銘，僅有數字，此與晚商銘文近似；銘文較長者僅有〈沫司徒逘簋〉、〈賢段〉此二器均論衛康叔之事，此可與《史・衛康叔世家》相印證。西周中期（即穆恭懿孝夷五王，西元前 1000 年至西元前 879 年）晉系銘文所者較多，如下表：

晉 國		虢 國		荀 國	
器 名	年 代	器 名	年 代	器 名	年 代
自鼎	晉武侯晉成侯	虢叔盂	周孝王周夷王	荀侯盤	
晉侯僰馬圓壺	晉成侯	虢叔段	周孝王周夷王		
晉侯僰馬圓壺	晉成侯	虢叔尊	周孝王周夷王		
		虢叔鐘鬲	周孝王周夷王		
		虢叔旅鐘	周孝王周夷王		
		虢叔行盨	周孝王周夷王		
		虢叔作叔殷穀簠	周孝王周夷王		
		虢叔作叔殷穀鬲	周孝王周夷王		
		虢伯甗	西周中期		

　　由此表可知：曩者文獻史料均無記載晉武侯、晉成侯，此晉國有三器適足可補二侯之缺。虢國世系至今尚無完整資料，僅依據文獻史料零醉之記錄以了解其況，此在虢國彝銘中可得知有虢伯、虢叔（虢叔旅），此虢叔宜爲受封於陝西寶雞東之西虢。荀國在文獻史料原已缺乏，世系不明，此僅知有荀侯，至於爲何人？尚待考證，是以像此類之事，亟需文物史料來作旁證，以使該國史事能更完備。西周晚期（即屬宣幽三王，西元前878年至西元前771年），晉系銘文所見者更多，如下表：

晉　　國		鄭　　國		虢　　國	
器　名	年　代	器　名	年　代	器　名	年　代
晉侯靮鼎	晉厲侯	鄭井叔甗	西周晚期	虢仲作虢妃鬲	周厲王
晉侯靮鼎	晉厲侯	鄭井叔康旅盨	西周晚期	虢仲作姞鬲	周厲王
伯部父鼎	晉靖侯	鄭井叔鐘	西周晚期	虢仲盨	周厲王
晉侯喜父盤	晉靖侯	鄭同媿鼎	西周晚期	鄭虢仲鼎	周厲王
晉侯斷簋	晉釐侯	鄭登伯鼎	西周晚期	鄭虢仲簋	周厲王
晉侯斷壺	晉釐侯	鄭登伯鬲	西周晚期	城虢遣生旅簋	周厲王
晉侯蘇鼎	晉獻侯	鄭姜伯鼎	西周晚期	城虢仲簋	周厲王
晉侯蘇編鐘	晉獻侯	鄭姜伯鬲	西周晚期	虢季鼎	周宣王
晉侯邦父鼎	晉穆侯	鄭井叔蒦父鬲	西周晚期	虢季簋	周宣王
鷸休簋	晉穆侯	鄭叔蒦父鬲	西周晚期	虢季匜	周宣王
晉叔家父方壺	殤叔	鄭伯筍父鬲	西周晚期	虢季子白盤	周宣王
		鄭伯筍文甗	西周晚期	虢宣公子白鼎	周宣王
		鄭義伯盨	西周晚期	虢季氏子㱃鬲	周宣王周幽王
		鄭義伯匜	西周晚期	虢季氏子組鬲	西周晚期
		鄭義羌父簋	西周晚期	虢季氏子組盤	西周晚期
		鄭楙叔賓父壺	西周晚期	虢季子組卣	西周晚期
		鄭牧馬受殷蓋	西周晚期	虢季氏子組壺	西周晚期
		鄭登叔盨	西周晚期	虢文公子㱃鼎	周宣王周幽王
		鄭伯高父甗	西周晚期	虢文公子㱃鬲	周宣王周幽王
				虢伯鬲	西周晚期
				虢姜鼎	西周晚期
				虢姜作寶殷	西周晚期
				虢姜作寶障殷	西周晚期

				虢姞作鬲	西周晚期
				虢王姞簋	西周晚期
				虢季盨	周宣王
				虢叔大父鼎	西周晚期

虞　　國		荀　　國		虢　　國	
器　名	年　代	器　名	年　代	器　名	年　代
吳彭父殷	西周晚期	荀父大伯盨	西周晚期	蘇冶妊鼎	西周晚期或春秋早期
				蘇冶妊鼎	西周晚期或春秋早期
				蘇公殷	西周晚期或春秋早期
				蘇衛改鼎	西周晚期或春秋早期
				甫人盨	西周晚期或春秋早期
				蘇甫人匜	西周晚期或春秋早期
				甫人父匜	西周晚期或春秋早期
				穌子叔作鼎	西周晚期或春秋早期

　　由上表可知，晉厲侯原無文獻史料記載，此有〈晉侯靮鼎〉、〈晉侯靮盨〉記載晉厲侯田獵與鑄器之事，可彌補文獻史料所缺；晉靖侯、釐侯、獻侯、穆侯、殤叔文獻史料記載有限，此有〈伯郜父鼎〉等諸器，均與上述之國君有關，故可彌補文獻史料所缺。鄭國各器均為西周晚期，因銘文無明確記載時間，然以器物推斷蓋為鄭桓公之時；在各器中有屬於同一人之器，如〈鄭井叔甗〉、〈鄭井叔康旅盨〉、〈鄭井叔鐘〉是同一人之器，〈鄭登伯鼎〉與〈鄭登伯鬲〉是同一人之器，〈鄭姜伯鼎〉與〈鄭羌伯鬲〉是同一人之器，〈鄭井叔蒦父鬲〉與〈鄭叔蒦父鬲〉是同一人之器，〈鄭伯筍父鬲〉與〈鄭伯筍父甗〉是同一人之器，〈鄭義伯盨〉與〈鄭義伯匜〉是同一人之器，此諸人中，鄭伯筍父可能是鄭桓公，其他或為卿士或為重臣。虢國彝器蓋在周厲王、宣王、幽王期間，虢仲、鄭虢仲、城虢遣生、城虢仲是 M2009 墓墓主「虢仲」，亦是西虢之虢公長父（虢厲公），曾輔佐周厲王討伐南方淮夷。虢季是虢文公，亦是西元 1990 年河南省上村嶺 M2001「虢季墓」墓主，虢季氏子，是虢文公之子，亦是虢文公子；虢季氏子組與虢季氏子殷蓋為同族；虢季子白（即虢宣公子白）是虢宣公之子，曾於周宣王時討伐玁狁；虢叔大父與虢叔旅是同支，為虢叔旅之晚輩。上述虢國諸人有君主，亦有卿士，此與《左》、《國》等文獻史料相彙整，可知西周晚期

虢國在周王室扮演舉足輕重之角色。虞國世系史書記載相當少，僅有春秋早期虞公、虞叔，至於西周晚期史料闕如，此有〈吳彭父簋〉一器，尚可知「虞」在金文有作「吳」。荀國史料雖缺乏，然在此可知荀與嬴姓國有聯婚事宜。蘇國文獻史料原已缺乏，世系不明，此有蘇國諸器，由彝銘得知蘇有與周王室、衛、虢聯婚之事，此可彌補文獻史料不足。

春秋早期（即周平王元年至周襄王二年，西元前 770 年至西元前 650 年）晉系各國有銘文出現，如下表：

晉 國		衛 國		鄭 國	
器 名	年 代	器 名	年 代	器 名	年 代
晉姜鼎	晉文侯廿一年（西元前 760 年）	衛夫人文君叔姜鬲	春秋早期	鄭伯盤	春秋早期
晉公戈	晉獻公四年（西元前 673 年）			鄭饕邍父鼎	春秋早期
				鄭師邍父鬲	春秋早期
				鄭戜句父鼎	春秋早期
				鄭大內史叔上匜	春秋早期
				召叔山父簠	春秋早期

虢 國		虞 國		荀 國		賈 國	
器 名	年代	器 名	年代	器 名	年代	器 名	年代
虢太子元徒戈	春秋早期	虞侯政壺	春秋早期	荀侯匜	春秋早期	賈子匜	春秋早期
元戈	春秋早期	虞司寇壺	春秋早期				
宮氏白子元杏戈	春秋早期						
虢爐口戈	春秋早期						
虢金氏孫作寶盤	春秋早期						
虢金氏孫作寶匜	春秋早期						

由上表可知，〈晉姜鼎〉銘文記載周平王賞賜晉文侯，此與《今竹》、《尚書・文侯之命》所述相吻合；〈晉公戈〉敘述晉獻公祭神降臨福鑄戈之事，

此為《左》、《國》所記載。〈衛夫人文君叔姜鬲〉推斷蓋為衛文公夫人所鑄鬲器，此事在《左》、《國》、《史》等文獻資料均未記載。鄭國諸器除有鄭伯外，其餘如饗邊父、戚句父、邊父、叔上、召叔山父均為鄭國重臣，諸人在文獻史料均未有記載。虢國諸器除虢太子所鑄之戈外，尚有「虢金氏」，此與「虢季氏」應為同一宗族。虞器有虞侯政、虞司寇白吹均未見於文獻史料。荀器有荀侯稽，此與《左》桓九年（西元前 703 年）所記載之「荀侯」是否同一人，不得而知。賈器有賈國國君己父，此與《左》桓九年（西元前 703 年）所記載之「賈伯」是否同一人，不得而知。春秋中期（即周襄王三年至周靈王廿二年，西元前 649 年至西元前 550 年），晉系銘文出現不多，晉國僅有〈子犯編鐘〉（晉文公五年之器，西元前 632 年）、〈欒書缶〉（晉景公三年之器，西元前 597 年）、〈韓鍾劍〉（約在晉景公十七年至晉悼公八年，西元前 583 年至西元前 565 年），〈子犯編鐘〉銘文內容與《左》、《國・周語》、《史・周本紀》等文獻史料相吻合，〈欒書缶〉器主欒書有見於《左》、《史・晉世家》文獻史料，〈韓鍾劍〉器主韓穿有見於《左》成八年（西元前 583 年）。衛國有〈孫林父敦〉，孫林父是衛獻公（西元前 576 年至西元前 559 年）之卿士，見《左》成十四年（西元前 577 年）、《左》襄五年（西元前 568 年）、《左》襄十四年（西元前 559 年）。鄭國有〈鄭子石鼎〉，子石印段或公孫段，見《左》襄廿七年（西元前 546 年）。蘇國有〈蘇公子敦〉、〈寬兒鼎〉，蘇公子癸父、寬兒均未見於文獻史料。春秋晚期（即周靈王廿三年至周敬王四十四年，西元前 549 年至西元前 476 年），晉系銘文以晉國出現最多，能確立年代者有〈晉公盦〉（晉平公廿一年西元前 537 年）、〈趙簡子戈〉（晉頃公九年至晉定公卅六年，西元前 517 年至西元前 476 年）〈趙孟介壺〉（晉定公卅年，西元前 482 年）、〈邵鐘〉（晉定公卅七年，西元前 475 年），年代未能確立者有〈君子之弄鼎〉、〈長子鼫巨簠〉、〈鳥尊〉、〈吉日劍〉、〈欒左軍戈〉、〈晉左軍戈〉、〈晉陽戈〉、〈晉公車器〉、〈呂大叔斧〉、〈呂大叔之子斧〉，此諸器年代可確定者，與《左》、《史》、《國》等文獻史料相契合，而年代未確立者之器，以兵器居多，由此可知，此與所處於戰爭頻繁之春秋晚期有密切關連。衛國僅有〈衛孔悝之鼎〉，見於《禮・祭統》，屬於文獻史料所保留之銘文。

　　戰國早期（即周元王元年至周顯王十九年，西元前 475 年至西元前 350 年）晉系銘文出現狀況如下表：

晉　　國		東　　周	
器名	年　　代	器名	年　　代
智君子鑑	晉出公廿三年（西元前 453 年）	公朱左官鼎	周安王十一年（西元前 391 年）
嗣子壺	晉幽公十八年（西元前 416 年）		
氏鐘 羌鐘	晉烈公十二年（西元前 404 年）		

魏　　國		鄭　　國		趙　　國	
器　名	年　代	器　名	年　代	器　名	年　代
二年寧鼎	魏惠王二年（西元前 368 年）	哀成叔鼎	周烈王四年至周顯王二年（西元前 372 年至西元前 367 年）	五年司馬成公權	趙烈侯五年（西元前 404 年）或趙敬侯五年（西元前 382 年）
十七年平陰鼎蓋	魏惠王十七年（西元前 353 年）	哀成叔豆			
梁十九年鼎	魏惠王十九年（西元前 351 年）	哀成叔鍘			

　　晉國至戰國早期已是強弩之末，尤其三家分晉後，更是虛有其名，已無實權，然此尚可見有晉國銅器，確為難得，如〈智君子鑑〉器主是智瑤，在晉出公時是重臣，屢見於《左》、《國》、《史》、《今竹》、《古竹》等文獻史料，〈嗣子壺〉器主是魏頡後裔，魏頡（即令狐文子）見於《左》成十八年（西元前 573 年）及《國・晉語》七，〈羌鐘〉敘述羌輔佐韓景侯伐齊入長城，此與《今竹》、《古竹》相契合。〈公朱左官鼎〉說明鑄造制度與容量制度，採二級制由冶大夫枚命冶工喜鑄鼎，其鼎可容一斛；〈二年寧鼎〉、〈十七年平陰鼎蓋〉、〈梁十九年鼎〉說明鑄造制度與容量制度，鑄造制度採取監造者、主辦者、製造者，此與〈公朱左官鼎〉相似，由此可見戰國銘文與西周、春秋時期有所不同，故此可彌補文獻史料對鑄造制度或容量制度所記載之缺略。哀成叔三器是敘述鄭康公後裔，哀成叔在亡國後緬懷先祖，此為文獻史料所未記載。〈司馬成公權〉說明銅權三級鑄造制度。戰國中晚期（即周顯王廿年至秦王政廿六年，西元前 350 年至西元前 221 年）晉系銘文出現

狀況如下表：

東周、西周		魏　國	
器　　名	年　　代	器　　名	年　　代
東周左官壺	周顯王廿九年（西元前 340 年）	梁廿七年四分鼎	魏惠王廿七年（西元前 343 年）
公朱右自鼎	戰國晚期	梁廿七年半齎鼎	魏惠王廿七年（西元前 343 年）
公朱右自鼎	戰國晚期	廿七年寧皿	魏惠王廿七年（西元前 343 年）
公朕左官鼎	戰國晚期	卅年虒鼎	魏惠王卅年（西元前 340 年）
徥公右官鼎	戰國晚期	卅五年虒鼎	魏惠王卅五年（西元前 335 年）
滑孝子鼎	戰國晚期	卅五年虒盍	魏惠王卅五年（西元前 335 年）
笨鼎	戰國晚期	信安君鼎	魏襄王十二年（西元前 307 年）
		垣上官鼎	魏昭王七年以前（西元前 289 年）
		卅六年私官鼎	魏安釐王六年（西元前 271 年）
		廿八年平安君鼎	魏安釐王卅三年（西元前 244 年）
		十三年梁上官鼎	戰國晚期
		梁上官鼎	戰國晚期
		內黃鼎	戰國晚期
		弗官鼎	戰國晚期
		上樂床鼎	戰國晚期
		上員床鼎	戰國晚期
		四分鼎	戰國晚期

趙　國		韓　國	
器　　名	年　　代	器　名	年　代
襄陰鼎	趙武靈王元年至廿七年（西元前 325 年～西元前 299 年）	貴朕鼎	戰國晚期
四年昌國鼎	趙孝成王四年（西元前 262 年）或趙悼襄王四年（西元前 241 年）	夃朕鼎	戰國晚期

十一年庫鼎	戰國晚期		宜陽右倉鼎	戰國晚期
			鄭東倉銅器	戰國晚期
			宜陽右倉簋	戰國晚期
			盛季壺	戰國晚期
			春成侯鍾	戰國晚期

　　由上表可知，東周諸器所提是公朱（廚）之左𪊨（官）、右𪊨，此為宮廚官職；魏器〈三十年𧆨鼎〉、〈卅五年𧆨鼎〉、〈卅五年𧆨盃〉、〈信安君鼎〉、〈卅六年私官鼎〉、〈廿八年平安君鼎〉、〈十三年梁上官鼎〉等均有鑄造制度與容量制度，除〈廿八年平安君鼎〉是二級鑄造，其餘為三級鑄造；趙器〈十一年庫鼎〉、〈四年昌國鼎〉之銘文有記載二級鑄造制度；由韓器可知，「倉、場」與趙器銘文「庫」同為鑄器處所。綜觀戰國時期晉系青銅禮器，依形制而言，以鼎居多，以銘文內容而論，偏重於「物勒工名」，採取「監造、主辦、製造」三級鑄造制度，且註明容量「斗、升、益、斛」與重量「斤、兩、石」。此若與文獻史料相結合，宜可建立較完整之鑄造制度與容量制度。

二、晉系銘文在歷史研究之價值

　　西元 1913 年王國維突破往昔學者「以經證經」之窘境，能以文獻史料與文物史料相結合，會通相證，首提「二重證據法」，〔註25〕此治學方法、使當時學術風氣為之一變，且對往後商周史之研究產生深邃之影響。晉系銘文亦是「雙重證據」重要史料，對於晉系諸國歷史之研究，有相當重要之價值，此蓋可從政治、軍事、禮制、音樂、曆法、官制、工業等方面得知。

　　1. 政治──晉系銘文內容有陳述政治方面，可從王室、公室、卿大夫、賞賜、會盟、亡國等事加以論述。兩周時期諸侯應宜尊重「周王室」，此可從彝銘反映出，晉系銘文如〈晉侯蘇編鐘〉「隹王卅又三年」（王指周宣王卅三年西元前 809 年）、〈晉姜鼎〉「隹王九月乙亥」（王指周平王十一年西元前 760 年）、〈虢姜作寶𣪘〉「隹王四年」（此「王」未能確定，此器屬於西周晚期）、〈子犯編鐘〉「隹王五月初吉丁未」（王指周襄王廿年西元前 632 年）、〈虞侯政壺〉「隹王二月初吉壬戌」（此「王」未能確定，此器屬於春秋早期）、〈賈子匜〉「隹王二月」

〔註25〕王國維首先落實「二重證據法」是〈明堂廟寢通考〉一文（《觀堂集林》卷三），以《禮》、《左》、《詩》、《國》、《說文》等文獻史料與卜辭及吉金彝器等文物史料相對證。

（此「王」未能確定，此器屬於春秋早期）、〈晉公盦〉「隹王正月初吉丁亥」（王指周景王八年西元前537年）、〈邵鐘〉「隹王正月初吉丁亥」（王指指周元王元年西元前475年），由此可見，不論西周時期或春秋時期，晉、虢、虞、賈，比鄧、越、郜更尊重王室。〔註26〕晉系銘文有論述公室，晉國唐叔虞見〈晉公盦〉，晉成侯服人見〈晉侯僰馬圓壺〉與〈晉侯僰馬方壺〉，晉厲侯福見〈晉侯靷鼎〉與〈晉侯靷盨〉，晉靖侯宜臼見〈晉侯喜父盤〉，晉釐侯司徒見〈晉侯斷簋〉與〈晉侯斷壺〉，晉獻侯籍見〈晉侯蘇鼎〉和〈晉侯蘇編鐘〉，晉穆侯見〈晉侯邦父鼎〉，殤叔見〈晉叔家父方壺〉，晉文侯見〈晉姜鼎〉，晉獻公見〈晉公戈〉，晉文公見〈子犯編鐘〉，晉公室自唐叔虞至晉文侯，文獻史料記載有限，此銘文適足以提供極爲珍貴之資料，尤其對晉侯世系有莫大之裨益。衛國康叔見〈沬司徒逘簋〉與〈賢毁〉，康伯見〈康伯壺蓋〉，衛莊公見〈衛孔悝之鼎〉。鄭國鄭桓公或鄭武公、鄭莊公見〈鄭伯筍父鬲〉與〈鄭伯荀父甗〉。虢國虢厲公（虢公長父）見〈虢仲作姞鬲〉、〈虢仲乍虢妃鬲〉、〈虢仲盨〉、〈鄭虢仲鼎〉、〈鄭虢仲毁〉、〈城虢遣生旅毁〉、〈城虢仲簋〉，虢文公見〈虢季鼎〉、〈虢季簋〉、〈虢季盨〉、〈虢季匜〉。虞侯見〈虞侯政壺〉，荀侯見〈荀侯盤〉、〈荀侯匜〉，賈侯見〈賈子匜〉。晉系銘文有論及各諸侯國之卿大夫，晉國如韓氏見〈𪊨羌鐘〉與〈韓鍾鑲劍〉，趙氏見〈趙孟介壺〉與〈趙簡子戈〉，魏氏見〈嗣子壺〉、〈邵鐘〉、〈邵太叔斧〉、〈呂太叔之子斧〉，智氏見〈智君子鑑〉，欒氏見〈欒書缶〉和〈欒左軍戈〉，子犯見〈子犯編鐘〉。衛國孫林父見〈孫林父毁〉。晉系銘文有記載賞賜，〔註27〕〈自鼎〉載錄晉侯賞賜自有胄、干、戈、弓、矢、貝；〈晉姜鼎〉載錄周平王賞賜晉文侯「鹵賣千兩」，即鹽千兩；〈晉侯蘇編鐘〉載錄周宣王賞賜晉獻侯駒四匹、𤔲一卣、弓矢百；〈子犯編鐘〉載錄周襄王賞賜子犯有輅車、四馬、衣裳、腰帶、蔽膝、禮帽；〈賢毁〉記載衛康叔賞賜賢田地百畝（可種植農作物之地）；〈虢季子白盤〉記載周宣王賞賜虢季子白四匹馬與弓、箭、鉞；除賞賜器物外，尚有封地，如〈沬司徒逘簋〉記載周成王命令衛康侯將封地遷徙於衛。

〔註26〕當時諸侯國早已僭越王權而在銘文用其國紀年，如〈鄧伯氏鼎〉「唯鄧八月初吉」、〈者沪鐘〉「唯越十有九年」、〈郜公簋〉「唯郜正二月」、〈郜公鐘〉「隹郜正四月」、〈郜公平侯鼎〉「隹郜八月初吉癸未。」

〔註27〕商周賞賜之銘文極多，有賜貝、赤金、白馬、牛、鹿、魚、弓矢、甲冑干戈、金車、𧩀貝、衣旂、土田、車服，甚者有賜人，如〈大盂鼎〉：「易女（汝）邦嗣（司）四白（伯），人鬲自馭至于庶人六百又五十又九夫，易夷嗣（司）王臣十又三白（伯），人鬲千又五十夫。」邦司者爲周朝管理奴隸之執行者，夷司者爲周王室管理夷族奴隸之官員者，人鬲即奴隸之稱謂。

春秋時期諸侯朝聘會盟常見於文獻史料，此亦可從器物出土狀況得到證明，〔註28〕晉系銘文有記載晉吳關係如〈趙孟介壺〉。晉系銘文有記載亡國之痛，而追念先祖之德業，如〈哀成叔鼎〉。晉系銘文有記載后妃權力與地位，如〈晉姜鼎〉敘述晉姜輔佐晉文侯，參與軍事活動，主持宮中內政與祭祀，可見在當時必是叱咤朝廷。〔註29〕虢器有〈虢姜鼎〉、〈虢姜作寶毀〉、〈虢姜作寶障毀〉，敘述虢姜鑄器之事，雖無豐功偉業，然能記載虢姜鑄鼎毀，想必虢姜在當時政治應具有相當地位。

　　2. 軍事——晉系銘文敘述軍事行動，〈沫司徒逘毀〉記載周成王派兵討伐殷邑朝歌；〈虢仲盨〉記載周厲王與虢仲率軍討伐南方淮夷；〈晉侯蘇編鐘〉記載晉獻侯奉周宣王之令征伐夙夷；〔註30〕〈虢季子白盤〉記載周宣王時虢

〔註28〕吳王〈王子于戈〉、〈吳王光劍〉、〈攻吳王夫差鑑〉均在晉國出土；齊國〈鎛鎛〉出土於山西榮河。

〔註29〕王室彝銘有記載王姜與晉姜類似，在當時朝廷有主導地位，如〈令毀〉「乍冊矢令尊宜于王姜，姜商（賞）令貝十朋、臣十家、鬲百人」、〈叔卣〉「隹王誅于宗周，王姜史（使）叔事于大保」、〈不壽毀〉「王在大宮，王姜賜不壽裘」、〈作冊裹卣〉「隹十又九年，王在序（岸）。王姜令乍冊裹安尸白（夷伯）」。《左》記載武姜（鄭莊公母）亦有相當權力領導朝廷，可見兩周時期有才華之后妃，不僅輔弼君王，甚至可左右朝政。

〔註30〕

西元前	周紀年	晉紀年	戰　　事	戰　　功
809	周宣王即位卅三年	晉獻公十四年	周宣王至于菫（范，即山東省范縣）兵分兩路，周宣王親自命令晉侯蘇率領軍隊左面傾覆雙地，北面傾覆某地，討伐夙夷（山東省東平縣）	1.折首對方有120人 2.逮獲俘虜有23人
			周宣王至鄆城（山東省鄆縣），親自巡視參戰之軍隊，且接見晉侯蘇，又命令晉侯蘇自西北方向進攻鄆城，晉侯蘇率領亞旅戠人先攻陷鄆城。	1.折首對方有100人 2.逮獲俘虜有11人
			此時夷人四處逃竄，周宣王又命令晉侯蘇率領大室小臣，車僕從後追擊。	1.晉侯蘇折首對方有110人，逮獲俘虜20人 2.大室小臣，車僕，折首對方有150人，逮獲俘虜有60人
				此次戰役，折首480人，逮獲俘虜114人

季子白率軍討伐玁狁，斬首五百人，生擒五十人；〈晉姜鼎〉記載「征繁陽、
䎙」軍事行動；〔註31〕〈自鼎〉記載晉侯派自追擊敵人至佣；〈子犯編鐘〉記
載晉文公與子犯率軍討伐楚國；〈䣄羌鐘〉記載䣄羌隨韓景侯伐齊，入長城。
〔註32〕諸次軍事行動，與文獻史料相配合，不僅可證史，如〈虢季子白盤〉、
〈子犯編鐘〉，且能補史，如〈自鼎〉、〈䣄羌鐘〉、〈晉侯蘇編鐘〉。

　　3. 禮制──兩周時期禮儀無不反映於吉、凶、軍、賓、嘉五禮之中，尤其
在晉系銘文中更能顯示當時婚姻、媵器與享祭稱揚先祖等禮制。《禮‧婚義》：「將
合二姓之好，上以事宗廟，而下以繼後世」，此說明不論王公貴族或庶民為傳宗
接代，必有婚姻儀式。晉系銘文記載婚姻之事，有諸侯與王室通婚、各諸侯聯
姻。諸侯與王室通婚有〈伯郜父鼎〉，伯郜父娶周王室姬姓女子為妻；〈蘇公𣪘〉
蘇女嫁於周王室作王妃。各諸侯聯姻；有晉楚聯姻，如〈長子𡥔臣簠〉晉大夫
𡥔臣取羋姓楚女為妻，〈晉公盤〉晉平公嫁女於楚；晉齊聯姻，如〈晉姜鼎〉晉
文侯娶姜姓齊女為妻；齊鄭聯姻，如〈鄭姜伯鼎〉、〈鄭姜伯鬲〉鄭人娶姜姓齊
女，〈鄭義伯匜〉鄭義伯娶姜姓齊女；鄭南燕聯姻，如〈鄭井叔甗〉鄭井叔娶姞
姓南燕女；鄭檜（鄶）聯姻，如〈鄭大內史叔上匜〉鄭國大內叔上娶妘姓檜女；
虢蘇聯姻，如〈虢文公子𣪘鼎〉、〈虢文公子𣪘鬲〉虢文公子𣪘娶己姓蘇女，〈虢
仲乍虢妃鬲〉虢仲娶己姓蘇女為妃，〈蘇冶妊鼎〉、〈蘇冶妊盤〉蘇女嫁於虢國作
王妃；虢齊聯姻，如〈虢姜鼎〉、〈虢姜作寶鼎〉、〈虢姜作寶障𣪘〉姜姓女子嫁
於虢國為妻；虢與密須聯姻，如〈虢仲作姞鬲〉虢仲娶密須姞氏女子，〈虢姞作
鬲〉密須姞氏女子嫁於虢國，荀與嬴姓女子聯姻，如〈荀伯大父盨〉荀作大父
娶嬴姓女子；蘇衛聯姻，如〈蘇衛改鼎〉蘇女嫁於衛國作王妃；蘇與嬭氏聯姻，
如〈蘇甫人匜〉蘇女嫁於嬭氏。《公》莊十九年（西元前 675 年）：「媵者何？諸
侯娶一國，則二國往媵之，以姪娣從」，一個女子出嫁，須同姓姪娣和奴僕隨嫁，
除人陪嫁外，尚有陪嫁品，即媵器。晉系青銅器有作媵器者，〈長子𡥔臣簠〉為
長子𡥔臣所做之媵器，〈晉公盤〉為晉平公嫁女之媵器，〈鄭大內史叔上匜〉為
鄭大內史叔上為其妻鑄作可陪嫁之媵器，〈虢叔尊〉為虢叔鑄作可陪嫁之媵器，
〈荀侯盤〉為荀侯為叔姬鑄作可陪嫁之媵器，〈蘇冶妊鼎〉為蘇國夫人冶妊為出

〔註31〕　〈曾伯霖簠〉：「克狄淮夷，抑燮繁陽」，「繁陽」是楚地，其地多產銅錫，在
　　　　　今河南新鄭，此為晉國與曾國聯軍征伐淮夷。
〔註32〕　䣄羌隨韓景侯伐齊入長城，詳見拙作《晉國文獻及銘文研究》頁 447 至 458
　　　　　與頁 557 至 559。

嫁女兒鑄作媵器，〈蘇甫人匜〉爲蘇甫人爲出嫁女兒鑄作媵器，綜觀上述媵器，飪食器有鼎、簋，酒器有尊，水器如盨、盤、匜，此諸器蓋爲平日常用之器。《禮·祭統》：「凡治人之道，莫急於禮，禮有五經，莫重於祭」，可見以彝器享祭祖先是兩周時期例行之禮制，除享祭祖先外，亦稱揚祖先德澤，《禮·祭統》「銘者論譔其先祖之德善、功烈、勳勞、慶賞、聲名，列於天下，而酌之祭器，自成其名焉，以祀其先祖者，顯揚先祖，所以崇孝也」，此爲慎終追遠之體現。晉系銘文享祭祖先，有〈欒書缶〉爲欒書享祭皇祖，〈晉侯断簋〉、〈晉侯断壺〉爲晉釐侯享祭文祖皇考，〈晉侯僰馬方壺〉爲晉成侯享祭先祖，〈邵鐘〉爲邵黛享祭先祖，〈子犯編鐘〉爲子犯享祭先祖，〈孫林父殷〉爲孫林父享祭先祖，〈召叔山父簠〉爲召叔山父享祭先祖，〈虢姜作寶殷〉爲虢姜享祭先祖，〈虢宣公子白鼎〉爲虢宣公子白享祭皇祖考，〈虞司寇壺〉爲虞司寇白吹享祭先祖。晉系銘文常見有「永寶用享」，如〈虢叔行盨〉、〈虢姜作寶障殷〉、〈虢季鼎〉、〈虢季氏子㠱鬲〉、〈虢季氏子組鬲〉、〈虢季氏子組殷〉、〈虢季氏子組壺〉、〈虢季氏子組盤〉、〈虢季簋〉、〈虢叔旅編鐘〉、〈虢季氏子組盤〉、〈虢季簋〉、〈虢叔旅編鐘〉、〈虢文公子㠱鼎〉、〈虢文公子㠱鬲〉、〈蘇公子殷〉，可見「永寶用享」是虢國彝銘享祭先祖之常用語。晉系銘文稱揚先祖，有〈晉姜鼎〉爲晉姜稱揚晉文侯，〈晉公盦〉爲晉平公稱揚唐叔虞，〈衛孔悝之鼎〉爲衛莊公向孔悝稱揚其先祖莊叔、成叔、文叔之德業，〈哀成叔鼎〉爲哀成叔稱揚鄭康公之治業，〈虢叔旅編鐘〉爲虢叔旅稱揚先父惠叔之威儀。

4. 音樂——晉系銘文有記載音樂之事，大抵以銅鐘爲主，如〈晉侯蘇編鐘〉「用乍元龢揚（錫）鐘」，晉獻侯鑄造樂音和諧之編鐘；〈子犯編鐘〉「用爲龢（和）鐘九堵」，子犯將吉金鑄造樂音和諧之編鐘；〈邵鐘〉「大鐘八聿（肆），其寵四堵，喬喬其龍，既旂閟虡，大鐘既縣，玉鐉竈鼓」，將所鑄造之編鐘懸掛於筍虡，共有八列，再配合玉磬竈鼓，形成一組完整樂器；〈鄭井叔鐘〉「奠井叔乍靈鐘綏賓」鄭井叔鑄造樂者協和之銅鐘；〈虢叔旅編鐘〉「用乍朕皇考叀（惠）叔大替龢鐘」，虢叔旅爲先父惠叔鑄造一套大林編鐘。除上述諸器可反映晉系在當時音樂之狀況外，尚可從鐘數得知樂器使用情形。現知晉系銅鐘以甬鐘、鈕鐘爲主，一般在演奏時皆爲成套，大套約有八件，如〈晉侯蘇編鐘〉與〈子犯編鐘〉是甬鐘，有十六件，分爲兩套；〈虢叔旅編鐘〉是甬鐘，有七件；〈邵鐘〉是甬鐘，有十三件；〈龗羌鐘〉與〈龗氏鐘〉是鈕鐘，共十四件。除上述諸編鐘可了解其鐘數外，尚可從近世晉系編鐘出土狀況，證明是成套組合，僅是各套件數

有八、九、十差異而已。有關出土狀況如下表：

出土時間	出土地點	鐘別	件數
1954 年冬至 1955 年春夏	山西省長治市分水嶺 M14	甬鐘	2
		鈕鐘	8
1957 年	河南省陝縣后川 M2040	甬鐘	20（兩套各 10 件）
1957 年	河南陝縣上村嶺 M1052 墓	鈕鐘	9
1958 年	山西省萬榮縣榮河鎮廟前村	鈕鐘	9
1959 年 10 月至 1961 年年底	山西省長治分水嶺 M25	甬鐘	5
		鈕鐘	9
1961 年 12 月	侯馬上馬村 M13	鈕鐘	9
1965 年	山西省長治分水嶺 M126	鈕鐘	1（僅存完整）
1972 年	長治分水嶺 M269	甬鐘	9
		鈕鐘	9
	長治分水嶺 M270	甬鐘	8
		鈕鐘	9
1983 年	山西省潞城縣潞河村大斷溝 M7	甬鐘	16（兩套各 8 件）
		鈕鐘	8
1990 年	河南省陝縣上村嶺 M2001	甬鐘	8
1992 年	山西省曲沃縣曲村鎮北趙村西南 M8	甬鐘	僅存 2 件
1993 年	河南新鄭縣金城路 M2	鈕鐘	20
1994 年	山西省曲沃縣曲村鎮北趙村西南 M91	鐘	7
	同地 M93	甬鐘	16（兩套各 8 件）

目前大陸已透過編鐘以了解其音律，由於現階段尚屬於測試中，若假以時日之研究，對於晉系諸國樂律必有明確之輪廓，此對文獻典籍所記載缺略之樂律，必能提供極為珍貴之史料。

5. 曆法──古人記事常用年月日等記時單位，長期累積遂形成一套計時之體制，此謂之曆法。金文紀年方式有四項：年（祀）數、月序、月相、日辰（即干支）。〔註33〕晉系銘文紀年情況有十種：（1）年數月序月相日辰四項皆有，如

〔註33〕殷商末年已使用四項，僅月序年數均在銘文之末，日辰常在銘文之首，西周早期亦是如此。西周中期紀年置於銘文之首，漸多成定制。東周時期常以所在年之大事，作為紀年之標誌。

器　名	年數	月序	月相	日辰（干支）	附　註
晉侯蘇編鍾	王卅又三年	正月	既生霸	戊午	〈晉侯蘇編鐘〉是晉系銘文紀年最完整
		二月	既望	癸卯	
		二月	既死霸	壬寅	
		三月	方（旁）死霸		
		六月	初吉	戊寅，旦。丁亥，旦。庚寅，旦。	
晉公戈	四年	六月	初吉	丁亥	
虢季子白盤	十又二年	正月	初吉	丁亥	
虢季氏子組盤	十又一年	正月	初吉	乙亥	

（2）僅有年數月序月相三項，如〈嗣子壺〉「十年、四月、吉日」。〔註34〕

（3）僅有月序月相日辰三項，如：

器　名	月　序	月　相	日　辰
晉侯鞦鼎	九月	初吉	庚寅
晉侯斷簋	九月	初吉	庚午
晉侯鞦盨	正月	初吉	庚寅
晉侯鞦盨	正月	初吉	丁亥
晉侯斷壺	九月	初吉	庚午
長子騂臣簠	正月	初吉	丁亥
晉公盦	正月	初吉	丁亥
晉侯喜父盤	五月	初吉	庚寅
邵鐘	正月	初吉	丁亥
子犯編鐘	五月	初吉	丁未
賢𣪘	九月	初吉	庚午
鄭師邍父鬲	五月	初吉	丁酉
鄭大內史叔上匜	十又二月	初吉	乙子（巳）
鄭虢仲𣪘	十又一月	既生霸	庚戌
虞侯政壺	二月	初吉	壬戌
寬兒鼎	八月	初吉	壬申

〔註34〕晉系銘文用「吉日」，有〈嗣子壺〉與〈吉日劍〉，劉雨〈金文初吉辨析〉：「在春秋時期銅器上的吉日一詞與初吉的含義是相同。」。

（4）僅有年數月序日辰三項，如〈公朱左官鼎〉「十一年、十一月、乙巳朔」。（5）有月序日辰二項，如〈晉姜鼎〉「九月、乙亥」、〈欒書缶〉「正月季春、元日己丑」〔註35〕、〈哀成叔鼎〉「正月、庚午」、〈衛孔悝之鼎〉「六月、丁亥」。（6）有月序月相二項，如〈鼄休簠〉「正月、初吉」、〈晉侯斁馬方壺〉「正月、初吉」。（7）有年數月序二項，如〈東周左官壺〉「廿九年、十二月」。（8）有月相日辰二項，如〈吉日劍〉「吉日、壬午」。（9）僅有月序一項，如〈賈子匜〉「二月」。（10）僅有年數一項，如〈鬲羌鐘〉「廿又再祀」〔註36〕、〈虢姜作寶毀〉「王四年」、三晉銅器銘文僅有年數。由上述紀年方式中，頗有爭議是「月相」，尤其「初吉」是否與「既生霸、既死霸、既望」形成「月相四分說」？王國維採取定點說，以為初吉是一日至七八日，劉雨以為「初吉」是大吉，不宜與「既生霸、既死霸、既望」同為月相之名。目前見到「初吉」多於「既生霸」，是否如王氏、劉氏之說，尚待深究。

6. 官制——晉系銘文記載官職，如下表：

官　職	器　名	職　掌
嗣（司）徒司土	伯䣄父鼎 沬司徒遉鼎	管理師旅
大室小臣	晉侯蘇編鐘	西周中期在大、小祭祀、燕饗和射禮等場合負責具體事務性工作。（大室即太室或天室，周王祖廟之中央大室）。
車僕	同上	周禮春官之屬掌五戎（戎路、廣車、闕車、苹車、輕車）之兵車。
善（膳）夫	同上	周禮天官之屬，王之近臣，在王左右，掌宣王命之事，在王行賞賜禮時，職司奔走之事。
公族	同上	王最親近者，掌王室之任務與保護王之安全。
嗣工（容） 大嗣工	晉侯蘇編鐘 召叔山父簠	掌營建土木之事與地政之事。
亞旅	晉侯蘇編鐘	上大夫。
牧馬	鄭牧馬受毀蓋	掌養馬之事。
大師	鄭大師小子甗	掌禮樂之官。

〔註35〕〈欒書缶〉「正月季春」，以周曆而言，孟春為正月，季春為三月，然此正月季春，與之相差二月，故可知〈欒書缶〉用夏曆。

〔註36〕「祀」字為殷曆法用語，「年」為周曆法用語，此鐘不用「年」而用「祀」，可見晉國年數是承襲殷商晚期。

小子	同上	樂官之部屬。（〈晉公盨〉有「余雖小子」，此小子爲晉平公之謙稱）。
大內史	鄭大內史叔上匜	內史之長，掌冊命及占候吉凶之事與代王行聘問慶弔之禮。
司寇	虞司寇壺	掌管刑獄糾察之事。

　　戰國時期三晉銘文有記載官職，如「上官、下官、中私官、私官、中官」是掌飲食之食官，「嗇夫」爲司空之屬，「大攻君」（即「大工尹」）是掌理銅器鑄造之長官。以金文研究兩周官制，始於西元 1928 年楊筠如〈周代官名略考〉，其後有郭沫若〈周官質疑〉、陳夢家《西周銅器斷代》、白川靜《金文通釋》等，近年來張亞初、劉雨以職官銘文爲資料，歸納西周職官有 213 種，且將 213 種分爲十五類，若以此爲依據，則上述晉系銘文官職可歸類爲大師是師官類官，嗣徒爲司徒類官，亞旅爲司馬類官，嗣工、司寇爲司空類官，大內史爲史官類官，善夫、小臣、小子爲宮廷類官，公族自成一類，由此可知晉系銘文官職雖資料不多，若能結合其他系銘文則可建構一套完整兩周官職，此於《周禮》之真偽則必能提出強而有力之證據。

　　7. 鑄器——晉系銘文記載鑄器狀況，蓋可從材料來源、材料選擇、鑄器用意三方面來論述。晉系銘文記載自征伐之地而取得吉金鑄鼎，如〈晉姜鼎〉「征繁湯、𪊏，取氒（厥）吉金，用乍寶障鼎」，「繁湯」即繁揚，亦是〈曾伯簠簋〉：「克狄淮夷，印（抑）䜌鄉（絲）湯（陽）」之「繇陽」。先秦繁揚有兩地，一在魏地，今河南省內黃縣東北，一在楚地，在今河南新蔡之地，其地多產銅錫，故此次晉曾兩國聯軍征伐淮夷，取得吉金鑄鼎。晉系銘文有記載諸侯進獻吉金，如〈子犯編鐘〉「者（諸）侯羞元（原）金于子軐（犯）之所，用爲䣖鐘九堵」。由此可知晉系青銅器材料除晉地區域所產外，另有源自於戰伐捷勝取得與諸侯進獻。晉系銘文有記載挑選吉金作器，如〈長子駬臣簠〉「長子駬臣罜吉金，乍其子孟嬭之母媵匜」、〈欒書缶〉「余畜孫已擇其吉金，以釳鑄金缶」、〈梁十九年鼎〉「梁十九年亡智眔（及）兼嗇夫庶𩦜罜（擇）吉金鑄肘（鼎）」、〈寬兒鼎〉「蘇公之孫寬兒罜（擇）其吉金自乍飤鬲」、〈呂太叔斧〉「邵太叔以新金爲貳車之斧」。由此可知當時鑄器銅質必有材料品級差異，是以欲鑄造上等彝器則須挑選青銅質地佳（即含純銅量多，須新提煉出），絕不能用回收之舊銅，此尚可從〈邵鐘〉「玄鏐鑄鋁」、〈吉日劍〉「玄鏐鋪（鏽）呂（鋁）」得到證明，是以材質佳之彝器，其色澤光耀，若銅質低劣

則彝器粗糙。〔註37〕晉系青銅器鑄造動機，此可由文得知其用意，其目的有五項（1）國君作彝器以期萬年寶用，如〈晉侯執鼎〉、〈晉侯蘇鼎〉、〈晉侯邦父鼎〉、〈晉侯執盨〉、〈晉侯僰馬圓壺〉、〈晉侯僰馬方壺〉、〈晉叔家父壺〉。（2）國君作器自述其好，如〈晉侯執盨〉「其用田獸，甚（湛）樂邍（原）隰（隰）」，此為晉屬公自述常於原野或低溼之地作田獵之樂，此與晉悼公（《左》襄四年西元前 569 年，魏絳勸晉悼公能戒田獵）有同好。（3）為夫人作尊鼎，如〈伯郤父鼎〉係晉靖侯時司徒伯郤父為其夫人作禮器，有尊有鼎。（4）為祖先作寶器，如〈鼄休簠〉是鼄休為有文德之父親鑄作寶段，〈晉侯喜父盤〉、〈晉侯喜父鑑〉是晉侯喜父為他有文德之父親鑄作寶盤與鑑，〈衛孔悝之鼎〉將先祖德業鑄於彝鼎。（5）君子作賞玩之器，如〈君子之弄鼎〉、〈智君子鑑〉、〈鳥尊〉。由此五項動機可得知晉系青銅器鑄造興盛之因素。西元 1960 年山西省侯馬市牛村古城發掘有青銅器鑄造之作坊，發現有三萬多塊之陶範與陶模，此為晉系青銅器鑄造遺址。兩周時期晉系工業發展狀況，文獻史料記載極為缺乏，尤其青銅器鑄造方法、材料來源均無明確之記錄，故透過文物史料，根據銘文內容及鑄造遺址，得知當時青銅鑄冶之狀況，必能晉系工業文化之曙光重現於世。

〔註37〕1962 年山西芮城縣所發現一號墓內有銅器 22 件，其中 10 牛容器銅質粗劣，大多因銅液灌注不均，造成器物留下許多洞孔。

參考書目

按書成年代先後順序編排；若時間相同者，則依書名篇名之筆劃多寡而定

一、青銅器書類

1. 《集古錄》（《四庫全書》文淵閣本 681），歐陽脩，台灣商務，1986 年初版。
2. 《考古圖》（《四庫全書》文淵閣本 840），呂大臨，台灣商務，1986 年初版。
3. 《宣和博古圖》，王黼，台北新興，1969 年新一版。
4. 《歷代鐘鼎彝器款識法帖》，薛尚功，台北藝文，1971 年初版。
5. 《嘯堂集古錄》（《四庫全書》文淵閣本 840），王俅，台灣商務，1986 年初版。
6. 《廣川書跋》（《四庫全書》文淵閣本 813），董逌，台灣商務，1986 年初版。
7. 《金石古文》（《石刻史料新編》12），楊愼，台北新文豐，1977 年初版。
8. 《西清古鑑》，梁詩正等，江蘇廣陵，1992 年第一版。
9. 《西清續鑑甲編、乙編》，清高宗敕編，台北台聯國風，1980 年。
10. 《商周文拾遺》（《石刻史料新編》第二輯 8），吳東發，台北新文豐，1979 年初版。
11. 《積古齋鐘鼎彝器款識》，阮元，台北藝文，1970 年。
12. 《筠清館金文》，吳榮光，台北藝文，1970 年初版。
13. 《長安獲古編》，劉喜海，台北藝文，1970 年初版。
14. 《兩罍軒彝器圖釋》，吳雲，台北台聯國風，1980 年。

15. 《恒軒所見所藏吉金錄》，吳大澂，台北藝文，1980 年初版。

16. 《從古堂款識學》（《鶴齋叢書》），徐同柏，台北藝文。

17. 《古籀拾遺》（《孫籀廎先生集》1），孫詒讓，台北藝文，1963 年初版。

18. 《商周彝器釋銘》（《叢書集成續編》94），呂調陽，台北新文豐，1989 年一版。

19. 《攈古錄金文》，吳式芬，台北樂天，1974 年初版。

20. 《愙齋集古錄》，吳大澂，台北台聯國風，1976 年。

21. 《綴遺齋彝器考釋》，方濬益，台北台聯國風，1977 年。

22. 《奇觚室吉金文述》，劉心源，台北藝文，1971 年初版。

23. 《古籀餘論》（《孫籀廎先生集》1），孫詒讓，台北藝文，1963 年初版。

24. 《敬吾心室彝器款識》，朱善旂，台北藝文，1971 年。

25. 《陶齋吉金錄》（《石刻史料新編》第二輯 7），端方，台北新文豐，1979 年初版。

26. 《陶齋吉金續錄》（《石刻史料新編》第二輯 8），端方，台北新文豐，1979 年初版。

27. 《周金文存》，鄒安，台北台聯國風，1978 年。

28. 《籀膏述林》（《孫籀廎先生集》2），孫詒讓，台北藝文，1963 年初版。

29. 《韡華閣集古錄跋尾》，柯昌濟，台北華文，1971 年初版。

30. 《夢郼艸堂吉金圖》，羅振玉，台北台聯國風，1978 年。

31. 《簠齋吉金錄》，鄧實，台北藝文，1971 年初版。

32. 《觀堂集林》，王國維，台北河洛，1975 年初版。

33. 《清儀閣所藏古器物文》，張廷濟，台北台聯國風，1980 年。

34. 《獨笑齋金石文考》（《石刻史料新編》第二輯 16），鄭業斆，台北新文豐，1979 年初版。

35. 《宋代金文著錄表》（《叢書集成續編》93），王國維，台北新文豐，1989 年台一版。

36. 《重編宋代金文著錄表》（《叢書集成續編》93），容庚，台北新文豐，1989 年台一版。

37. 《寶蘊樓彝器圖錄》，容庚，台北台聯國風，1957 年。

38. 《貞松堂集古遺文》（附補遺、續編），羅振玉，香港崇基，1968 年。

39. 《金石學》，朱建新，台灣商務，1973 年。

40. 《澂秋館吉金圖》，孫壯，台北台聯國風，1978 年。

41. 《三代秦漢金文著錄表》，王國維，台北藝文，1969 年初版。

42. 《頌齋吉金圖錄》，容庚，台北台聯國風，1978 年。

43. 《吉金文錄》，吳闓生，台北樂天，1971 年。

44. 《雙劍誃吉金文選》，于省吾，台北樂天，1971 年。

45. 《希古樓金石萃編》（《石刻史料新編》5），劉承幹，台北新文豐，1977 年初版。

46. 《武英殿彝器圖錄》，容庚，台北台聯國風，1976 年。

47. 《貞松堂吉金圖》，羅振玉，台北台聯國風，1978 年。

48. 《十二家吉金圖錄》，商承祚，台北大通，1976 年初版。

49. 《渾源彝器圖》，商承祚，台北台聯國風，1980 年。

50. 《雙劍誃吉金圖錄》，于省吾，台北台聯國風，1976 年。

51. 《海外吉金圖錄》，容庚，台北台聯國風，1976 年。

52. 《小校經閣金石文字》，劉體智，台北大通，1979 年初版。

53. 《尊古齋所見吉金圖》，黃濬，台北台聯國風，1976 年。

54. 《善齋彝器圖錄》，劉體智等，台北台聯國風，1976 年。

55. 《三代吉金文存》，羅振玉，台北文華，1970 年一版。

56. 《金文編、金文續編》，容庚，台北樂天，1974 年版。

57. 《河南吉金圖志賸稿》，孫海波，台北台聯國風，1978 年。

58. 《雙劍誃古器物圖錄》，于省吾，台北台聯國風，1976 年。

59. 《商周彝器通考》，容庚，台北大通，1973 年初版。

60. 《青銅時代》，郭沫若，台北潤華，1945 年初。

61. 《海外中國銅器圖錄》，陳夢家，台北台聯國風，1976 年。

62. 《殷周青銅器銘文研究》，郭沫若，北京人民，1954 年。

63. 《全國基本建設工程中出土文物展覽圖錄》，工作委員會，北京藝術，1956 年一版。

64. 《壽縣蔡侯墓出土遺物》，中國科學院考古研究所，北京科學，1956 年一版。

65. 《商周金文錄遺》，于省吾，台北明倫，1971 年初版。

66. 《歷代著錄吉金目》，福開森，台灣商務，1971 年台一版。

67. 《周代金文圖錄及釋文》（增訂本），郭沫若，台北大通，1971 年初版。

68. 《殷周青銅器通論》，容庚等，台北康橋，1986 年。

69. 《洛陽中州路西工段》，中國科學院考古研究所，北京科學，1959 年一版。

70. 《上村嶺虢國墓地》，中國科學院考古研究所，北京科學，1959 年一版。

71. 《積微居金文說》，楊樹達，台北大通，1971 年初版。

72. 《金文集（四）列國》（《書跡名品叢刊》），白川靜，二玄社，1964 年初版。

73. 《金文通釋》，白川靜，日本白鶴美術館，昭和 48 年。

74. 《書道全集》第一卷（殷、周、秦），梅原末治等，台北大陸，1989 年再版。

75. 《新鄭銅器》，譚旦冏，台北中華叢書，1977 年初版。

76. 《中日歐美澳紐所見所拓所摹金文彙編》，巴納等，台北藝文，1978 年初版。

77. 《中國金石學概要》，馬元咨，台北藝文，1978 年。

78. 《殷周青銅器求真》，張克明，台北中華叢書，1979 年再版。

79. 《金文著錄簡目》，孫稚雛，北京中華，1981 年。

80. 《商周銅器群綜合研究》，郭寶鈞，北京文物，1981 年一版。

81. 《凡將齋金石叢稿》，馬衡，台北明文，1981 年初版。

82. 《中國古代度量衡圖集》，邱隆等，台北文物，1981 年。

83. 《中國古代青銅器簡說》，杜迺松，北京書目文獻，1982 年。

84. 《古青銅器銘文研究》，趙英山，台灣商務，1983 年初版。

85. 《金文總集》，嚴一萍，台北藝文，1983 年。

86. 《新出金文分域簡目》，中國科學院考古研究所，北京中華，1983 年一版。

87. 《殷周金文集成》，夏鼐等，北京中華，1984 年一版。

88. 《中華五千年文物集刊》（樂器篇），故宮博物院，台北故宮，1985 年初版。

89. 《金文人名匯編》，吳鎮烽，北京中華，1985 年。

90. 《商周金文集成》，邱德修，台北五南，1986 年初版。

91. 《西周金文官制研究》，張亞初等，北京中華，1986 年一版。

92. 《中國青銅器的奧秘》，李學勤，台灣商務，1988 年初版。

93. 《中國青銅時代》，張光直，台北聯經，1987 年。

94. 《中國青銅器時代》，郭寶鈞，台北駱駝，1987 年。

95. 《金文選注繹》，洪家義，江蘇教育，1988 年。

96. 《上海博物館藏寶錄》，上海博物館，上海文藝，1989 年一版。

97. 《中國美術全集》（銘器篇），李學勤等，台北錦繡，1989 年。

98. 《金文的世界》，白川靜，台北聯經，1989 年初版。

99. 《陝西金文匯編》，吳鎮烽，西安三秦，1989 年一版。

100. 《殷周青銅器綜覽》（三），林巳奈夫，日本弘文館，1989 年。

101. 《中國五千年文物集刊》（青銅器篇），吳哲夫等，台北故宮，1991 年初版。

102. 《商周青銅器銘文選》（三）（四），馬承源等，北京文物，1988 年一版。

103. 《新出青銅器研究》，李學勤，北京文物，1990 年一版。

104. 《中國青銅器》，馬承源等，台北南天，1991 年初版。

105. 《湖北出土商周文字輯證》，黃錫全，湖北武漢，1992 年。

106. 《中國文物精華》，中國文物精華編輯委員會，北京文物，1992 年。

107. 《侯馬鑄銅遺址》（上）（下），山西省考古研究所，北京文物，1993 年。

108. 《中國青銅器發展史》，杜迺松，北京紫禁城，1995 年一版。

109. 《古代中國青銅器》，朱鳳瀚，天津南開，1995 年一版。

110. 《楚系青銅器研究》，劉彬徽，武漢教育，1995 年。

111. 《認識古代青銅器》，陳佩芬，台北藝術，1995 年。

112. 《古銅器鑑定》，程長新等，北京工藝，1996 年一版。

113. 《中國青銅文化結構體系研究》，李伯謙，北京錦繡，1998 年一版。

114. 《吳越文字彙編》，施謝捷，江蘇教育，1998 年一版。

二、文字學類

1. 《說文解字注》，段玉裁，台北藝文，1970 年一版。

2. 《說文古籀補、補補、三補疏證》，吳大澂等，北京新華，1990 年一版。

3. 《古文字學導論》，唐蘭，台北樂天，1973 年再版。

4. 《說文解字詁林》，丁福保，台北鼎文，1983 年二次。

5. 《金文詁林》，周法高等，香港中文大學，1975 年。

6. 《古籀篇》，高田忠周，台北宏業，1975 年。

7. 《甲骨文字集釋》，李孝定，台北史語所，1982 年四版。

8. 《金文詁林補》，周法高，台北史語所，1982 年。

9. 《中國古文字學通論》，高明，北京文物，1983 年。

10. 《古文字學初階》，李學勤，北京中華，1985 年一版。

11. 《說文解字六書疏證》，馬敘倫，上海上海，1985 年一版。

12. 《漢字的起源與演變論叢》，李孝定，台北聯經，1986 年初版。

13. 《古文字學綱要》，陳煒湛等，廣州中山大學，1988 年十一版。

14. 《文字學概要》，裘錫圭，北京商務，1988 年一版。

15. 《甲骨文字典》，徐中舒，成都、四川辭書，1988 年一版。

16. 《戰國文字通論》，何琳儀，北京中華，1989 年一版。

17. 《鳥蟲書匯編》，侯福昌，台北商務，1990 年初版。

18. 《金文常用字典》，陳初生，高雄復文，1992 年初版。

19. 《兩周金文虛詞集釋》，崔永東，北京中華，1994 年一版。

20. 《漢語文字學史》，黃德寬等，安徽教育，1994 年。

21. 《金文大字典》，戴家祥，上海學林，1995 年一版。

22. 《古文字論集》，朱德熙，北京中華，1995 年一版。

23. 《唐蘭先生金文論集》，唐蘭，北京紫禁城，1995 年。

24. 《漢字說略》，詹鄞鑫，台北洪葉，1995 年一版。

25. 《中國文字發展史》，孟世凱，台北文津，1996 年初版。

26. 《甲骨金文與古史新探》，蔡運章，北京中國社會科學，1996 年。

27. 《漢語漢字漢文化》，胡雙寶，北京、北京大學，1998 年一版。

28. 《符號初字與字母——漢字樹》，饒宗頤，商務，1998 年一版。

29. 《簡明金文詞典》，王文耀，上海、上海辭書，1998 年一版。

30. 《說文解字與中國古文字學》，祝敏申，上海復旦大學，1998 年一版。

三、文獻類（按書之內容採經、史、子、集四部分法；若所述極廣，則歸屬通論）

（一）經、史、子

1. 《十三經注疏》（阮元校刻本），鄭玄等，台北藝文，1973 年第五版。

2. 《大戴禮記今註今譯》，高明，台灣商務，1983 年初版。

3. 《韓詩外傳》（《四庫全書》文淵閣本），韓嬰，台灣商務，1986 年初版。

4. 《春秋大全》（《四庫全書》文淵閣本 168），胡廣，台灣商務，1986 年初版。

5. 《左傳杜解補正》，，顧炎武，台北廣文，1987 年初版。

6. 《左傳紀事本末》，高士奇，台北里仁，1981 年。

7. 《春秋大事表》，顧棟高，台北鼎文，1974 年。

8. 《春秋世系表》（《續修四庫全書》），周耀藻，上海古籍，1995 年。

9. 《禮記集解》，孫希旦，台北蘭臺，1991 年初版。

10. 《左傳會箋》，竹添光鴻，台北明達，1986 年。

11. 《春秋左傳注》，楊伯峻，高雄復文，1986 年初版。

12. 《古本竹書紀年輯校》，王國維，台北藝文。

13. 《今本竹書紀年疏證》，王國維，台北藝文。

14. 《竹書紀年輯校訂補》，范祥雍，台北學海，1976 年初版。

15. 《世本八種》，秦嘉謨等，台北西南，1974 年初版。

16. 《國語》（校注本），左丘明，台北里仁，1980 年。

17. 《戰國策正解》，橫田惟孝，台北河洛，1976 年初版。

18. 《史記會注考證》，瀧川龜太郎，台北宏業，1972 年再版。

19. 《漢書》，班固，台北洪氏，1975 年第三版。

20. 《後漢書》，范曄，台北洪氏，1975 年第三版。

21. 《水經注》（《四庫全書》文淵閣本 573），酈道元，台灣商務，1986 年初版。

22. 《晉書》，房玄齡，台北鼎文，1987 年第五版。

23. 《梁書》，姚思廉，台北鼎文，1986 年第五版。

24. 《史通通釋》，劉知幾、浦起龍，台北里仁，1980 年。

25. 《元和郡縣圖志》，李吉甫，京都中文，1979 年第三版。

26. 《資治通鑑》（新校注本），司馬光，台北世界，1979 年第八版。

27. 《籀史》，翟耆年，台灣商務，1986 年初版。

28. 《五代會要》，王溥，台灣九思，1978 年台一版。

29. 《通志》，鄭樵，台灣商務，1987 年台一版。

30. 《文獻通考》，馬端臨，台灣商務，1987 年台一版。

31. 《七國考》，董說，北京中華，1956 年一版。

32. 《戰國史》，楊寬，台北谷風，1986 年。

33. 《侯馬盟書》，山西省文物工作委員會，台北里仁，1980 年。

34. 《晏子春秋考辨》，陳瑞庚，台北長安，1980 年。

35. 《墨子閒詁》，孫詒讓，台北河洛。

36. 《商君書今註今譯》，賀凌虛，台灣商務，1987 年初版。

37. 《韓非子集解》，王先慎，台北藝文，1969 年再版。

38. 《列子校釋》，陶光，台北河洛，1975 年初版。

39. 《呂氏春秋集釋第五書》，許維遹，台北鼎文，1977 年初版。

40. 《新語校注》，王利器，北京中華，1986 年一版。

41. 《淮南鴻烈解》，耕齋宇，台北河洛，1976 年初版。

42. 《說苑疏證》，劉向、趙善詒，台北文史哲，1986 年台一版。

43. 《新序今註今譯》，盧元駿，台灣商務，1981 年五版。

44. 《東觀餘論》（《萬卷堂刊本》），黃伯思，台北漢華，1961 年初版。

45. 《洞天清錄》（《四庫全書》文淵閣本 871），趙希鵠，台灣商務，1986 年初版。

46. 《游宦紀聞》（《知不足齋叢書》），張世南，台北興中，1964 年。

47. 《廣川書跋》（《四庫全書》文淵閣本 813），董逌，台灣商務，1986 年初版。

（二）通 論

1. 《考信錄》，崔述，台北世界，1960 年初版。

2. 《中國兵器史稿》，周緯，台北明文，1981 年初版。

3. 《中國歷代各族紀年表》，陸峻嶺等，台北木鐸，1982 年初版。

4. 《新中國的考古發現與研究》，北京文物，1984 年。

5. 《先秦文史資料考辨》，屈萬里，台北聯經，1985 年。

6. 《國史史料學》，齊文心等，台北崧高，1985 年。

7. 《中國上古史新探》，潘英，台北明文，1985 年初版。

8. 《中國上古國名地名辭彙及索引》，潘英，台北明文，1986 年初版。

9. 《考古學》（《中國大百科全書》），姜椿芳等，北京中國大百科全書，1986 年一版。

10. 《考古學通論》，蔡鳳書等，山東、山東大學，1988 年一版。

11. 《中國古代文化史》，陰法魯等，北京、北京大學，1989 年第一版。

12. 《西周史》，許倬雲，台北聯經，1990 年二版。

13. 《先秦考古學》，林壽晉，香港中文，1991 年。

14. 《中國考古》，安金槐，上海古籍，1992 年一版。

15. 《殷周考古論著》，李瑾，河南、河南大學，1992 年第一版。

16. 《中國上古人名辭彙及索引》，潘英，台北明文，1993 年初版。

17. 《西周官制論稿》，汪中文，高雄復文，1993 年初版。

18. 《張頷學術文集》，張頷，北京中華，1995 年第一版。

19. 《中國文明起源新探》，蘇秉琦，香港商務，1997 年一版。

20. 《綴古集》，李學勤，上海古籍，1998 年第一版。

21. 《徐中舒歷史論文選輯》，徐中舒，北京中華，1998 年第一版。

四、期刊論文

1. 〈新鄭古物出土調查記〉，馬衡，《東方雜誌》第 21 卷第 2 號，1924 年 10 月。

2. 〈旬君司子壺跋〉，劉節，《國立北平圖書館館刊》第七卷第 1 號，1933年。

3. 〈韓君墓發見略記〉，顧子剛，《國立北平圖書館館刊》第七卷第 1 號，1933 年。

4. 〈趙孟介壺跋〉，唐蘭，《考古社刊》第 6 期，1937 年。

5. 〈郟縣出土的銅器群〉，唐蘭，《文物參考資料》1954 年第 5 期，1943 年。

6. 〈河南郟縣發現的古代銅器〉，文物參考資料編輯委員會，《文物參考資料》1954 年第 3 期。

7. 〈山西長治市分水嶺古墓的清理〉，山西省文物管理委員會，《考古學報》，1957 年第 1 期。

8. 〈1956 年秋河南陝縣發掘簡報〉，考古通訊編輯委員會，《考古通訊》1957年第 4 期。

9. 〈1957 年河南陝縣發掘簡報〉，考古通訊編輯委員會，《考古通訊》1958年第 11 期。

10. 〈陝縣后川 2040 號墓的年代問題〉，王世民，《考古》1959 年第 1 期。

11. 〈三門峽出土銅器二三事〉，郭沫若，《文物》1959 年第 1 期。

12. 〈讀戰國題銘概述〉，陳世輝，《文物》1960 年第 1 期。

13. 〈長安縣張家坡銅器群銘文彙釋〉，郭沫若，《考古學報》1962 年第 1 期。

14. 〈略論汲縣山彪鎮一號墓的年代〉，高明，《考古》1962 年第 4 期。

15. 〈河北邯鄲百家村戰國墓〉，孫德海，《考古》1962 年第 12 期。

16. 〈金文札記三則〉，孫貫文，《考古》1963 年第 10 期。

17. 〈青島市文物管理委員會收集的幾件青銅器〉，孫善德，《文物》1964 年第 4 期。

18. 〈山西長治分水嶺戰國墓第二次發掘〉，邊成修等，《考古》1964 年第 3期。

19. 〈陝西長安張家坡西周墓清理簡報〉，趙永福，《考古》1965 年第 9 期。

20. 〈輝縣戰國甲墓和乙墓出土青銅器選記〉，趙新來等，《文物》1965 年第5 期。

21. 〈河南陝西等地發現的古代青銅器〉，趙新來等，《文物》1965 年第 5 期。

22. 〈不見于春秋大事表之春秋方國敘論〉，陳槃，《中央研究院歷史語言研究所集刊》第 39 期。

23. 〈春秋列國遷徙考〉，陳槃，《孔孟學報》第 22 期。

24. 〈新鄭鄭韓故城發現一批戰國銅兵器〉，郝本性，《文物》1972 年第 10期。

25. 〈山西長治分水嶺126號墓發掘簡報〉，邊成修，《文物》1972年第4期。
26. 〈新鄭出土戰國兵器中的一些問題〉，黃茂琳，《考古》1973年第6期。
27. 〈從考古發現談儒法鬥爭的幾個問題〉，儀眞，《文物》1974年第6期。
28. 〈論河北近年出土的戰國有銘青銅器〉，李學勤，《古文字研究》第七輯。
29. 〈春秋列強兼并考略〉，陳槃，《新亞學報》第十一卷（下）。
30. 〈河南新鄭鄭韓故城的鑽探和試探〉，河南省博物館新鄭工作站，《文物參考資料》1980年第3期。
31. 〈河南鶴壁龐村出土的青銅器〉，趙新來等，《文物資料叢刊》第3期。
32. 〈中原地區東周時代青銅禮器研究〉，高明，《考古與文物》1981年第2、3、4期。
33. 〈洛陽哀成叔墓清理簡報〉，蔡運章等，《文物》1981年第7期。
34. 〈上海博物館新收集的西周青銅器〉，陳佩芬，《文物》1981年第9期。
35. 〈哀成叔鼎的銘文與年代〉，趙振華，《文物》1981年第7期。
36. 〈晉豫鄂三省考古調查簡報〉，鄒衡，《文物》1982年第7期。
37. 〈新出信安君鼎、平安君鼎的國別年代與有關制度問題〉，黃盛璋，《考古與文物》1982年第2期。
38. 〈介紹新出土的兩件虢器〉，王光永，《古文字研究》第七輯。
39. 〈驫羌鐘銘——我國目前最早和唯一記載長城歷史的金文〉，劉翔，《考古與文物》1982年第3期。
40. 〈遼寧建昌普查中發現的重要文物〉，馮謙，《文物》1983年第9期。
41. 〈山西文水縣上賢村發現青銅器〉，胡振祺，《文物》1984年第6期。
42. 〈太原揀選一件韓國銅戈〉，張德光，《文物》1986年第3期。
43. 〈山西省潞城縣潞河戰國墓〉，陶正剛等，《文物》1986年第6期。
44. 〈河北臨城柏暢城發現戰國兵器〉，劉龍啓等，《文物》1988年第3期。
45. 〈新發現之戰國銅器與國別〉，黃盛璋，《文博》1989年第2期。
46. 〈銅器辨僞淺說〉（上）（中）（下），程長新等，《文物》1989年第8、11、12期。
47. 〈三晉銅器的國別年代與相關制度問題〉，黃盛璋，《古文字研究》第十七輯。
48. 〈故宮博物院藏部分青銅器辨僞〉，王文昶，《故宮博物院院刊》1989年第1期。
49. 〈虢國墓地和三門峽考古〉，安志敏，《中國文物報》1991年2月10日。
50. 〈談虢國墓地新出銅器〉，杜迺松，《中國文物報》1991年2月10日。
51. 〈虢國大墓參觀記〉，馬承源，《中國文物報》1991年3月3日。

52. 〈新發現虢國大墓觀後感〉，鄒衡，《中國文物報》1991 年 3 月 17 日。

53. 〈虢國墓地的新發現〉，張長壽，《中國文物報》1991 年 3 月 17 日。

54. 〈虢國墓地的再發掘與認識〉，姜濤，《中國文物報》1991 年 12 月 8 日。

55. 〈三門峽上村嶺虢國墓地 M2001 發掘簡報〉，姜濤等，《華夏考古》1992 年第 3 期。

56. 〈虢國墓地發掘紀實〉，姜濤，《文物天地》1992 年第 1 期。

57. 〈泌陽平安君夫婦墓所出器物紀年及國別的再考證〉，何駑，《中原文物》1992 年第 2 期。

58. 〈渾源彝器研究〉，李夏廷，《文物》1992 年第 10 期。

59. 〈淺談三門峽上村嶺虢國墓地車馬坑〉，胡小龍，《華夏考古》1993 年第 4 期。

60. 〈從虢國墓地出土的綴玉面罩看古之殮玉〉，田雙印，《華夏考古》1993 年第 4 期。

61. 〈從虢國墓地考古新發現談虢國歷史概況〉，許水生，《華夏考古》1993 年第 4 期。

62. 〈1992 年春天馬曲村遺址墓葬發掘報告〉，張奎等，《文物》1993 年第 3 期。

63. 〈古越閣藏青銅兵器選粹〉，李學勤，《文物》1993 年第 4 期。

64. 〈天馬——曲村遺址北趙晉侯墓地第二次發掘〉，張奎等，《文物》1994 年第 1 期。

65. 〈晉侯斷簋銘文初識〉，張頷，《文物》1994 年第 1 期。

66. 〈東周青銅器研究〉，杜迺松，《故宮博物院院刊》1994 年第 3 期。

67. 〈論虢仲其人——三門峽虢國墓地研究之一，蔡運章，《中原文物》1994 年第 2 期。

68. 〈虢文公墓考——三門峽虢國墓地研究之二〉，蔡運章，《中原文物》1994 年第 3 期。

69. 〈天馬——曲村遺址北趙晉侯墓地第三次發掘〉，張奎等，《文物》1994 年第 8 期。

70. 〈論早期晉都〉，鄒衡，《文物》1994 年第 1 期。

71. 〈天馬——曲村遺址北趙晉侯墓地第四次發掘〉，張奎等，《文物》1994 年第 8 期。

72. 〈關於晉侯銅器銘文的幾個問題〉，裘錫圭，《傳統文化與現代化》1994 年第 2 期。

73. 〈上村嶺虢國墓地 M2006 的清理〉，姜濤等，《文物》1995 年第 1 期。

74. 〈中國青銅器及其最新發現〉，李學勤，《煙台師範學院學報》1995 年第

3 期。

75. 〈天馬──曲村遺址北趙晉侯墓地第五次發掘〉，張奎等，《文物》1995 年第 7 期。

76. 〈西周銅器斷代──虢國考〉，陳夢家，《燕京學報》1995 年新 1 期。

77. 〈關於晉侯靯組墓的幾個問題〉，孫華，《文物》1995 年第 9 期。

78. 〈虢國歷史初探〉，劉海文，《河南師範大學學報》第廿二卷第 4 期。

79. 〈從新出土之楊姞壺看楊國〉，王光堯，《故宮博物院院刊》1995 年第 2 期。

80. 〈故宮新藏春秋晉文稱霸「子犯和鐘」初釋〉，張光遠，《故宮文物月刊》1995 年 4 月。

81. 〈也談子犯編鐘〉，裘錫圭，《故宮文物月刊》1995 年 8 月。

82. 〈子犯和鐘的排次及補釋〉，張光遠，《故宮文物月刊》1995 年 9 月。

83. 〈趙氏戈銘考釋〉，陶正剛，《文物》1995 年第 2 期。

84. 〈再論子犯編鐘〉，蔡哲茂，《故宮文物月刊》1995 年 9 月。

85. 〈康伯壺蓋跋〉，蔡運章，《文物》1995 年第 11 期。

86. 〈子犯編鐘「克奠（定）王立（位）」補釋〉，蔡哲茂，《故宮文物月刊》1996 年 6 月。

87. 〈晉公戈的年代小議〉，趙世綱，《華夏考古》1996 年第 2 期。

88. 〈楊姞壺銘釋讀與北趙 63 號墓主問題〉，王人聰，《文物》1996 年第 5 期。

89. 〈晉侯穌編鐘〉，馬承源，《上海博物館館刊》1996 年。

90. 〈周宣王紀年與晉獻侯墓考辨〉，王占奎，《中國文物報》1996 年 7 月 7 日。

91. 〈晉侯穌鐘與周宣王東征伐魯〉，王恩田，《中國文物報》1996 年 9 月 8 日。

92. 〈晉侯蘇編鐘的時地人〉，李學勤，《中國文物報》1996 年 12 月 1 日。

93. 〈晉侯蘇鐘的年代問題〉，李伯謙，《中國文物報》1997 年 3 月 9 日。

94. 〈晉侯蘇編鐘是宣王時銅器〉，劉啓益，《中國文物報》1997 年 3 月 9 日。

95. 〈晉侯蘇鐘筆談〉，李學勤等，《文物》1997 年第 3 期。

96. 〈晉侯樵、斷組墓的幾個問題〉，孫華，《文物》1997 年第 8 期。

97. 〈中國古代青銅器科技分析辨僞〉，馬清林等，《故宮文物月刊》1998 年第 1 期。。

98. 〈關於晉侯墓地的幾個問題〉，張長壽，《文物》1998 年第 1 期。

99. 〈略論晉侯邦父及其名字問題〉，馮時，《文物》1998 年第 5 期。

五、單篇論文（取於書中之一篇文章或博士論文）

1. 〈論古銅器之鑑別〉，徐中舒，《考古社刊》第 4 期，1936 年。

2. 〈濬縣辛村古殘墓之清理〉，郭寶鈞，《國立中央研究院歷史語言研究所專刊》13，1936 年初版。

3. 〈虢季子白盤的製作時代和歷史價值〉（《唐蘭先生金文論集》），唐蘭，北京紫禁城，1995 年，

4. 〈汲冢書考〉（《朱希祖先生文集》（三）），朱希祖，台北九思，1979 年。

5. 〈虢仲虢叔封國考〉（《許廎學林》），胡玉縉，台北世界，1963 年。

6. 〈周王戈考釋〉（《金文零釋》），周法高，《國立中央研究院歷史語言研究所專刊》34，1972 年初版。

7. 〈澳大利亞所見中國銅器選錄〉（《屈萬里先生七秩榮慶論文集》），張光裕，台北聯經，1978 年初版。

8. 《偽作先秦彝器銘文疏要》，張光裕，台大博士論文，1980 年。

9. 〈哀成叔鼎釋文〉（《古文字研究》第五輯），張政烺，北京中華，1981 年。

10. 〈鄿鐘鑼鑄考釋〉（《古文字研究》第五輯），張頷，北京中華，1981 年。

11. 〈邵黛編鐘的重新研究〉（《古文字研究》第十二輯），劉雨，北京中華，1985 年。

12. 〈宴簋方鼎銘文考釋〉（《古文字研究》第十六輯），張頷，北京中華，1989 年。

13. 〈驫羌鐘銘文彙釋〉（《古文字研究》第十九輯），孫稚雛，北京中華，1992 年。

14. 〈西周晚期文物的豐收——記三門峽虢國墓地〉（《1992 年中國文物精華》），中國文物精華編輯委員會，北京文物，1992 年。

15. 〈晉侯𩵦方座簋銘管見〉（《第二屆國際中國古文字學研討會論文集》），李朝遠，1993 年。

16. 〈1993 年中國十大考古新發現〉（《中華文物學會年刊》1993 年），中華文物學會，1993 年。

17. 〈山西太原晉陽古城和趙卿墓〉（《中華文物學會年刊》1994 年），陶正剛，1994 年。

18. 〈關於驫羌鐘銘文的斷句問題〉（《古文字論集》），朱德熙，北京中華，1995 年。

19. 〈洛陽金村出土方壺之校量〉（《古文字論集》），朱德熙，北京中華，1995 年。

20. 〈史記晉世家與新出金文〉（《學術集林》卷四），李學勤，上海遠東，1995

年。

21. 〈晉矦鞦盨〉(《第二屆國際中國古文字學研討會論文集》),馬承源,1995
    年。

22. 〈晉侯𣏗小考〉(《第三屆國際中國古文字學研討會論文集》),李聖傑,
    香港中文,1997 年。

附錄一　晉系各國世系表

一、晉國世系表

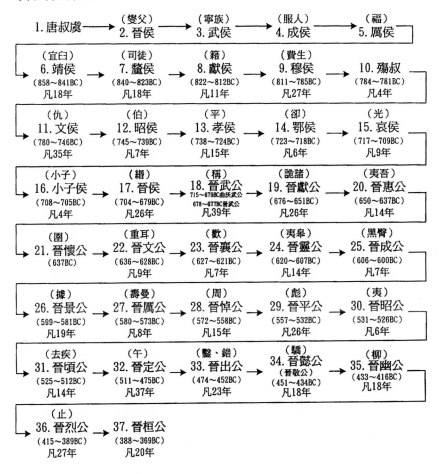

1. 唐叔虞 ⟶ （燮父）2. 晉侯 ⟶ （寧族）3. 武侯 ⟶ （服人）4. 成侯 ⟶ （福）5. 厲侯

⟶ （宜臼）6. 靖侯（858〜841BC）凡18年 ⟶ （司徒）7. 釐侯（840〜823BC）凡18年 ⟶ （籍）8. 獻侯（822〜812BC）凡11年 ⟶ （費生）9. 穆侯（811〜785BC）凡27年 ⟶ （殤叔）10. 殤叔（784〜781BC）凡4年

⟶ （仇）11. 文侯（780〜746BC）凡35年 ⟶ （伯）12. 昭侯（745〜739BC）凡7年 ⟶ （平）13. 孝侯（738〜724BC）凡15年 ⟶ （郤）14. 鄂侯（723〜718BC）凡6年 ⟶ （光）15. 哀侯（717〜709BC）凡9年

⟶ （小子）16. 小子侯（708〜705BC）凡4年 ⟶ （緡）17. 晉侯（704〜679BC）凡26年 ⟶ （稱）18. 晉武公 715〜679BC曲沃武公 678〜677BC晉武公 凡39年 ⟶ （詭諸）19. 晉獻公（676〜651BC）凡26年 ⟶ （夷吾）20. 晉惠公（650〜637BC）凡14年

⟶ （圉）21. 晉懷公（637BC） ⟶ （重耳）22. 晉文公（636〜628BC）凡9年 ⟶ （歡）23. 晉襄公（627〜621BC）凡7年 ⟶ （夷皋）24. 晉靈公（620〜607BC）凡14年 ⟶ （黑臀）25. 晉成公（606〜600BC）凡7年

⟶ （據）26. 晉景公（599〜581BC）凡19年 ⟶ （壽曼）27. 晉厲公（580〜573BC）凡8年 ⟶ （周）28. 晉悼公（572〜558BC）凡15年 ⟶ （彪）29. 晉平公（557〜532BC）凡26年 ⟶ （夷）30. 晉昭公（531〜526BC）凡6年

⟶ （去疾）31. 晉頃公（525〜512BC）凡14年 ⟶ （午）32. 晉定公（511〜475BC）凡37年 ⟶ （鑿、錯）33. 晉出公（474〜452BC）凡23年 ⟶ （驕）34. 晉懿公（晉敬公）（451〜434BC）凡18年 ⟶ （柳）35. 晉幽公（433〜416BC）凡18年

⟶ （止）36. 晉烈公（415〜389BC）凡27年 ⟶ 37. 晉桓公（388〜369BC）凡20年

二、衛國世系表

（封）
1.衛康叔 ——→ 2.康伯 ——→ 3.孝伯 ——→ 4.嗣伯 ——→ 5.摯伯

6.靖伯 ——→ 7.貞伯 ——→ 8.頃侯 ——→ 9.釐伯 ——→ 10.共伯餘
（854～813BC）
凡42年

（和）11.武公（812～758BC）凡55年 ——→ （揚）12.莊公（757～723BC）凡23年 ——→ （完）13.桓公（734～719BC）凡16年 ——→ （晉）14.宣公（718～700BC）凡19年 ——→ （朔）15.惠公（699～697BC）凡3年

16.黔牟（696～688BC）凡9年 ——→ 17.惠公（686～669BC）凡18年 ——→ （朔）18.懿公（668～660BC）凡9年 ——→ （赤）19.戴公 ——→ （申）20.文公（659～635BC）凡25年 （燬）

（鄭）21.成公（634～600BC）凡35年 ——→ （遬）22.穆公（599～589BC）凡11年 ——→ （臧）23.定公（588～577BC）凡12年 ——→ （衎）24.獻公（576～559BC）凡18年 ——→ （秋）25.殤公（558～547BC）凡12年

（衎）26.獻公（546～544BC）凡3年 ——→ （惡）27.襄公（543～535BC）凡9年 ——→ （元）28.靈公（534～493BC）凡42年 ——→ （輒）29.出公（492～481BC）凡12年 ——→ （蒯聵）30.莊公（480～478BC）凡3年

31.公子斑師 ——→ 32.衛君起（477BC）凡1年 ——→ （輒）33.出公（476～456BC）凡21年 ——→ （虔）34.悼公（455～451BC）凡5年 ——→ （弗）35.敬公（450～432BC）凡19年

（糾）36.昭公（431～426BC）凡6年 ——→ （公子亹）37.懷公（425～415BC）凡11年 ——→ （公子穨）38.慎公（414～373BC）凡42年 ——→ （訓）39.聲公（372～362BC）凡11年 ——→ （不逝）40.成侯（361～333BC）凡29年

41.平侯（332～325BC）凡8年 ——→ （孝襄侯）42.嗣君（324～283BC）凡42年 ——→ 43.懷君（282～253BC）凡30年 ——→ 44.元君（252～230BC）凡23年 ——→ 45.君角（229～221BC）凡9年

三、鄭國世系表

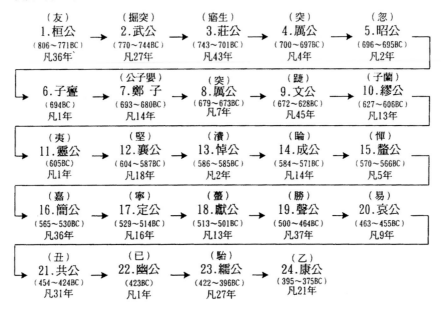

四、虢國世系表

　　虢公、虢仲、虢叔在西周中、晚期與春秋早期為周朝重要君主或卿士，然其世系在文獻史料未有記載，是以無法擬定完整之世系表；又因有西虢、東虢、北虢、南虢之分，更難釐清其彼此間之關係，因而採取虢國史事與周曆年之對照，且參考陳夢家《西周銅器斷代》虢之世表分列方式。

	西周時期						春秋時期		
	文王	康王	懿王、孝王	夷王	厲王	宣王	幽王平王	桓王	惠王
虢君		虢城公（遣）		虢公	虢公長父	虢文公子段虢季氏子段虢季子白	虢公鼓虢公石父虢公翰	虢公忌父虢公林父	虢公醜
卿士	虢仲虢叔		虢仲虢叔城虢中	虢叔旅、虢叔大父	虢仲、奠虢中	虢叔	虢仲	虢叔

五、虞國世系表

虞國世系，史料記載相當缺乏，所知有限，此僅依史書有虞公或虞叔之記錄與周曆年作成對照。

春秋時期	桓王	虞公 虞叔
	惠王	虞公

六、荀國世系表

荀國與虞國類似，其史料極為缺乏，世系不明，此僅知有荀叔、荀侯。

西周時期	文王	荀叔
春秋時期	桓王	荀侯

七、賈國世系表

賈國與荀國亦為史料極為欠缺，對於賈國之世系所知有限，僅知有賈伯、賈辛。

春秋時期	桓王	賈伯
	敬王	賈辛

八、蘇國世系表

蘇國與賈國亦為史料極為欠缺，是以其世系所知有限；僅知有蘇忿生、蘇子。

西周時期	武王	蘇忿生
春秋時期	惠王	蘇子
	襄王	蘇子

九、東周世系表

　　自周平王東遷於洛陽後，王室權力大爲削弱，各諸侯國窮兵黷武，互爭權勢，是以東周王室僅局限於成周，後世周室公子爲爭權位，又於河南立爲西周君，於鞏縣立爲東周君，東、西周君後爲秦所滅。

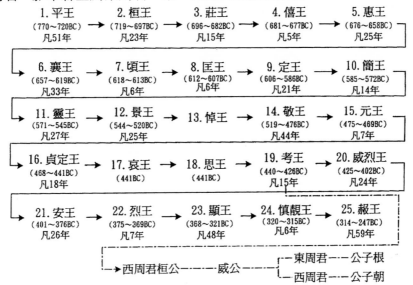

十、魏國世系表

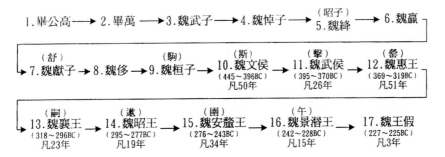

十一、趙國世系表

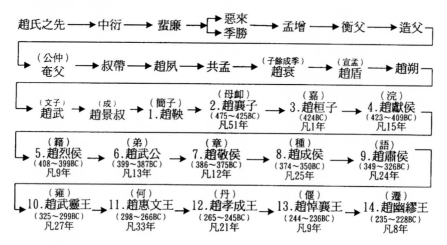

趙氏之先 ⟶ 中衍 ⟶ 蜚廉 ⟶ 惡來 / 季勝 ⟶ 孟增 ⟶ 衡父 ⟶ 造父

⟶ (公仲) 奄父 ⟶ 叔帶 ⟶ 趙夙 ⟶ 共孟 ⟶ (子餘成季) 趙衰 ⟶ (宣孟) 趙盾 ⟶ 趙朔

⟶ (文子) 趙武 ⟶ (成) 趙景叔 ⟶ (簡子) 1.趙鞅 ⟶ (母卹) 2.趙襄子（475～425BC）凡51年 ⟶ (嘉) 3.趙桓子（424BC）凡1年 ⟶ (浣) 4.趙獻侯（423～409BC）凡15年

⟶ (籍) 5.趙烈侯（408～399BC）凡9年 ⟶ (弟) 6.趙武公（399～387BC）凡13年 ⟶ (章) 7.趙敬侯（386～375BC）凡12年 ⟶ (種) 8.趙成侯（374～350BC）凡25年 ⟶ (語) 9.趙肅侯（349～326BC）凡24年

⟶ (雍) 10.趙武靈王（325～299BC）凡27年 ⟶ (何) 11.趙惠文王（298～266BC）凡33年 ⟶ (丹) 12.趙孝成王（265～245BC）凡21年 ⟶ (偃) 13.趙悼襄王（244～236BC）凡9年 ⟶ (遷) 14.趙幽繆王（235～228BC）凡8年

十二、韓國世系表

韓之先與周同為姬姓 ⟶ (韓萬) 1.韓武子 ⟶ (獻子) 2.韓厥 ⟶ (起) 3.宣子 ⟶ (須) 4.貞子

⟶ (不信) 5.簡子 ⟶ (庚) 6.莊子 ⟶ (虎) 7.康子 ⟶ (啓章) 8.武子（424～409BC）凡16年 ⟶ (處) 9.景侯（408～400BC）凡9年

⟶ (取) 10.烈侯 (武侯)（399～387BC）凡13年 ⟶ 11.文侯（386～377BC）凡10年 ⟶ 12.哀侯（376～371BC）凡6年 ⟶ (莊侯) 13.懿侯（370～359BC）凡12年 ⟶ (釐侯) 14.昭侯（358～333BC）凡26年

⟶ 15.宣惠王（332～312BC）凡21年 ⟶ (倉) 16.襄王（311～296BC）凡16年 ⟶ (咎) 17.釐王（295～273BC）凡23年 ⟶ 18.桓惠王（272～239BC）凡34年 ⟶ 19.韓王安（238～230BC）凡9年

附錄二 民國卅八年以後山西、河南、河北、陝西、遼寧、山東出土晉系銅器表

時間		出土地點	出土器物		器物總數	國別	時代斷定	資料來源	備 註
1953年	民國42年春	河南省郟縣城西太僕鄉		鼎5、甌1、簋4簠4、盤1、甌1罍2、方壺1、匜1、罐2、穿帶壺1、兵器、車馬器		韓國	春秋早期	〈河南郟縣發現的古代銅器〉（《文物參考資料》西元1954年三月）	1.此批器物之鼎甌有銘文，其中有一鼎爲江國之器。2.此批器物之形制及紋飾均略似於新鄭和虢國上村嶺所出土之彝器。3.有部分銅器收存於開封市博物館。
1954年至1955年	民國43年秋至民國44年春	河南省洛陽中州路西工段發掘東周墓260座，其中有不少墓葬出土銅器	M2415	鼎1、敦1、舟1、盤1、匜1、勺1、劍1、戈1、鏃5、馬銜2		東周	春秋初期至戰國晚期	《洛陽中州路西工段》（中國科學考古研究所）	1.M2717墓有二戈在胡上有錯金銘文。
			M1	鼎1、敦1、舟1、盤1、匜1、戈1、鏃3、軸頭2、馬銜2					
			M4	鼎3、敦1、簠2罍2舟1、盤1、匜1、戈2、鏃6、車馬器					
			M6	鼎1、敦1、舟1、盤1、匜1、戈1、軸頭2、馬銜2					
			M216	鼎1、敦1、舟1、戈1鏃1、軸頭2、馬銜2					
			M2205	帶鉤1					

M2503	刀 1					
M115	鼎 1、豆 2、罍 2、舟 1、匜 1、劍 1、戈 2、戈鐏 2、軸頭 2、馬銜 2					
M209	帶鈎 1、環 3、轡飾 16					
M448	劍 1					
M2413	劍 1、鏃、					
M2604	劍 1、鏃 3					
M2729	鼎 2、豆 2、罍 2、舟 1、盤 1、匜 1、劍 1、戈 1、鏃 3、軸頭 2、馬銜 2、鐶 1					
M2737	劍 1、鏃 4、帶具 1					
M101	劍 1					
M303	劍 1					
M309	錐 1、劍 1、鏃 3					
M2717	鼎 5、甗 1、豆 4、壺 7、舟 1、盤 1、匜 2、勺 1、錛 9、刀 2、劍 3、戈 3、戟 3、戈鐏 6、鏃 184、車馬器					
M2719	錐 1、錛 2、劍 1、戈 2、戈鐏 2、鏃 40、鏡 1、車馬器					
M2721	劍 1、鏃 3					
M2724	劍 1、鏃 5					
M2728	劍 1、鏃 3					
M2733	劍 1					
M511	劍 1					
M1721	帶鈎 1					
M257	劍 1					
M1702	帶鈎 1					
M2417	劍 1、鏃 2					
M328	帶鈎 1					
M2213	劍 1					
M108	刀 1					
M207	帶鈎 1					

			M208	帶鈎 2、環 2				
			M215	帶鈎 1				
			M250	帶鈎 1				
			M264	帶鈎 1、帶具 1				
			M338	劍 1				
			M1037	鏃 2、簪 1				
			M1104	鏃 1				
			M1203	劍 1				
			M1535	刀 1				
			M1709	帶鈎 1、鈴 2				
		山西長治市北城牆外之分水嶺發掘有墓葬（第一次發掘）	M6	帶鈎 1	韓國	戰國時期	暢文齋〈山西長治分水嶺古墓的清理〉	
			M7	劍 1、鏃 5、銅羊 1、帶鈎 1				
			M8	書 2				
			M9	鏃 8、書 2、當盧 1、馬銜 2、馬鑣 4、帶鈎 2				
			M10	鼎 2、豆 2、劍 1、戈 1、鐏 3、鏃 24、刀 1、帶鈎 2、車馬器 9				
			M11	鼎 2、壺 2、敦 2、簋 1、匜 1、帶鈎 6、刀 3、車馬器 5				
			M12	鼎 2、簠 2、簋 2、敦 2、盤 1、匜 1、鑑 3、甗 1、釦 2、壺 2、車馬器、傘弓帽 120、戈 6、鐏 4、矛 1、鏃 81、劍 2、合頁 21、耙 1、颩 1（已殘）				
			M14	鼎 9、鬲 4、鑑 1、鐘 8、戈 24、鐏 21、矛 10、鏃 118、劍 1、刀 1、車馬器 611、鴟鴞飾 1、手狀器 2、攀猴形柄飾 1、傘蓋頂 1、合頁、銅人 3				
			M15	帶鈎 2				

1956年	民國45年春	河南陝縣上村嶺	M1052	鼎7、鬲6、甗1、簋6、壺2、盤1、豆1、罐1、盉1、甬鐘1、鈕鐘9、矛6、戈4、劍2、鏃、車馬器、馬轡飾		虢國	西周晚期至東周早期（約公元前九世紀初葉至七世紀中葉下限西元前655年）	〈1956年秋河南陝縣發掘簡報〉（《考古通訊》西元1957年第4期）	1.此批銅器製作與花紋較為粗糙，甚者有修補之痕跡。 2.有兩件戈鑄有銘文「虢太子元徒戈」。
1957年	民國46年	河南陝縣上村嶺	M1601	盤1、匜1				《上村嶺虢國墓》	1.M1601之盤、匜皆有銘文。 2.M1631之鬲有銘文16字。 3.M1705有兩件戈，鑄有銘文6字。 4.M1711之矛鑄「元」字。 5.M1721之戈胡部鑄有一「元」字。 6.M1747之一件戈於胡部鑄有「戈」字。 7.M1753之鼎鑄有「鮇子叔作」四字。 8.M1820之盤腹內鑄有十三字銘文，豆之腹內鑄有四字銘文。 9.M1819之鼎腹內鑄有六字。
			M1602	鼎3、鬲2、簋4、盤1、匜1、斧1、戈2、矛1、鏃22、轄12、銜4、合頁3					
			M1605	戈1					
			M1612	鼎2、鏡1					
			M1617	戈1、矛1、鏃10、車馬器、鈴2、銅魚165、合頁3、甲泡6					
			M1620	鼎1					
			M1624	銅魚2					
			M1631	鬲1					
			M1634	鼎1、鏃1、銅魚31					
			M1640	鼎1、簋2					
			M1646	鏃8					
			M1647	錛1					
			M1650	鏡2					
			M1651	鼎1					
			M1657	鼎1					
			M1661	鼎1					
			M1665	刀柄1					
			M1671	鼎1					
			M1689	鼎4、簋5、盉1、盤2、匜1、鈴2、銅魚174					
			M1691	鼎2					
			M1692	鼎1					
			M1701	鼎1、盤1、匜1、鈴10					
			M1702	鼎1、盤1、匜1					
			M1703	鏃17					
			M1704	鼎1、鬲1、豆1					
			M1705	鼎3、簋4、壺2、小罐1、盤1、匜1、刀1、戈2、距1、矛1、劍1、鏃15、車馬器、					

			合頁 3、甲泡 66					
		M1706	鼎 5、鬲 4、簋 4、豆 1、壺 2、盤 1、匜 1、戈 2、矛 2、鏃 52、車馬器、鈴 18、合頁 4、甲泡 12					
		M1707	鼎 1					
		M1708	鼎 1					
		M1711	鼎 2、盤 1、匜 1、戈 2、矛 1、鏃 1、車馬器、甲泡 8					
		M1714	鼎 1、盤 1、匜 1					
		M1715	鼎 2、戈 2、鏃 14、車馬器					
		M1720	鼎 1、豆 1					
		M1721	鼎 3、盤 1、匜 1、戈 1、矛 1、劍 1、鏃 20、車馬器、合頁 3、甲泡 18					
		M1744	鼎 1、盤					
		M1747	戈 2、矛 1、鏃 75、車馬器、銅魚 110、合頁 2、甲泡 6					
		M1753	鼎 1					
		M1761	鼎 1、盤 1、匜 1					
		M1765	鼎 1、壺 1					
		M1767	盤 1、匜 1、戈 2、鏃 44、車馬器					
		M1777	鼎 1、鬲 2、甗 1					
		M1779	鈷 1					
		M1785	銅魚 18、四叉形器 1					
		M1803	鏃 1					
		M1810	鼎 5、鬲 4、甗 1、簋 4、豆 1、壺 2、盂 1、盤 1、戈 2、矛 1、車馬器、甲泡 2					
		M1820	鼎 3、鬲 2、甗 1、簋 4、豆 1、簠 2、壺 2、罐 2、盤 1、匜 1					
		M1839	鏃 1					
		M1819	鼎 2					
		M1743	鼎 1					
		M1762	鼎 1					

		河南省陝縣后川發掘一批東周墓葬，其中以 M2040 墓，有大量銅器出土	鼎 18、豆 10、壺 5、簋 2、鬲 3、瓶 1、鑑 4、簠 2、洗 1 匜 1、編鐘 20、編鎛 9、盤 2、舟 2、劍 2、戈 14、戟 5、車馬器、鏃、斧、鑿、銅泡		魏國	戰國中期	王世民〈郊縣后川 2040 號墓的年代問題〉（《考古》西元 1959 年第 5 期）	1.有一銅戈上有十個錯金銘文「子孔擇厥吉金鑄其元用」。
1958年	民國47年	河北邯鄲百家村共清理 49 座戰國座	鼎 4、豆 2、壺 2、盤 1、匜 1、瓶 1、敦 1、舟 1、劍 6、戈 14、戟 4、矛 3、鐏 16、鏃 588、鉞 1、車軸頭 44、帶鉤 60、馬銜 32、蓋弓冒 35、環 370、當盧 4、削 12、刻刀 10、鈴 54、匕 2、扣飾 8、鏡 1	1277	趙國	戰國時代	孫德海〈河北邯鄲百家村戰國墓〉（《考古》西元 1962 年第 12 期）	1.有一戈刻有「邯鄲上」三字。
	民國47年3月	山西萬榮縣榮河鎮西南十五里廟前村	鼎 7、鈕鐘 9、尊 1、罍 2、鑑 1、鬲 3、匜 1、簋 2、曺 2、壺 2、舟 2、盤 1	34	魏國	戰國時代	楊富斗〈山西萬榮縣廟前村的戰國墓〉（《文物參考資料》西元 1958 年第 12 期）	
1959年	民國48年4月	山西省侯馬上馬村東門外	鼎 3、盤 1、簋 1、匜 1、豆 1、車軎 2	10	晉國	春秋時代	楊富斗〈山西侯馬上馬村發現東周銅器〉（《考古》西元 1959 年第 7 期）	
1960年	民國49年2月	河北省磁縣白陽城	劍 1	1	趙國	戰國時期	李學勤〈論河北近年出土的戰國有銘青銅器〉（《古文字研究》第七輯）	1.有兩行刻銘。
1961年	民國50年	山西萬榮縣廟前村賈家崖	鼎、鑑、編鐘、戈頭、錯金、鳥書戈 2		晉國	春秋晚期	張頷〈萬榮出土錯金鳥書戈銘文考釋〉（《文物》西元 1962 年第 5 期）	1.戈頭銘文不詳。 2.〈錯金鳥書戈〉有銘文七字，係為吳國之器，今藏於山西博物館。
	民國50年7月	河南省鶴壁市東南郊龐村南邊之斷崖中	鼎 3、瓶 1、鬲 1、簋 3、爵 3、觶 1、尊 1、卣 1、盉 1、矛 1、戈 1、車軎 1、當盧 1、鎖形飾 1、圓形飾 4、泡形飾 7	31	衛國	西周早期	周到、趙新來〈河南鶴壁龐村出土的青銅器〉（《文物資料叢刊》西元 1980	1.此地出土之銅器與民國廿一年河南濬縣辛村出土之銅器為同一風格。

								年第 3 期）	
	民國 50 年 12 月	山西省侯馬上馬村斷崖	M1	帶鉤 2	2	晉國	春秋早、中、晚期	〈山西侯馬上馬村東周墓葬〉（《考古》西元 1963 年第 5 期）	1.M13 出土有二件，〈庚兒鼎〉係為徐國之器。2.〈庚兒鼎〉、方壺、匜形鼎今藏於山西省博物館。
			M5	鼎 3、盤 1、匜 1、𣪕 1、車軎 4	10				
			M9	帶鉤 1	1				
			M11	鼎 2、鬲 1、𣪕 2、盤 1、匜 1、舟 1、鑷 1	9				
			M13	鼎 7、𣪕 4、簠 2、甗 1、鬲 2、鑑 1、方壺 2、盤 1、匜 1、舟 2、小尊 1、編鐘 9、戈 6、戈鐏 2、矛 2、矩 1、鏃 50、鐉 3、鑿 2、錐 1、刻刀 1、環首刀 4、車軎 10、馬銜 1、轅飾 2、帶具 8、合頁 2、環 23、圓銅片 18、銅泡 6、銅頁 1600、包金頁 32、包金圓飾 2、包金泡 4					
			M14	匜形鼎 1、環首刀 1					
1959 年 10 月至 1961 年年底	民國 48 年 10 月至民國 50 年年底	山西省長治市北城牆外的分水嶺發覺 19 座戰國墓（第二次發掘）	M20	鼎 1、車馬器 26、叉 1、鑿 1	29	韓國	戰國時期	邊成修等〈山西長治分水嶺戰國墓第二次發掘〉（《考古》西元 1964 年第 3 期）	
			M21	矛 2、劍 1、鏃 28、車馬器、刀 3、帶鉤 2	38				
			M25	鼎 6、豆 2、壺 2、鬲 3、鑑 2、敦 2、匜 1、盤 1、舟 1、匕 2、編鎛 4、編鐘 14、刀 2、帶鉤 6、鋪首 3、車馬器					
			M26	鼎 7、豆 2、壺 2、鑑 2、簠 2、敦 2、𣪕 4、匜 2、鑪 1、鈁 2、車馬器 39、鋪首 2	67				
			M35	鬲 1、鑑 1、車馬器 93、戈 1、矛 5、鏃 42、刀 2、戟 2	147				
			M36	鼎 1、壺 1、鬲 1、盂 1、車馬器 25	29				
			M41	劍 1、鐘 1	2				

			M43	帶鉤 1	1				
			M45	劍 1、帶鉤 1	2				
			M49	帶鉤 1	1				
			M53	鼎 5、豆 4、壺 2、鑑 1、戈 5、車馬器 9、劍 1、鏃 13、帶鉤 2、鏡 1、冒柲 2	45				
			M24	帶鉤 1	1				
1962年	民國 51 年秋	山西省芮城縣嶺底鄉坛道村	M1	鼎 3、簋 5、方壺 2、盂 1、盤 1、碟形器 4、戈 2、馬銜 2、馬鑣 2	22	晉國	春秋早、中期	鄧林秀〈山西芮城東周墓〉(《文物》西元 1987 年第 12 期)	
			M2	鼎 2、盤 1、甗 1、壺 2 蓋豆 2、戈 4、鏃 20、矛 1、鐏 2、劍 1、環首刀 1、馬銜 4、車軎 4、當盧 2、傘弓帽 20、鏟 1、帶鉤 2	60	魏國	戰國早期		
1963年	民國 52 年	山西渾源縣李峪村		蓋豆 1、簋形器 1、戈 2、馬銜 2、劍 1、削 1	8		東周時期	陶正剛〈山西渾源縣李峪村東周墓〉(《考古》西元 1983 年第 8 期)	1.此八件銅器張頷至李峪村墓地勘察所徵集。
1964年	民國 53 年 9 月	山西省原平縣峙峪村東南趙家璃		鼎 4、甑 1、甗 1、豆 1、小尊 1、壺 1、戈 3、矛 2、劍 2、刀 2、錛 1、鑿 1、鏟 1、軎 2、馬銜 2、帶夾 1、環 3	29	晉國	春秋晚期到戰國早期	戴遵德〈原平峙峪出土的東周銅器〉(《文物》西元 1972 年第 4 期)	1.有一件劍,名為〈吳王光劍〉,在近臘處刻銘 8 字,此為吳王闔廬自立為王時期所鑄造,即西元前 514 年至西元前 496 年之間。
	民國 53 年 12 月	河北省承德		劍 1	1	趙國	戰國趙孝成三十五年(西元前 251 年)	李學勤〈論河北近年出土的戰國有銘青銅器〉(《古文字研究》第七輯)	
1965年	民國 54 年 5 月	山西省長治市北郊分水嶺發掘一座 M126 大型墓,隨葬有一些銅器。(第三次發掘)	M126	鼎 2、蓋豆 2、鬲 3、鑑 1、舟 1、敦蓋 1、匕 5、編鐘 1、車馬器 274、銅犧立人擎盤 1、銅鋪首 14、戈 23、矛 4 鏃 20、劍 1	353	韓國	戰國時期	邊成修〈山西長治分水嶺 126 號墓發掘簡報〉(《文物》西元 1972 年第 4 期)	1.有一戈胡上有五字銘文「囗公之造戈」。

1966年	民國55年5月	河南洛陽玻璃廠東南郊（南距洛陽路一百多公尺，西距東周王城約一公里）	M439	鼎1、豆1、鉶1、勺1	4	鄭國	春秋晚期	蔡運章〈洛陽哀成叔墓清理簡報〉（《文物》西元1981年第7期）	1.鼎、豆、鉶，均有銘文，銘文中之「哀成叔」可能是鄭康公后裔。
1968年	民國57年	陝西鳳翔縣	爵1		1	虢國	西周初期	〈介紹新出土的兩件虢器〉（《古文字研究》第七輯）	1.在口沿內有銘文6字。
1971年	民國60年11月	河南省新鄭縣城之「鄭韓故城」東南之白廟范村有一處地窖，內藏兵器180多件	戈80餘件 矛80餘件 劍20餘件		180多件	韓國	戰國晚期	郝本性〈新鄭鄭韓故城發現一批戰國銅兵器〉（《文物》西元1972年第11期）	1.此批銅兵器有銘文多達170餘件。
1972年	民國61年8月	山西省長治分水嶺北郊偏西，發掘M269、M270兩座東周墓	M269	鼎9、鬲4、甗1、敦1、簠2、盉1、方壺2、舟1、罐1、鑑1、盤1、匕1、編鐘18、戈6、斧1、矛2、矩1、鏃27、車馬器39、銅魚2、銅圈69、銅片2	193	韓國大夫之墓	春秋晚期或戰國初期	邊成修等〈長治分水嶺269、270號東周墓〉（《考古學報》西元1974年第2期）	
			M270	鼎10、鬲2、敦2、簠2、方壺2、盉1、舟1、盤1、匜1、編鐘17、車馬器6	45				
	民國61年	河北省邯鄲市	戈1		1	趙國	戰國時期	李學勤〈論河北近年出土的戰國有銘青銅器〉（《古文字研究》第七輯）	1.內上有刻銘。
1973年	民國62年	山西省長子縣羊圈溝	M1	鼎2、敦1、蓋豆1、壺2、舟2、匜1、戈2、劍1、鏃9、車軎2、馬銜鑣2、環首刀1、帶鉤1、圓盒1、匙1	29	晉國	春秋晚期	陶正剛〈山西長子縣東周墓〉（《考古學報》西元1984年第4期）	

			M2	鼎1、豆2、盤1、匜1、舟1、戈1、劍1、銅箭頭2、銅帶鉤1、書2、馬銜2	15			
	民國62年春	山東省濰縣望留社麓台村	戈1		1	鄭國	春秋中、晚期	傅德次、先敬明〈山東濰縣發現春秋魯鄭銅戈〉(《文物》西元1983年第12期)	
1974年	民國63年	山西省聞喜縣上郭村	匜1		1	荀國	春秋時期	《新出金文分域簡目》	1.〈荀侯匜〉有銘文14字。2.〈貯子匜〉有銘文18字,此「貯」即「賈」字。
			匜1		1	賈國			
	民國63年冬	遼寧省新金縣后元台	戈1		1	魏國	戰國時期(魏襄王廿一年或魏安釐王廿一年)	許明綱、于臨祥〈遼寧新金縣后元台發現銅器〉(《考古》西元1980年第5期)	內兩面有刻銘。
1975年	民國64年8月	山西省渾源縣李峪村	M2	鼎1、蓋豆1、戈2、劍1、帶鉤1、刀1、殘銅飾2	9	晉國	春秋中、晚期	陶正剛〈山西渾源縣李峪村東周墓〉(《考古》西元1983年第8期)	1.M2墓之銅器今藏於大同市博物館。2.M3墓壺,盤劍,在今渾源文化館;鬲、匜、簋在今大同市博物館。
			M3	壺1、盤1、簋形器1、匜1、鬲1、劍1	6		春秋晚期至戰國初期		
1965年至1975年	民國54年至民國64年	河南新鄭李家樓(有一些春秋晚期豎穴墓)	有一些殘破銅器			鄭國	春秋時期	〈河南新鄭鄭韓故城的鑽探和試探〉(《文物資料叢刊》西元1980年第3期)	1923年曾於李家樓出土一批銅器。
		河南新鄭東城內西南部后端灣村北(有春秋時期墓葬三百餘座)	鼎、簠、簋、盤、舟、匜、戈、矛、鏃、轄、書、鑣、銜鈴						
		河南新鄭東城外的新鄭煙廠一帶	有少量銅器						
		河南新鄭西城南牆外,即今烈江坡村東南	有青銅禮器、車馬器						

1977年	民國66年	山西省長子縣牛家坡	M7	鼎7、敦1、豆1、壺1、鑑2、盤1、瓹1、簠2、盂1、盆2、戈2、劍1、鏃7、衡4、當盧1、鈴8、泡飾36、扁形管11、鴨頭形扣飾1、曹8、車飾6、鏡1、帶鉤13、環首刀8	124	晉國	春秋晚期	陶正剛〈山西長子縣東周墓〉（《考古學報》西元1984年第4期）	1.此墓出土青銅器與侯馬鑄銅作坊遺址出土之陶範紋飾相似，或爲侯馬晉國鑄銅遺址之產品。
1978年	民國67年5月	山西省渾源縣李峪村		銅削1	1		春秋晚期至戰國早期	陶正剛〈山西渾源縣李峪村東周墓〉（《考古》西元1983年第8期）	
	民國67年	河南省泌陽官庄有一批秦墓其中M1出土一件〈平安君鼎〉		鼎1		魏國	魏安釐王廿八年(西元前249年)或卅三年(西元前244年)	何駑〈泌陽平安君夫婦墓所出器物紀年及國別的再考證〉（《中原文物》西元1992年第2期）	1.此鼎蓋與器各有銘文。
1979年	民國68年	山西省長子縣牛家坡	M10	劍1、馬銜2、鏃1、三聯環1	5	韓國	戰國中、晚期	陶正剛〈山西長子縣東周墓〉（《考古學報》西元1984年第4期）	
			M11	鼎3、蓋豆2、壺2、劍、曹		晉國	春秋晚期		
			M12	劍1、戟1、戈2、環首刀1、曹2、馬銜4、帶鉤2、當盧1、環2泡飾2、傘子帽2、合頁1、鈴2、帶扣1	24	韓國	戰國中、晚期		
		陝西省武功縣浮沱村		鼎1	1	魏國	魏安釐王十二年(西元前265年)	黃盛璋〈新出信安君鼎、平安君鼎的國別年代與有關制度問題〉（《考古與文物》西元1982年）	1.有銘文。
1981年	民國70年	山西省文水縣上賢村		鼎2、鏊1、壺1	4	趙國	戰國時期	石鍾琇〈山西古文物的發掘〉（《山西文獻》第32期民國77年7月）	

	民國70年3月	河南省靈寶縣	簋1		1	鄭簡公	春秋中、晚期	郭敬書〈靈寶縣發現春秋銅簋一件〉(《文物》西元1982年第4期)	1.蓋內和器內底部各鑄銘文8字。
1983年	民國72年年底	山西省博物館從太原電解銅廠揀選一批文物	戈1		1	韓國	戰國晚期	張德光〈太原揀選一件韓國銅戈〉(《文物》西元1986年第3期)	1.胡上鑄有7字銘文「奠口敬口口口口」。
	民國72年1月	山西省潞城縣潞河村大斷溝西邊發現M7、M8兩座墓	M7	鼎13、鑑4、豆8、壺1、罍2、罐2、盉1、簠2、甗1、盤3、舟1、匜1、炭箕1、勺2、編鐘28、戈11、矛7、劍2、鏃14、鐏6、環首刀1、帶鉤1、環2、車馬器66	183	韓國下大夫	戰國初期	陶正剛李奉山〈山西省潞城縣潞河戰國墓〉(《文物》西元1986年第6期)	1.鼎依其形制有「鑊鼎」、「羞鼎」、「升鼎」。兩組「升組」與洛陽中州路之III式鼎、IV式鼎近似。
			M8	鼎1、盒1、壺2、盤1、匜1	6	韓國（女性之墓）			
1984年	民國73年	河北省臨城縣東柏暢村	戈2		2	趙國	戰國晚期	劉龍啓李振奇〈河北臨城柏暢城發現戰國兵器〉(《文物》西元1988年第3期)	1.內上有刻銘。
	民國73年秋	陝西韓城縣東南東范村北	戈1、矛1		2	晉國	春秋中期	任喜來呼林貴〈韓城市博物館收藏的幾件青銅器〉(《文博》西元1991年第2期)	1.戈之內有一銘文「重」字，或爲戈之鑄造地。
1986年	民國75年	山西省侯馬上馬村以東台地	M1284	鼎3、盤1、匜1、戈2、鑾4、馬銜2、獸頭形飾3、環1	17	晉國	春秋早期偏晚	〈山西侯馬上馬墓地三號車馬坑發掘簡報〉(《文物》西元1988年第3期)	1.戈有二件，其一有銘文「吳叔徒戈」，在胡部。

1987年	民國76年	河北省北京市文物工作隊揀選一批青銅器	簋1		1	韓國	戰國時期	程長新〈北京市揀選的春秋戰國青銅器〉(《文物》西元1987年第11期)	1.在器表刻有「宜陽右倉」四字。
	民國76年11月	山西省太原市金勝村	鼎25、鬲6、豆14、匜2、鑑6、盂1、簠4、舟2、壺8、罍、盌、盤2、灶1、甑、甗2、鳥尊1、瓿2、鉢、勺、耑、馬銜、角鑣、當盧、鑿刀11、削、錛、斧、劍10、矛24、戈58、標槍6、鏃6、戟4、鏃465、匕、編鐘19、鐏秘100		晉國	春秋時代	陶正剛等人〈太原金勝村251號春秋大墓及車馬坑發掘簡報〉(《文物》西元1989年第9期)	
1990年	民國79年	河南省陝縣上村嶺	M2001	劍1、鼎10、簋8、盌4、方壺2、甬鐘8、鬲8、盤、盂、匜		虢國	西周晚期	蔡運章〈虢文公墓考─三門峽虢國墓地研究之二〉(《中原文物》西元1994年第3期)	1.此劍之柄為銅質,嵌有綠松石,劍身為鐵質。 2.甬鐘各件均有銘文,是迄今西周墓葬所出之唯一一套完之編鐘。
			M2006	鼎3、方甗1、鬲4、盌2、簠1、盤1、圓壺2、盂1、尊1、方彝1、爵1、觶1、啦2、轄2、銜2、鑣4、鈴6、饕餮首4、節約12、絡飾13、細腰2、銅魚381		虢國	西周晚期	〈上村嶺虢國墓地M2006的清理〉(《文物》西元1995年第1期)	1.盌與簠之器蓋均有銘文。 2.此墓與M1820所出土之青銅禮器在形制、紋飾組合等皆有相近之處。
		河北省易縣東古城	劍1		1	趙國	戰國時期	李學勤〈論河北近年出土的戰國有銘青銅器〉(《古文字研究》第七輯)	
1992年	民國81年4月至6月	山西省曲沃翼城兩縣境內之天馬曲村遺址(第一次發掘)	M1	容器腹片1、鑾鈴13、轄8、耑1、鑣35、銜16、戈3、矛2、泡5、節約139、管106、系扣40、絡扣1、環3獸形飾1、軏首1、銅魚42、鏃1、鼎1	419	晉釐侯夫婦墓	西周晚期	〈1992年春元馬─曲村遺址墓葬發掘報告〉(《文物》西元1993年第3期)	1.此批銅器多有殘損,其中容器腹片內有三行銘文。 2.依孫華考察有盌、簠、盤、匜、鬲流落在各地。
			M2	鼎1、手鏟形器1、蓋紐1、銅魚36	39				

1992年至1993年	民國81年10月至民國82年元月	山西省曲沃縣曲村鎮北趙村西南（第二次發掘）	M6	戈、鑾鈴、容器殘片		晉成侯夫婦墓	西周中期偏早階段（恭王、懿王之時）	〈天馬──曲村遺址北趙晉侯墓地第三次發掘〉《文物》西元1994年第1期）	1.M8之鼎、簋、壺、爵、編鐘均有銘文。 2.M13出土飾件有立鹿杖首和野豬形帶飾，具有濃郁北方式銅器特色。
			M7	軎、轄					
			M8	鼎1、簋4、方壺2、兔尊3、甗1、盉1、盤1、爵1、編鐘2、鏃1束、鑾鈴3、牌2銅魚		晉獻侯之墓	西周晚期宣王之時（16至43年，即西元前812年至西元前785年）		
			M9	鼎、簋、斝、編鐘、兵器、車馬器（銅器銹蝕嚴重）					
			M13	鼎5、簋4、甗、盨、盤、馬器及飾件		晉武侯夫婦墓	西周早、中期之際的周穆王前後		
1993年	民國82年上半年	山西省曲沃縣曲村鎮北趙村西南（第三次發掘）	M32	鼎、簋		晉屬侯夫妻墓	西周晚期	〈天馬──曲村遺址北趙晉侯墓地第三次發掘〉《文物》西元1994年第8期）	1.M31墓主為M8晉侯之夫人。 2.同時發掘尚有M38、M39、M40，此三座墓為M9之陪葬墓，且無銅器出土。
			M33	未發掘					
			M31	鼎3、簋2、盤1、盉1、壺2、銅魚、鈴		晉獻侯夫人之墓			
1993年至1994年	民國82年9月11日至民國83年元月6日	山西省曲沃縣曲村鎮北趙村西南（第四次發掘）	M64	鼎5、簋4、尊4、壺2、盤、匜、簠、爵、甗、鉦1、編鐘8、戈1、劍1、鏃1、銅魚、鈴		晉侯邦父（晉穆侯）及二位夫人之墓	西周晚期（西周宣王）	〈天馬──曲村遺址北趙晉侯墓地第四次發掘〉《文物》西元1994年第8期）	1.M64之鼎、簋、編鐘均有銘文。 2.M64之編鐘，依銘文記載與楚公逆有關，此為楚國之器。 3.M63之壺有銘文，此為楊國之器，因其女嫁於晉，故器物隨之至晉。
			M62	鼎、簋4、壺1、盤1、匜1、爵1、尊1、方彝1、鈴4、鼎形方盒1、銅魚					
			M63	鼎3、簋2、壺2、觶1、盤1、爵1、盉1、方彝1、銅魚、鼎形方盒1、筒形器1					
1993年	民國82年5月至8月	河南省新鄭縣金城路有銅器窖藏坑	M2	鎛鐘4、編鐘20	24	鄭國	春秋時期	〈河南新鄭縣出土鄭國青銅樂器〉（《中國文物報》西元1994年1月2日）	1.唯一研究鄭國音樂之完整器物。

1994年	民國83年5月至10月	山西省曲沃縣曲村鎮北趙村西南（第五次發掘）	M33	鼎2、方壺1、簋1、盂1、劍、戈、斧、鑾鈴、蟲、轄、甗、觶		晉屬侯	西周孝王、夷王之時	〈天馬──曲村遺址北趙晉侯墓地第五次發掘〉（《文物》西元1994年第7期）	1.M33之方壺之蓋與底有鑄銘，同為41字，重文2字。2.M91之方壺蓋頂內壁有鑄銘7行41字。3.M91有一件不知器名，其底內鑄銘4行27字。4.M92之鼎、圓壺、盤有鑄銘。
			M91	鼎7、簋5、爵2、鬲2、方壺1、圓壺1、盤1、匜1、盂1、尊1、卣1、甗1、豆1、編鐘7、戈13、劍1、矛1、鐏1、鏃70、鑾鈴、馬鑣		晉靖侯夫妻墓	西周屬王之時		
			M92	鼎2、盨2、盤1、盂1、蟲、轄、魚					
			M93	鼎6、簋7、方壺2、盤2、匜1、甗1、尊1、卣1、爵1、觶1、方彝1、編鐘16、鋪首8、鈴23、魚330、戈2、鏃10、銅泡19、鑿1、削1、銼1	435	晉文侯夫妻墓	春秋早期		
			M102	鼎4、簋5、盤1、匜1、壺1、盂1、爵1、觶1、方彝1、鈴21、魚數百、長條形銅片4、銅刀3、銅鳥形飾物、字形銅飾件					
年代不詳		陝西岐山縣京當公社	鬲1	1		虢國	西周屬王	王光永〈介紹新出土的兩件虢器〉（《古文字研究》第七輯）	1.在口沿內有銘文六字，其中有「虢仲」之名，此與〈虢仲盨〉（《兩周》）為同一人）。

附錄三　民國卅八年以前河南、山西出土晉系青銅器地點分佈圖

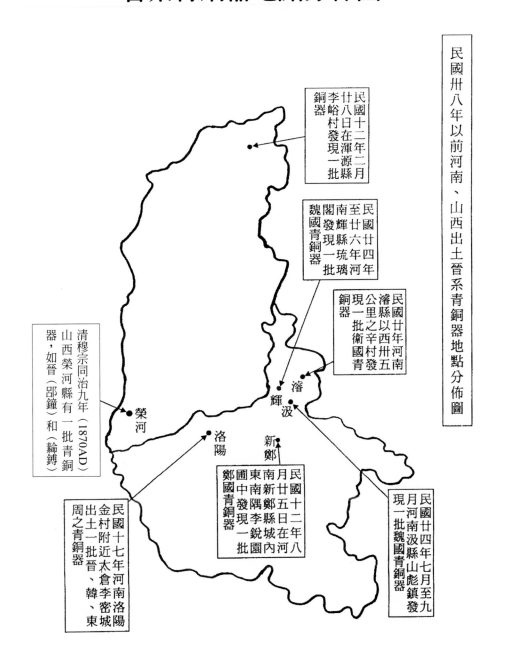

民國卅八年以前河南、山西出土晉系青銅器地點分佈圖

民國十二年二月廿八日在渾源縣李峪村發現一批銅器

民國廿四年至廿六年輝縣琉璃河南發現一批魏國青銅器

民國廿年河南濬縣以西卅五公里之辛村發現一批衛國青銅器

清穆宗同治九年（1870AD）山西榮河縣有一批青銅器，如晉（邵鐘）和（輪鎛）

榮河

洛陽

新鄭

濬
輝
汲

民國十二年八月五日在河內東南鄭縣城李銳園內南新鄭隅發現一批鄭國青銅器

民國廿四年七月至九月河南汲縣山彪鎮發現一批魏國青銅器

民國十七年河南洛陽金村附近太倉李密城出土一批晉、韓、東周之青銅器

附錄四　民國卅八年以後山西、河南出土晉系青銅器地點分佈圖

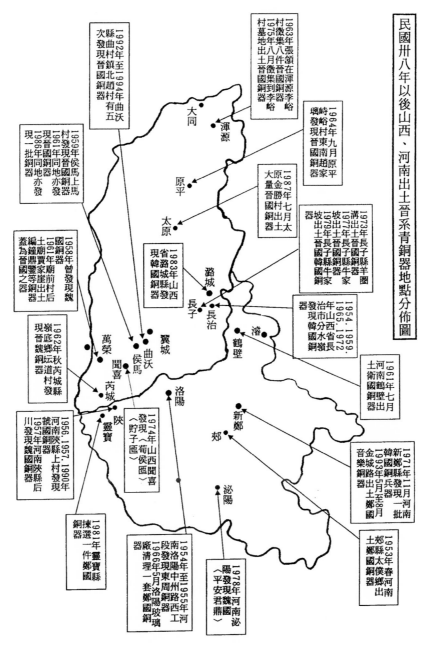

附錄五　晉系器銘圖

器銘圖一　自鼎

（取自《中國文物精華》97）

器銘圖二　伯郘父鼎

（取自《嚴集》，又名〈晉司徒白郘父鼎〉）

器銘圖三　晉姜鼎

（取自《嚴集》頁 673、674）

器銘圖四　晉侯鞇鼎

（取自〈天馬——曲村遺址北趙晉侯墓地第五次發掘〉）

器銘圖五　晉侯穌鼎

（取自〈天馬——曲村遺址北趙晉侯墓地第二次發掘〉）

器銘圖六　晉侯邦父鼎

（取自〈天馬——曲村遺址北趙晉侯墓地第四次發掘〉）

器銘圖七　晉侯斷簋

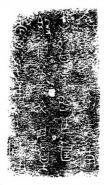

（取自〈天馬——曲村遺址北趙晉侯墓地第二次發掘〉）

器銘圖八　鱻休簋

（取自〈天馬——曲村遺址北趙晉侯墓地第四次發掘〉）

器銘圖九　晉侯𩦡盨

（取自馬承源〈晉侯𩦡盨〉）

器銘圖十一　欒書缶

（器銘取自《錄遺》五一四・三）

（蓋銘取自《錄遺》五一四・二）

器銘圖十　長子騌臣簠

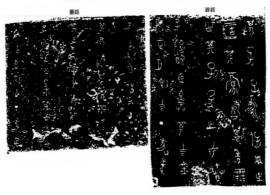

（取自馬承源〈記上海博物館新收集的青銅器〉）

器銘圖十二　趙孟介壺

（取自《賸稿》頁 50）

器銘圖十三　嗣子壺

（取自《賸稿》頁 52）

器銘圖十四　晉侯斷壺

（取自〈天馬——曲村遺址北趙晉侯墓地第
二次發掘〉）

器銘圖十五　晉侯㬢馬方壺

（取自〈天馬——曲村遺址北趙晉侯墓
地第五次發掘〉）

器銘圖十六　晉侯楙馬方壺

（取自〈天馬——曲村遺址北趙晉侯墓地
第五次發掘〉）

器銘圖十七　晉叔家父方壺

（取自〈天馬——曲村遺址北趙晉侯墓地
第五次發掘〉）

器銘圖十八　晉公盦

（拓印取自《周金》卷 4 頁 36）

器銘圖十九　智君子鑑

（取自《錄遺》頁 92、93）

器銘圖二十　晉侯喜父盤、晉侯喜父鑑

（取自〈天馬——曲村遺址北趙晉侯墓地第
五次發掘〉）

器銘圖廿一　驫羌鐘

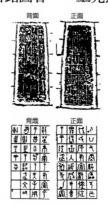

（銘文拓印取自中國社會科學院《殷周
金文集成》（一）頁 165）（銘文摹寫
取自《彙編》頁 180）

器銘圖廿二　厲氏鐘

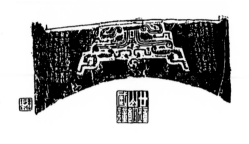

背面　正面

（銘文拓印取自中國社會科學院《殷周
　金文集成》（一）頁 168）（銘文摹寫
　取自《白川通釋》頁 146）

器銘圖廿三　邵鐘

（銘文拓印取自中國社會科學院《殷周金
　文集成》（一）頁 260）

器銘圖廿四　子犯編鐘

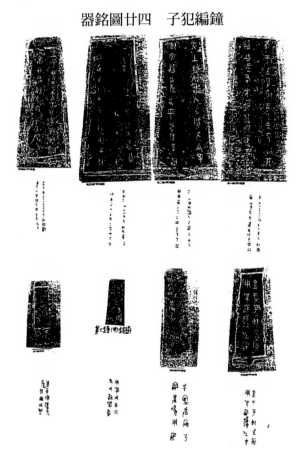

（銘文拓印取自張光遠〈故宮新藏春秋晉文稱霸子犯和鐘初釋〉）（銘文摹寫取自蔡
　哲茂〈再論子犯編鐘〉）

器銘圖廿五之一　晉侯穌編鐘

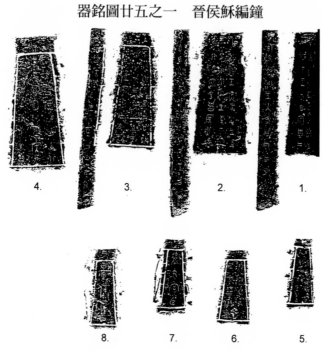

（銘文拓印取自馬承源〈晉侯穌編鐘〉第一鐘至第八鐘）

器銘圖廿五之二　晉侯穌編鐘

（銘文拓印取自馬承源〈晉侯穌編鐘〉第九鐘至第十六鐘）

器銘圖廿六　韓鍾劍

（取自〈韓鍾鑣鋙考釋〉）

器銘圖廿七　吉日劍

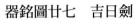

（取自《尊古》頁 407）

器銘圖廿八　欒左軍戈

（取自《積古》卷 8 頁 18）

器銘圖廿九　晉陽戈

（取自《小校》1850）

器銘圖卅　趙簡子戈

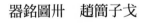

（取自陶正剛〈趙氏戈銘考釋〉）

器銘圖卅一　晉公車器

（取自《錄遺》頁 95）

器銘圖卅二　邵太叔、邵太叔子斧

邵太叔（取自《綴遺》頁 1782）
邵太叔子斧（取自《綴遺》頁 1780）

器銘圖卅三　沫司徒逘簋

（取自《錄遺》頁 157）

器銘圖卅四　賢𣪘

器　　　　蓋

（取自《兩周》〈二〉頁 264）

器銘圖卅五　孫林父𣪘

（取自《兩周》〈二〉頁 265）

器銘圖卅六　衛夫人文君叔姜鬲

器一銘

器二銘

（取自《銘文選》頁 797）

器銘圖卅七　康伯壺蓋

（取自蔡運章〈康伯壺蓋跋〉）

器銘圖卅八　鄭同媿鼎

（取自《周金》卷 2 頁 58）

器銘圖卅九　鄭姜伯鼎

（取自《三代》卷 3 頁 28）

器銘圖四十　鄭登伯鼎

（取自《彙編》〈五〉頁 419）

器銘圖四十一　鄭饔遼父鼎

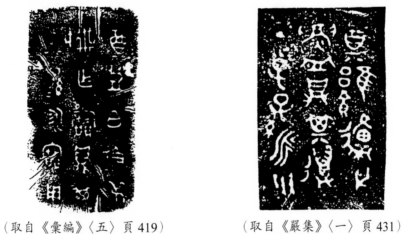

（取自《嚴集》〈一〉頁 431）

器銘圖四十二　鄭子石鼎

（取自《嚴集》〈一〉頁 419）

器銘圖四十三　鄭戠句父鼎

（取自《兩周》〈三〉頁 180）

器銘圖四十四　哀成叔鼎

（取自〈洛陽哀成叔墓清理簡報，《文物》
西元 1981 年第 7 期）

器銘圖四十五　鄭師遾父鬲

（取自《貞松》卷 4 頁 13）

器銘圖四十六　鄭伯筍父鬲

（取自《殷周金文集成》〈三〉頁 138）

器銘圖四十七　鄭羌伯鬲

（取自《白鶴美術館誌》第 37 輯）

器銘圖四十八　鄭井叔蒦父鬲

（取自《小校》卷 3 頁 60）

器銘圖四十九　鄭叔蒦父鬲

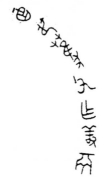

（取自《擴古》卷 2 之 1 頁 13）

器銘圖五十　　鄭登伯鬲

（取自《小校》卷 3 頁 60）

器銘圖五十一　　鄭牧馬受毁蓋

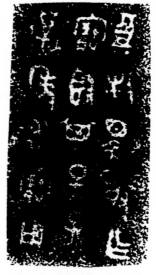

（取自《錄遺》頁 150）

器銘圖五十二　　鄭義羌父簋

（取自《奇觚》卷 17 頁 31）

器銘圖五十三　　召叔山父簠

（取自《奇觚》卷 17 頁 25）

器銘圖五十四　　鄭義伯盨

（取自《嚴集》〈五〉頁 855）

器銘圖五十五　　鄭登叔盨

（取自《殷周金文集成》〈九〉頁 37）

器銘圖五十六　鄭井叔康旅盨

（取自《殷周金文集成》〈九〉頁 40）

器銘圖五十七　鄭伯荀父鬲

（取自《殷周金文集成》〈三〉頁 203）

器銘圖五十八　鄭井叔鬲

（取自《綴遺》卷 9 頁 31）

器銘圖五十九　鄭大師小子鬲

（取自《殷周金文集成》〈三〉頁 208）

器銘圖六十　鄭伯高父鬲

（取自《嚴集》〈二〉頁 909）

器銘圖六十一　哀成叔豆

（取自〈洛陽哀成叔墓清理簡報〉）

器銘圖六十二　鄭桼叔賓父壺

（取自《嚴集》〈七〉頁 3180）

器銘圖六十三　哀成叔鍆

（取自〈洛陽哀成叔墓清理簡報〉）

器銘圖六十四　鄭伯盤

（取自《嚴集》〈八〉頁 3648）

器銘圖六十五　鄭大內史叔上匜

（取自《三代》卷 2 頁 40）

器銘圖六十六　鄭義伯匜

（取自《嚴集》〈九〉頁 3278）

器銘圖六十七　鄭井叔鐘

（取自《彙編》〈六〉頁 510）

器銘圖六十八　虢宣公子白鼎

（取自《殷周金文集成》〈五〉頁 62）

器銘圖六十九　虢文公子叚鼎

（取自《嚴集》〈二〉頁 500）

器銘圖七十　鄭虢仲鼎

（取自《殷周金文集成》〈五〉頁 35）

器銘圖七十一　虢叔大父鼎

（取自《殷周金文集成》〈四〉頁 306）

器銘圖七十二　虢姜鼎

器銘圖七十三　虢伯鬲

（取自《復齋》頁 15）

（取自《綴遺》卷 27 頁 21）

器銘圖七十四　虢仲作姞鬲

（取自《嚴集》〈二〉頁759）

器銘圖七十五　虢仲作虢妃鬲

（取自《綴遺》卷27頁22）

器銘圖七十六　虢叔作叔殷穀鬲

（取自《考古圖》卷2頁17）

器銘圖七十七　虢叔隔鬲

（取自《嚴集》〈二〉頁747）

器銘圖七十八　虢季氏子㲃鬲

（取自《殷周金文集成》〈三〉頁100）

器銘圖七十九　虢季子組鬲

（取自《殷周金文集成》〈三〉頁83）

器銘圖八十　虢姞作鬲

（取自《殷周金文集成》〈三〉頁 18）

器銘圖八十一　虢文公子㪍鬲

（取自《貞松》卷 4 頁 144）

器銘圖八十二　虢伯甗

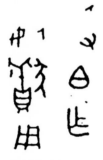

（取自《貞續》上頁 28）

器銘圖八十三　虢叔毁

（取自《殷周金文集成》〈六〉頁 102）

器銘圖八十四　虢季氏子組毁

（取自《筠清》卷 3 頁 43）

器銘圖八十五　鄭虢仲毁

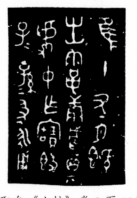

（取自《小校》卷 8 頁 18）

器銘圖八十六　城虢遣生旅設

（取自《憲齋》〈十〉頁 13）

器銘圖八十七　城虢仲簋

（取自《恒軒》〈上〉頁 37）

器銘圖八十八　虢姜作寶設

（取自《捃古》卷 2 之 1 頁 82）

器銘圖八十九　虢姜作寶陴設

（取自《薛氏》卷 14 頁 4）

器銘圖九十　虢王姞簋

（取自《釋銘》〈四〉頁 32）

器銘圖九十一　虢仲盨

（取自《三代》卷 10 頁 37）

器銘圖九十二　虢叔行盨

（取自《殷周金文集成》〈九〉頁 32）

器銘圖九十三　虢叔簠

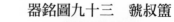

（取自《愙齋》〈十五〉頁 6）

器銘圖九十四　虢叔作叔殷穀簠

（取自《小校》卷 9 頁 2）

器銘圖九十五　虢叔盂

（取自《周金》卷 4 頁 40）

器銘圖九十六　虢叔尊

（取自《奇觚》卷 17 頁 4）

器銘圖九十七　虢季子組卣

（取自《殷周金文集成》〈十〉頁 298）

器銘圖九十八　虢季氏子組壺

器銘圖九十九　虢季氏子組盤

（取自《三代》卷 12 頁 16）

（取自《小校》卷 9 頁 77）

器銘圖一〇〇　虢金氏孫作寶盤

器銘圖一〇一　虢季匜

（取自〈1957 年河南陝縣發掘報告〉）

（取自《綴遺》卷 14 頁 7）

器銘圖一○二　虢季子白盤

（取自〈安徽通志金石物考稿〉）

器銘圖一○三　虢叔旅鐘

（取自《殷周金文集成》〈一〉頁 263）

器銘圖一○四　宮氏白子元杳戈　　　　器銘圖一○五　吳尨父設

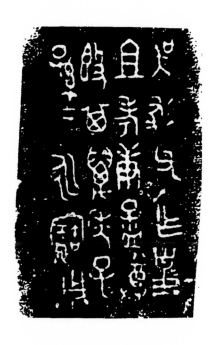

（取自〈1957 年河南陝縣發掘報告〉）　　（取自《小校》卷 8 頁 12）

器銘圖一〇六　虞司寇壺

（取自《愙齋》〈十四〉頁 9）

器銘圖一〇七　虞侯政壺

（取自《銘文選》〈三〉508）

器銘圖一〇八　荀伯大父盨

（取自《周金》卷 3 頁 158）

器銘圖一〇九　荀侯盤

（取自〈長安縣張家坡銅器群銘文彙釋〉）

器銘圖一一〇　荀侯匜

（取自《銘文選》〈三〉507）

器銘圖一一一　賈子匜

（取自《銘文選》〈三〉506）

器銘圖一一二　蘇冶妊鼎

（取自《夢郭》卷上頁 11）

器銘圖一一三　蘇衛改鼎

（取自《銘文選》〈四〉909）

器銘圖一一四　寬兒鼎

（取自《善彝》頁 106）

器銘圖一一五　穌子叔作鼎

（取自〈1957年河南陝縣發掘簡報〉）

器銘圖一一六　蘇公子殷

（取自《三代》卷 8 頁 12）

器銘圖一一七　蘇公殷

（取自《愙齋》〈十二〉頁 5）

器銘圖一一八　甫人盨

（取自《善彝》頁 92）

器銘圖一一九　蘇甫人匜

（取自《愙齋》〈十六〉頁 25）

器銘圖一二○　甫人父匜

（取自《周金》卷 5 頁 70）

器銘圖一二一　蘇冶妊盤

（取自《小校》卷 9 頁 73）

器銘圖一二二　公朱右自鼎

（取自《殷周金文集成》〈四〉頁 121）

器銘圖一二三　公朱右自鼎

（取自《殷周金文集成》〈四〉頁 269）

器銘圖一二四　公朱左𠂤鼎

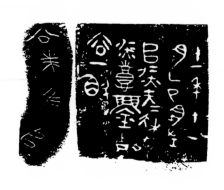

（取自〈臨潼縣附近出土秦代銅器〉）

器銘圖一二五　公朕左𠂤鼎

（取自《殷周金文集成》〈四〉頁 257）

器銘圖一二六　𨒙公右官鼎

（取自《殷周金文集成》〈四〉頁 121）

器銘圖一二七　滑孝子鼎

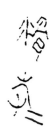

（取自〈新發現之戰國銅器與國別〉）

器銘圖一二八　𥏃鼎

（取自〈新發現之戰國銅器與國別〉）

器銘圖一二九　東周左官壺

（取自《三代》卷 12 頁 12）

器銘圖一三〇　周王戈　　　　　器銘圖一三一　二年寧鼎

（取自〈周王戈考釋〉）　　　　（取自《貞松》卷 2 頁 48）

器銘圖一三二　十七年平陰鼎蓋　　器銘圖一三三　梁十九年鼎

（取自《殷周金文集成》〈五〉頁 23）　（取自〈三晉銅器的國別、年代與相關制
　　　　　　　　　　　　　　　　　　　度問題〉）

器銘圖一三四　梁廿七年四分鼎

（取自《攈古》卷 2 之 2 頁 57）

器銘圖一三五　梁廿七年半齋鼎

（取自《殷周金文集成》〈五〉頁 44）

器銘圖一三六　三十年虒鼎

（取自〈三晉銅器的國別、年代與相關
制度問題〉）

器銘圖一三七　卅五年虒鼎

（取自〈三晉銅器的國別、年代與相關制
度問題〉）

器銘圖一三八　信安君鼎

（取自〈三晉銅器的國別、年代與相關制度
問題〉）

器銘圖一三九　垣上官鼎

（取自《殷周金文集成》〈四〉頁 135）

器銘圖一四○　卅六年私官鼎

（取自〈試論戰國容量制度〉）

器銘圖一四一　享陵鼎

（取自《殷周金文集成》〈五〉頁 100）

器銘圖一四二　廿八年平安君鼎

器銘圖一四三　梁上官鼎

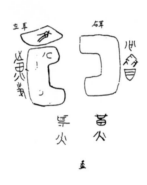

（取自〈三晉銅器的國別、年代與相關制度問題〉）

（取自〈三晉銅器的國別、年代與相關制度問題〉）

器銘圖一四四　內黃鼎

器銘圖一四五　弗官鼎

（取自〈三晉銅器的國別、年代與相關制度問題〉）

（取自《尊古齋金石集》）

器銘圖一四六　卅二年平安君鼎

器銘圖一四七　十三年梁上官鼎

（取自《恒軒》〈上〉頁21）

（取自《尊古》卷3頁49）

器銘圖一四八　上樂床鼎

（取自《貞松》卷 2 頁 30）

器銘圖一四九　上員床鼎

（取自〈三晉銅器的國別、年代與相關制度問題〉）

器銘圖一五〇　中私官鼎

（取自《貞續》〈上〉頁 20）

器銘圖一五一　私官口鼎

（取自〈三晉銅器的國別、年代與相關制度問題〉）

器銘圖一五二　長信侯鼎蓋

（取自〈三晉銅器的國別、年代與相關制度問題〉）

器銘圖一五三　廿七年寧鈚

（取自《嚴集》〈八〉頁 3275）

器銘圖一五四　卅五年虒盉

（取自〈三晉銅器的國別、年代與相關制度問題〉）

器銘圖一五五　安邑下官鍾

（取自〈三晉銅器的國別、年代與相關制度問題〉）

器銘圖一五六　朝歌鍾

器銘圖一五七　十一年庫鼎

（取自〈三晉銅器的國別、年代與相關制度
問題〉）

（取自《嚴集》〈二〉頁 486）

器銘圖一五八　四年國昌鼎

器銘圖一五九　襄陰鼎

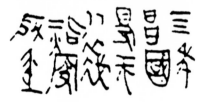

（取自〈三晉銅器的國別、年代與相關制度
問題〉）

（取自〈三晉銅器的國別、年代與相關
制度問題〉）

器銘圖一六○　魚鼎匕

器銘圖一六一　原氏扁壺

（取自《三代》卷 18 頁 30 之 1）

（取自〈三晉銅器的國別、年代與相關
制度問題〉）

器銘圖一六二　土軍扁壺

（取自〈三晉銅器的國別、年代與相關制度問題〉）

器銘圖一六三　公䣊半石權

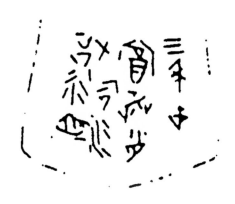

（取自《貞續》下頁 24）

器銘圖一六四　中府杖首

（取自《嚴集》〈十〉頁 4620）

器銘圖一六五　貴朕鼎

（取自《三代》卷 2 頁 54）

器銘圖一六六　右朕鼎

（取自《殷周金文集成》〈四〉頁 208）

器銘圖一六七　鄭東倉銅器

（取自《綴遺》卷 28 頁 10）

器銘圖一六八　宜陽右倉簋

（取自〈北京市揀選的春秋戰國青銅器〉）

器銘圖一六九　盛季壺

（取自《貞松》卷 2 頁 27）

器銘圖一七〇　長陵盉

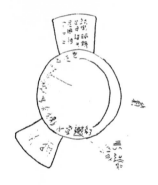

（取自〈三晉銅器的國別、年代與相關制度問題〉）

器銘圖一七一　春成侯鍾

（取自《貞松》卷 11 頁 9）